Ulla Wittmann

«Ich Narr vergaß die Zauberdinge»

Ulla Wittmann

«Ich Narr vergaß die Zauberdinge»
Märchen als Lebenshilfe für Erwachsene

2. Auflage

Ansata-Verlag
Paul A. Zemp
Rosenstraße 24
CH-3800 Interlaken
Schweiz
1987

Das Bild auf dem Umschlag stammt von Paul Struck

Umschlaggestaltung: Paul A. Zemp
Gesamtherstellung: BDV Printmedien, CH-Liestal
ISBN 3-7157-0075-0

Inhalt

Vorwort:

«Ich Narr vergaß die Zauberdinge» oder Was wir von Märchenhelden lernen können

Vielleicht ist jeder von uns in seinem Leben schon einmal an einem Punkt angelangt, an dem er dachte: Ging es nicht ähnlich auch dem Helden im Märchen? Vielleicht war es eine Situation, aus der er keinen Ausweg mehr sah, und ein Märchen erinnerte ihn: Immer, wenn die Not am größten ist, stehen da nicht im Märchen die unerwartete Rettung und das Ziel kurz bevor? Dort, wo die Angst am größten ist, dort ist auch die vielbegehrte Kostbarkeit zu finden. Und vielleicht gab ihm das Beispiel des Helden im Märchen den Mut, auszuhalten.

Ich erinnere mich an eine Szene in der «Zauberflöte»: Papageno glaubt sich verloren und steht Todesängste aus. Den Strick, an dem er sich erhängen will, hat er schon um einen Ast geschlungen. Da wird er daran erinnert, daß er doch eine Kostbarkeit besitzt, eine Zauberkraft, von der er Gebrauch machen könnte, um sich zu retten. Und jetzt erst denkt er an das Glockenspiel, das ihm die Dienerinnen der Königin der Nacht einmal vermacht hatten, und erkennt: «Ich Narr vergaß der Zauberdinge!»

Geht es uns nicht ähnlich mit den Märchen? Enthalten sie vielleicht auch vergessene Zauberkräfte, die wir nutzen könnten? Sie sind ja ganz unterhaltsam, denken wir, und vor allem nett für Kinder. Aber welchen Nutzen können sie für erwachsene Menschen haben? In einem Zeitalter, in dem nur als wahr gilt, was wissenschaftlich nachweisbar ist, und unsere Forscher in die Tiefen der Meere, den Weltraum und die entlegensten Winkel der Erde vorgedrungen sind und festgestellt haben: Es gibt dort weder Drachen noch Meerungeheuer, noch Nixen, Hexen, Götter oder Feen. Kann man denn da anders, als über die Märchen nur noch lächeln?

Wilhelm Hauff, selber ein Märchendichter, hat in der Einleitung zu seiner Märchensammlung diese unglückliche Situation des Märchens dargestellt: Das Märchen kommt enttäuscht von den Menschen zu seiner Mutter, der Phantasie, zurück und beklagt sich darüber, daß die Menschen es so unwürdig behandelt hätten. Seine Botschaft, die ihm die Mutter Phantasie an die Menschheit mitgegeben hatte, konnte es nicht überbringen. Die Mume, die Mode, hat das Märchen verleumdet, heißt es. Die Phantasie ist traurig darüber, doch sie stattet das Märchen mit den prächtigsten Gewändern aus. Verkleidet als Almanach wagt es sich noch einmal auf die Erde, schleicht sich bei Nacht an den schlafenden Wächtern – den Gelehrten und der Vernunft – vorbei und findet schließlich doch noch einen Platz. Allerdings nur in den Zimmern der Kinder. Die Wächter haben die Botschaft der Phantasie an uns zurückgehalten, denn die Vernunft wollte sie nicht akzeptieren. Doch aus Hauffs «Märchen als Almanach» geht auch hervor, daß die Botschaft der Königin Phantasie eigentlich für die Erwachsenen bestimmt war. Die Rettung des Märchens ins Kinderzimmer war keine ganz befriedigende Lösung.

Doch Vernunft und Phantasie müssen keine Feindinnen sein. Dann nicht, wenn wir entdecken, daß die Bildersprache der Märchen doch eine lebenswichtige Wahrheit enthält. Daß sie nämlich von Entwicklungsprozessen in der Seele des Menschen und der Bewußtseinsentwicklung der ganzen Menschheit erzählt und daß diese Zauberwesen, von denen die Märchen berichten, doch vorhanden sind, allerdings nicht dort draußen in der sichtbaren Welt, sondern in der Seele des Menschen.

C. G. Jung, der einen wichtigen Beitrag auf diesem Gebiet geleistet hat, erklärt die Verachtung des modernen kollektiven Bewußtseins für die Wahrheiten der Mythen, Märchen und Symbole als eine notwendige Stufe im Laufe der Bewußtseinsentwicklung der Menschheit. Der primitive Mensch lebte wie das Kind in einer Welt, in der Subjekt und Objekt noch eins waren. Er erlebte seine Seele noch draußen in der Natur und in den Objekten. Die Natur war beseelt mit Wesen der unterschiedlichsten Art. Mit der Entwicklung des rationalen Denkens und der Wissenschaft wurde die Natur entzaubert. Man erkannte, daß Krankheiten nicht von bösen Zauberern, sondern von Bazillen, Bakterien oder Viren verursacht werden, daß Donner und Blitz und Wind nicht Werkzeuge eines Gottes, sondern physikalisch erklärbare Vorgänge in der Atmosphäre sind usw. Doch bei der völligen Konzentration der Wissenschaftler auf die Außenwelt, auf die Natur, die Objekte und die Materie, blieb die andere Hälfte der Wirklichkeit unbeachtet: das Subjekt, der Wissenschaftler selbst, der Mensch und sein unbewußtes Seelenleben. In diesem Stadium des Rationalismus tat man das überlieferte Wissen unserer Vorfahren gern als Aberglaube und Mystifizierung von Naturvorgängen ab. Man meinte, die Naturgewalten hätten den primitiven Menschen so beeindruckt, daß er diese in seiner Phantasie zu götterähnlichen Wesen gemacht hätte und so versucht hätte, Naturvorgänge zu erklären. Auf diese Art seien die Mythen und die Fabelwesen entstanden. Was dabei aber übersehen wird, ist die Tatsache, daß der Naturmensch die seelischen Ereignisse und die Naturvorgänge noch als Einheit wahrnahm, daß er sein Seelenleben also noch auf die Umwelt projizierte.

Mit kosmischen Ereignissen allein sind die Mythen nicht zu erklären, wir würden dabei die andere Hälfte mißachten, den Mikrokosmos, die Seele des Menschen.

Uns steht es heute an, zwei Wirklichkeiten auf ihren Platz zu verweisen, anzuerkennen und zu nutzen, zwischen dem Aberglauben und dem Rationalismus einen dritten Weg zu finden. So gesehen können Märchen Lebenshilfe sein, weil sie Rat geben für unser individuelles Leben, aber auch eine Überlebenshilfe für die ganze Menschheit, weil sie uns ein gesundes Verhältnis zur Natur zeigen.

Die Märchen enthalten das Wissen des kollektiven Unbewußten, der Urbilder oder Archetypen, die bei allen Völkern und zu allen Zeiten in ihrem Kern dieselben sind. Es ist die Sprache der Natur im Menschen, die darum besorgt ist, daß der Sinn des Menschenlebens, die existentiellen menschlichen Bedürfnisse bewußt und gemeistert werden. Die immer wiederkehrenden Symbole der Menschheit wurden nicht vom Menschen geschaffen, sondern vorgefunden. Deshalb sind sie auch bei allen Völkern, bei modernen Dichtern und in den Volksmärchen die gleichen. Wenn wir hier von Natur sprechen, dann heißt dieses Natürlichwerden, also nicht zum Tier werden, sondern menschlich werden. Die Indianer nennen es die alten Weisen. Sie meinen das intuitive Wissen um den rechten Weg und die Naturgesetze, das es uns ermöglicht, in Harmonie mit der Natur innerhalb und außerhalb von uns zu leben. Und die Hopi prophezeien Katastrophen, weil wir die Natur aus dem Gleichgewicht gebracht hätten, und mahnen uns, daß wir unsere eigene Natur, unsere Psyche, wieder ins Gleichgewicht bringen müßten, damit auch die äußere Natur wieder ins Gleichgewicht komme.

Die Märchen sprechen von einer Zeit, die älter ist als die organisierte Religion. In einem jugoslawischen Märchen heißt es: «Früher, als es noch keine Kirche und keine Priester gab, als Gott noch selbst mit den Menschen sprach ...» So gesehen ist das Erlebnis des Märchens religiöse Selbsterfahrung, die wahre *religio* nämlich, die Rückverbindung zu unserem Ursprung.

Und wie heißen die großen Themen, um die so viele Märchen kreisen? Was wollen die Erzählungen von zu erlösenden Tieren, Prinzen und Prinzessinnen, von Zauberdingen, guten und bösen Müttern, Hexen und Zauberern u. v. m.?

Es gibt so unterschiedliche Einstellungen und Schulen zur Märchendeutung wie zur Symboldeutung überhaupt. Ich glaube, daß jeder einen Aspekt der Wahrheit erkannt hat und daß das eine das andere nie ausschließt. Die Wahrheit ist paradox, gerade das lehren uns die Märchen, und Symbole und Bilder sagen immer mehr als das einzelne Bewußtsein erfassen oder aussprechen kann. Ich bevorzuge die Auffassung, wie sie z. B. C. G. Jung vertritt, die in der Märchenhandlung Individuationsprozesse erkennt, also den Weg, den der Mensch gehen muß zu seiner Selbstverwirklichung oder zur Ganzheit seines Selbst.

Wir lernen daraus, daß ein unbewußter Teil von uns noch Tier ist und darauf wartet, erlöst, das heißt bewußt und menschlich, zu werden, und daß dieses Tier, wie uns die Märchen erzählen, nicht durch Gewalt und Unterdrückung, sondern durch Liebe und Aufmerksamkeit zu einem hilfreichen Partner werden kann, der in mancher Hinsicht mehr weiß, als das bewußte Ich.

Wir lernen, daß jeder seinen Prinzen oder seine Prinzessin in sich enthält, die gegengeschlechtliche Hälfte nämlich, die uns zur Ganzheit fehlt und gerne auf Menschen des anderen Geschlechts projiziert wird, aber selbst entwickelt werden will, damit die mystische

Hochzeit, die Vereinigung der Gegensätze in der Seele stattfinden kann.

Wir erfahren auch, daß wir es mit einer bösen Stiefmutter zu tun haben, unserer verdorbenen Natur, die an Stelle unserer ursprünglichen Natur, der guten Mutter, getreten ist und uns an unserem Glück hindern will, den Reichtum, der uns zusteht, vorenthalten will. Aber wir sehen auch, daß die Stiefmutter besiegbar ist und die ursprüngliche Spontaneität und der Reichtum wiedergewonnen werden können.

Wir lernen weiter, daß am Ziel unserer Suche eine Kostbarkeit mit magischer Kraft zu finden ist, für deren Wert Symbole wie der Stein der Weisen, der Gral, die Wunschringe und andere Wunderdinge gebraucht werden, die Ganzheit des Selbst, der unsterbliche Kern der Persönlichkeit. Und wir erleben, daß dieser Schatz nur in der finstersten Nacht entdeckt wird, oftmals wenn es ganz so aussieht, als stehe das bittere Ende kurz bevor.

Und wir sehen, daß die Natur denjenigen unterstützt, der seinen Weg geht und die Herausforderungen seines Lebens annimmt, und daß der schlimmste Fehler darin bestehen kann, die anderen um ihr Glück zu beneiden und ihren Weg nachzuahmen.

Märchen sind demokratischer, als die Bilder von Königen und Königinnen vermuten lassen. Sie erzählen vielmehr, daß jeder von uns gleich welcher Herkunft ein potentieller Held ist und daß wir alle Königskinder sind, die um ihr Erbe betrogen wurden und ihr Königreich in sich erst entdecken müssen.

Und Märchen sind politischer, als die meisten annehmen, weil Selbstvertrauen und Selbstbestimmung eng miteinander verbunden sind, weil das Vertrauen oder Mißtrauen in die Eigenkräfte und die menschliche Natur ganz entscheidende politische Auswirkungen hat. Nichts ist leichter, als Menschen zu verführen oder zu manipulieren, die den Zugang zu ihren psychischen Quellen verloren haben, denen der Zugang zur eigenen Kreativität verschüttet ist.

Die interessanteste Figur im Märchen aber ist der Held oder die Heldin selbst. Vom Gesichtspunkt einer am Haben orientierten Gesellschaft aus gesehen, haben sie die geringste Chance von allen, das Glück zu finden. Er oder sie gehören zu den Ärmsten, den Betrogenen, Unerfahrenen, Einfältigen oder sonstwie Benachteiligten. Gerade sie hat die böse Stiefmutter am ärgsten unter der

Fuchtel. Aber gerade diese Benachteiligung in der materiellen Welt ist ihre große Chance zur Individuation. Nur wer so wenig zu verlieren hat wie die Goldmarie, ist auch bereit in den Brunnen zu springen oder in die Tiefen der Seele vorzudringen, gleich dem Unbekannten, das dort auf sie wartet.

Der Märchenheld ist nicht der antike Held, der starke Mann, der mit rücksichtsloser Gewalt seine Feinde besiegt und dann Herrscher wird. Er ist aber auch nicht der moderne Held, der Stärkste im Wirtschaftskonkurrenzkampf oder der Star, der auf der Woge einer Mode schwimmt. Und er entspricht in einem Punkt auch nicht dem christlichen Märtyrer, obwohl er mit diesem die Lebensweise des Seins gemeinsam hat. Er erreicht sein Ziel nämlich schon in diesem Leben, obwohl er auch oft dem Tode ins Auge sehen muß.

Der Typ des Märchenhelden ähnelt in vielen Punkten dem revolutionären oder dem produktiven Charakter, wie ihn Erich Fromm beschrieben hat, dem schöpferischen Menschen C. G. Jungs oder dem «genitalen Charakter» Wilhelm Reichs. Der Held im Märchen ist uns ein Vorbild für die Liebe zum Leben. Er schützt die Schwachen, die Tiere, die Natur, selbst wenn er selbst dabei Hunger leiden muß. Er läßt sich nicht von Ideologien beirren, wie etwa dieser: nur wenn du die Natur innerhalb und außerhalb von dir vergewaltigst, kannst du überleben.

Er ist nicht ohne Fehler, aber er zeigt den Weg, wie man mit den eigenen Schwächen umgehen muß. Indem er sie lebt und die Verantwortung dafür übernimmt, macht er Fortschritte.

Er fragt nicht: «Wie komm ich an?» (autoritäres Gewissen), sondern: «Was ist recht?» (humanistisches Gewissen). Er hört auf die Stimme in seiner eigenen Brust, die hilfreichen Tiere und anderen Wesen nämlich, statt auf äußere Autoritäten. Und deshalb erkennt er auch die Wirklichkeit hinter den Fassaden, daß der Kaiser nackt ist z. B., wie das Kind in Andersens Märchen von des Kaisers neuen Kleidern.

Er verläßt den Schutz von Heim, Familie und Vaterland und zieht aus, dem Unbekannten entgegen, sei es, weil sein eigenes Schicksal es will oder weil das Wohl des Ganzen es verlangt, aber niemals wegen der Willkür eines habgierigen Ego, wie es der negative Held oft macht und dann (siehe Pechmarie) den Schaden erleidet. Für den Helden gibt es keine Reue.

Und wohin führt ihn sein Weg? Zunächst einmal in die tiefste Not, Einsamkeit und Dunkelheit. Es gibt kaum ein Märchen, in dem der Held nicht an einen Tiefpunkt gerät, ja es macht den Höhepunkt fast aller Märchen aus, an dem es offensichtlich nicht mehr weitergeht und er sich verloren glaubt. Keine Nacht kann finsterer sein als die, in die der Held hinabsteigen muß. Aber gerade dort ist es, wo er die vielbegehrte Kostbarkeit findet, die Zauberdinge, sein Selbst in der finstersten Nacht seiner Seele. Auch in der christlichen Mythologie ist es ähnlich. In der finstersten Nacht, der Wintersonnenwende, wird der Erlöser geboren, das Kind, das den Menschen den Frieden bringen soll.

Die Wirklichkeit ist paradox, lehren uns die Märchen. Hell und Dunkel, Höchstes und Tiefstes, Gut und Böse liegen unmittelbar beisammen. Wer in den Himmel will, muß zuerst durch die Hölle. Was wäre aber ein Licht auch wert ohne die Finsternis, die es umgibt? Und deshalb machen uns die Märchen Mut.

Der Held lehrt uns etwas über den Umgang mit der Angst. Sein Glück findet nur der, der es wagt, seinem Unglück ins Auge zu sehen, statt die Angst zu verdrängen. Wer die Dinge, wie sie sind, annehmen kann, wird feststellen, daß jeder Teufel sich in einen Engel verwandeln muß, wenn man ihm ins Angesicht zu sehen wagt. Die Märchen machen uns Mut, es zu wagen. Wie der Yaqui-Zauberer Don Juan etwa sagt: Für einen Durchschnittsmenschen ist alles, was ihm zustößt, entweder ein Glück oder ein Unglück. Für einen Krieger dagegen (und in unserem Fall für den Märchenhelden) gibt es weder Glück noch Unglück. Alles, was ihm zustößt, ist eine Herausforderung. Und so betrachtet er auch das Böse. Kein Bösewicht kann schlimmer sein als der, mit dem sich der Märchenheld auseinandersetzen muß.

Und doch: Was wäre der Held ohne die Herausforderung des Bösen? Letzten Endes verdankt er gerade ihm sein Glück. Neue Fähigkeiten entwickeln sich oft, wenn wir mit dem Rücken zur Wand stehen. Die Kraft oder Libido zeigt in diesem Falle den Weg. Oft führt er zunächst in die Tiefen der Seele – wie der Lauf des Wassers, das vor einem Abgrund nicht haltmacht, sondern die Vertiefung ausfüllt und dann unbeeinträchtigt weiterfließt.

Ludwig Schmidt, der Autor eines modernen Märchenbuchs, schreibt ähnliches in seinem Vorwort:

«Jeder von uns gelangt in seinem Leben wiederholt an Punkte, wo es nicht mehr weiterzugehen scheint, wo keine der bisher gemachten Erfahrungen einen Ausweg zuläßt. Dies sind die Momente, da wir aufgefordert sind, unser Verhältnis zur Realität zu überprüfen.

Wir sind es gewohnt, die Erscheinungen in gute und böse zu trennen und nur die schönen und lichten zu suchen, von den Gefühlen in uns nur die freudigen und hellen zuzulassen. Die Nachtseite der Welt, das Dunkle und Böse, den Schmerz und die Trauer, den Kummer und die Sorge wollen wir nicht sehen, und wir halten uns fern davon, so gut wir nur können. Deshalb lächeln wir auch über die alten Märchen, in denen Gut und Böse, Schön und Häßlich, Tag und Nacht als reale Mächte Menschengestalt besitzen und einander gegenüberstehen.

Wer aber behauptet, dort siege ja doch immer nur das Gute, der soll mal genau hinsehen, wie das geschieht, denn darauf kommt es an:

Die Helden, die da siegen, müssen sich immer dem Bösen stellen; sie haben ihre Prüfungen zu bestehen, sie müssen hinein in die Wälder, in die verwunschenen Schlösser und Berghöhlen. Und nur wer den Mut hat, sich den Mächten der Tiefe und der Nacht zu stellen, der kann sie überwinden.

Den ‹Weg nach innen› einschlagen und ihn gehen ‹bis in die Nacht›, wenn's sein muß – selbst auf die Gefahr hin, daß wir dabei alles zurücklassen müssen, was unser bisheriges Leben schön und angenehm machte –, das ist es, was uns die Märchen lehren. Ihre Bildersprache mit all den Hexen und Feen, Verwünschungen und Erlösungen ist uns fremd geworden, wir wollen sie nicht mehr verstehen.

Deshalb ist es auch so wichtig, daß neue Märchen erzählt werden, in denen Menschen unserer Sprache auftreten, deren Welt aus all den Realitäten besteht, die wir selbst täglich erleben.» (1)

Doch alte und neue Märchen sagen letzten Endes dasselbe, denn ihre Bildersprache kommt aus dem kollektiven Unbewußten, das die Erfahrungen der ganzen Menschheit enthält und mehr. Mehr, weil im Unbewußten Zeit und Raum überschritten werden. Deshalb weisen die Märchen sowohl in die Vergangenheit wie in die Zukunft der Menschheit. Können sie uns auch helfen die Probleme unserer Zeit zu lösen? Wenn ja, dann müßten wir die alten, verschütteten Bilder ans Licht holen, damit sie der Menschheit den Weg in die Zukunft weisen.

Auch heute sind wir ja in der Geschichte der Menschheit an einem Punkt angelangt, an dem es nach den alten Prinzipien nicht mehr weitergeht und wir gezwungen sind, unser Verhältnis zur Realität zu überprüfen. In einigen Märchen ist es das Symbol des alten Königs, der krank ist, dem Symbol des kollektiven Bewußtseins. Der Held zieht aus, um das Wasser des Lebens oder eine andere Medizin zu holen. Er findet sie dort, wo keiner danach gesucht hätte. Die Rettung kommt wie immer von dort, woher man sie am wenigsten erwartet hätte. Auch heute tut es not, meinen wir vielleicht, daß einer ausziehe, das rettende Mittel zu suchen. Doch er wird es nicht mehr auf einer Reise in unerforschte Länder finden, denn die gibt es auf unserer Landkarte nicht mehr, sondern in seiner eigenen Seele, an dem Ort, wo vielleicht die wenigsten die Lösung suchen würden. Und wie im Märchen, wenn der Held in der Dunkelheit sitzt, Gefahr und Chance so nah beisammen liegen, so könnte auch heute, wo wir meinen in der Dunkelheit zu sitzen, ein Licht aufgehen. Das Prinzip der Märchenhelden heißt: trotz alledem! Doch wenn ein Mensch dieses Licht in seiner Seele entdeckt, dann hat er es für alle getan – genau wie im Märchen der Held durch den Erwerb der vielbegehrten Kostbarkeit alle anderen mit erlöst. Wer mit dem kollektiven Unbewußten und den Archetypen richtig umgeht, der bewässert die gemeinsame Wurzel, an der wir alle zusammenhängen.

Zu diesem Ziel können uns die Märchen Wegweiser sein, und die einzelnen Interpretationen können Bausteine sein. Jeder kann damit weiterbauen und seine eigenen Assoziationen und Erfahrungen benutzen, die im Kontakt mit den Märchenfiguren und -situationen entstehen – benutzen als Hilfe, um die unbewußte Weisheit und Kraft bewußt und verfügbar zu machen.

Die Auseinandersetzung mit dem Bösen oder Der Held und sein Schatten

Die beiden Wanderer

Berg und Tal begegnen sich nicht, wohl aber die Menschenkinder, zumal gute und böse. So kamen auch einmal ein Schuster und ein Schneider auf der Wanderschaft zusammen. Der Schneider war ein kleiner hübscher Kerl und war immer lustig und guter Dinge. Er sah den Schuster von der andern Seite herankommen, und da er an seinem Felleisen merkte, was er für ein Handwerk trieb, rief er ihm ein Spottliedchen zu:

«Nähe mir die Naht,
ziehe mir den Draht,
streich ihn rechts und links mit Pech,
schlag, schlag mir fest den Zweck.»

Der Schuster aber konnte keinen Spaß vertragen, er verzog ein Gesicht, als wenn er Essig getrunken hätte, und machte Miene, das Schneiderlein am Kragen zu packen. Der kleine Kerl fing aber an zu lachen, reichte ihm seine Flasche und sprach: «Es ist nicht bös gemeint, trink einmal und schluck die Galle hinunter.» Der Schuster tat einen gewaltigen Schluck, und das Gewitter auf seinem Gesicht fing an sich zu verziehen. Er gab dem Schneider die Flasche zurück und sprach: «Ich habe ihr ordentlich zugesprochen, man sagt wohl vom vielen Trinken, aber nicht vom großen Durst. Wollen wir zusammen wandern?» «Mir ist's recht», antwortete der Schneider, «wenn du nur Lust hast, in eine große Stadt zu gehen, wo es nicht an Arbeit fehlt.» «Gerade dahin wollte ich auch», antwortete der Schuster. «In einem kleinen Nest ist nichts zu verdienen, und auf dem Lande gehen die Leute lieber barfuß.» Sie wanderten also zusammen weiter und setzten immer einen Fuß vor den andern wie die Wiesel im Schnee.

Zeit genug hatten sie beide, aber wenig zu beißen und zu brechen. Wenn sie in eine Stadt kamen, so gingen sie umher und grüßten das Handwerk, und weil das Schneiderlein so frisch und munter aussah und so hübsche rote Backen hatte, so gab ihm jeder gerne, und wenn das Glück gut war, so gab ihm die Meistertochter unter der Haustüre auch noch einen Kuß auf den Weg. Wenn er mit dem Schuster wieder zusammentraf, so hatte er immer mehr in seinem Bündel. Der griesgrämige Schuster schnitt ein schiefes Gesicht und meinte: «Je größer der Schelm, je größer das Glück.» Aber der Schneider fing an zu lachen und zu singen und teilte alles, was er bekam, mit seinem Kameraden. Klingelten nun ein paar Groschen in seiner Tasche, so ließ er auftragen, schlug vor Freude auf den Tisch, daß die Gläser tanzten, und es hieß bei ihm: «Leicht verdient und leicht vertan.»

Als sie eine Zeitlang gewandert waren, kamen sie an einen großen Wald, durch welchen der Weg nach der Königsstadt ging. Es führten aber zwei Fußsteige hindurch, davon war der eine sieben Tage lang, der andere nur zwei Tage, aber niemand von ihnen wußte, welcher der kürzere Weg war. Die zwei Wanderer setzten sich unter einen Eichenbaum und ratschlagten, wie sie sich vorsehen und für wieviel Tage sie Brot mitnehmen wollten. Der Schuster sagte: «Man muß weiter denken, als man geht, ich will für sieben Tage Brot mitnehmen.» «Was», sagte der Schneider, «für sieben Tage Brot auf dem Rücken schleppen wie ein Lasttier und sich nicht umschauen? Ich halte mich an Gott und kehre mich an nichts. Das Geld, das ich in der Tasche habe, das ist im Sommer so gut als im Winter, aber das Brot wird in der heißen Zeit trocken und obendrein schimmelig. Mein Rock geht auch nicht länger als auf die Knöchel. Warum sollen wir den richtigen Weg nicht finden? Für zwei Tage Brot und damit gut.» Es kaufte sich also ein jeder sein Brot, dann gingen sie auf gut Glück in den Wald hinein.

In dem Wald war es so still wie in einer Kirche. Kein Wind wehte, kein Bach rauschte, kein Vogel sang, und durch die dichtbelaubten Äste drang kein Sonnenstrahl. Der Schuster sprach kein Wort, ihn drückte das schwere Brot auf dem Rücken, daß ihm der Schweiß über sein verdrießliches und finsteres Gesicht herabfloß. Der Schneider war ganz munter, sprang daher, pfiff auf einem Blatt oder sang ein Liedchen und dachte: «Gott im Himmel muß sich freuen, daß ich so lustig bin.» Zwei Tage ging das so fort, aber als am dritten Tag der Wald kein Ende nehmen wollte und der Schneider sein Brot aufgegessen hatte, so fiel ihm das Herz doch eine Elle tiefer herab: indessen verlor er nicht den Mut, sondern verließ sich auf Gott und auf sein Glück. Den dritten Tag legte er sich abends hungrig unter einen Baum und stieg den andern Morgen hungrig wieder auf. So ging es auch den vierten Tag, und wenn der Schuster sich auf einen umgestürzten Baum setzte und seine Mahlzeit verzehrte, so blieb dem Schneider nichts als das Zusehen. Bat er um ein Stückchen Brot, so lachte der andere höhnisch und sagte: «Du bist immer so lustig gewesen, da kannst du auch einmal versuchen, wie's tut, wenn man unlustig ist: die Vögel, die morgens zu früh singen, die stößt abends der Habicht», kurz er war ohne Barmherzigkeit. Aber am fünften Morgen konnte der arme Schneider nicht mehr aufstehen und vor Mattigkeit kaum ein Wort herausbringen; die Backen waren ihm weiß und die Augen rot. Da sagte der Schuster zu ihm: «Ich will dir heute ein Stück Brot geben, aber dafür will ich dir dein rechtes Auge ausstechen.» Der unglückliche Schneider, der doch gerne sein Leben erhalten wollte, konnte sich nicht anders helfen: er weinte noch einmal mit beiden Augen und hielt sie dann hin, und der Schuster, der ein Herz von Stein hatte, stach ihm mit einem scharfen Messer das rechte Auge aus. Dem Schneider kam in den Sinn, was ihm sonst seine Mutter gesagt hatte, wenn er in der Speisekammer genascht hatte: «Essen, soviel man mag, und leiden, was man muß.» Als er sein teuer bezahltes Brot verzehrt hatte, machte er sich wieder auf die Beine, vergaß sein Unglück und tröstete sich damit, daß er mit einem Auge immer noch genug sehen könnte. Aber am sechsten Tag meldete sich der Hunger aufs neue und zehrte ihm fast das Herz auf. Er fiel abends bei einem Baum nieder, und am siebenten Morgen konnte er sich vor Mattigkeit nicht erheben, und der Tod saß ihm im Nacken. Da sagte der Schuster: «Ich will Barmherzigkeit ausüben und dir nochmals Brot geben; umsonst bekommst du es aber nicht, ich steche dir dafür das andere Auge noch aus.» Da erkannte der Schneider sein leichtsinniges Leben, bat den lieben Gott um Verzeihung und sprach: «Tue, was du mußt, ich will leiden, was ich muß; aber bedenke, daß unser Herrgott nicht jeden Augenblick richtet und daß eine andere Stunde kommt, wo die böse Tat vergolten wird, die du an mir verübst und die ich nicht an dir verdient habe. Ich habe in guten Tagen mit dir geteilt, was ich hatte. Mein Handwerk ist derart, daß Stich muß Stich vertreiben. Wenn ich keine Augen mehr habe und nicht mehr nähen kann, so muß ich betteln gehen. Laß mich nur, wenn ich blind bin, hier nicht allein liegen, sonst muß ich verschmachten.» Der Schuster aber, der Gott aus seinem Herzen vertrieben hatte, nahm das Messer und stach ihm das linke Auge aus. Dann gab er ihm ein Stück Brot zu essen, reichte ihm einen Stock und führte ihn hinter sich her.

Als die Sonne unterging, kamen sie aus dem Wald, und vor dem Wald auf dem Feld stand ein Galgen. Dahin leitete der Schuster den blinden Schneider, ließ ihn dann liegen und ging seiner Wege. Vor Müdigkeit, Schmerz und Hunger schlief der Unglückliche ein und schlief die ganze Nacht. Als der Tag dämmerte, erwachte er, wußte aber nicht, wo er lag. An dem Galgen hingen zwei arme Sünder, und auf dem Kopfe eines jeden saß eine Krähe. Da fing der eine an zu sprechen: «Bruder, wachst du?» «Ja, ich wache», antwortete der zweite. «So will ich dir etwas sagen», fing der erste wieder an, «der Tau, der heute nacht über uns vom Galgen herabgefallen ist, der gibt jedem, der sich damit wäscht, die Augen wieder. Wenn das die Blinden wüßten, wie mancher könnte sein Gesicht wiederhaben, der nicht glaubt, daß das möglich sei.» Als der Schneider das hörte, nahm er sein Taschentuch, drückte es auf das Gras, und als es mit dem Tau befeuchtet war, wusch er seine Augenhöhlen damit. Alsbald ging in Erfüllung, was der Gehenkte gesagt hatte, und ein Paar frische und gesunde Augen füllten die Höhlen. Es dauerte nicht lange, so sah der Schneider die Sonne hinter den Bergen aufsteigen: vor ihm in der Ebene lag die große Königsstadt mit ihren prächtigen Toren und hundert Türmen, und die goldenen Knöpfe und Kreuze, die auf den Spitzen standen, fingen an zu glühen. Er unterschied jedes Blatt an den Bäumen, erblickte die Vögel, die vorbeiflogen, und die Mücken, die in der Luft tanzten. Er holte eine Nähnadel aus der Tasche, und als er den Zwirn einfädeln konnte, so gut als er es je gekonnt hatte, so sprang sein Herz vor Freude. Er warf sich auf seine Knie, dankte Gott für die erwiesene Gnade und sprach seinen Morgensegen: er vergaß auch nicht für die armen Sünder zu bitten, die da hingen wie der Schwengel in der Glocke und die der Wind aneinander schlug. Dann nahm er sein Bündel auf den Rücken, vergaß bald das ausgestandene Herzeleid und ging unter Singen und Pfeifen weiter.

Das erste, was ihm begegnete, war ein braunes Füllen, das frei im Felde herumsprang. Er packte es an der Mähne, wollte sich aufschwingen und in die Stadt reiten. Das Füllen aber bat um seine Freiheit: «Ich bin noch zu jung», sprach es, «auch ein leichter Schneider wie du bricht mir den Rücken entzwei, laß mich laufen, bis ich stark geworden bin. Es kommt vielleicht eine Zeit, wo ich dir's lohnen kann.» «Lauf hin», sagte der Schneider, «ich sehe, du bist auch so ein Springinsfeld.» Er gab ihm noch einen Hieb mit der Gerte über den Rücken, daß es vor Freude mit den Hinterbeinen ausschlug, über Hecken und Gräben setzte und in das Feld hineinjagte.

Aber das Schneiderlein hatte seit gestern nichts gegessen. «Die Sonne», sprach er, «füllt mir zwar die Augen, aber das Brot nicht den Mund. Das erste, was mir begegnet und halbwegs genießbar ist, das muß herhalten.» Indem schritt ein Storch ganz ernsthaft über die Wiese daher. «Halt, halt», rief der Schneider und packte ihn am Bein, «ich weiß nicht, ob du zu genießen bist, aber mein Hunger erlaubt mir keine lange Wahl, ich muß dir den Kopf abschneiden und dich braten.» «Tue das nicht», antwortete der Storch, «ich bin ein heiliger Vogel, dem niemand ein Leid zufügt und der den Menschen großen Nutzen bringt. Läßt du mir mein Leben, so kann ich dir's ein andermal vergelten.» «So zieh ab, Vetter Langbein», sagte der Schneider. Der Storch erhob sich, ließ die langen Beine hängen und flog gemächlich fort.

«Was soll daraus werden?» sagte der Schneider zu sich selbst, «mein Hunger wird immer größer und mein Magen immer leerer. Was mir jetzt in den Weg kommt, das ist verloren.» Indem sah er auf einem Teich ein paar junge Enten daherschwimmen. «Ihr kommt ja wie gerufen», sagte er, packte eine davon und wollte ihr den Hals umdrehen. Da fing eine alte Ente, die in dem Schilf steckte, laut an zu kreischen, schwamm mit aufgesperrtem Schnabel herbei und bat ihn flehentlich, sich ihrer lieben Kinder zu erbarmen. «Denkst du nicht», sagte sie, «wie deine Mutter jammern würde, wenn dich einer wegholen und dir den Garaus machen wollte?» «Sei nur still», sagte der gutmütige Schneider, «du sollst deine Kinder behalten» und setzte die Gefangene wieder ins Wasser.

Als er sich umkehrte, stand er vor einem alten Baum, der halb hohl war, und sah die wilden Bienen aus- und einfliegen. «Da finde ich gleich den Lohn für meine gute Tat», sagte der Schneider, «der Honig wird mich laben.» Aber der Weisel kam heraus, drohte und sprach: «Wenn du mein Volk anrührst und mein Nest zerstörst, so sollen dir unsere Stacheln wie zehntausend glühende Nadeln in die Haut fahren. Läßt du uns aber in Ruhe und gehst deiner Wege, so wollen wir dir ein andermal dafür einen Dienst leisten.»

Das Schneiderlein sah, daß auch hier nichts anzufangen war. «Drei Schüsseln leer», sagte er, «und auf der vierten nichts, das ist eine schlechte Mahlzeit.» Er schleppte sich also mit seinem ausgehungerten Magen in die Stadt, und da es eben zu Mittag läutete, so war für ihn im Gasthaus schon gekocht, und er konnte sich gleich zu Tisch setzen. Als er satt war, sagte er: «Nun will ich auch arbeiten.» Er ging in der Stadt umher, suchte einen Meister und fand auch bald ein gutes Unterkommen. Da er aber sein Handwerk von Grund auf gelernt hatte, so dauerte es nicht lange, er ward berühmt, und jeder wollte seinen neuen Rock von dem kleinen Schneider gemacht haben. Alle Tage nahm sein Ansehen zu. «Ich kann in meiner Kunst nicht weiter kommen», sprach er, «und doch geht's jeden Tag besser.» Endlich bestellte ihn der König zu seinem Hofschneider.

Aber wie's in der Welt geht. An demselben Tag war sein

ehemaliger Kamerad, der Schuster, auch Hofschuster geworden. Als dieser den Schneider erblickte und sah, daß er wieder zwei gesunde Augen hatte, so peinigte ihn das Gewissen. «Ehe er Rache an mir nimmt», dachte er bei sich selbst, «muß ich ihm eine Grube graben.» Wer aber andern eine Grube gräbt, fällt selbst hinein. Abends, als er Feierabend gemacht hatte und es dämmerig geworden war, schlich er sich zu dem König und sagte: «Herr König, der Schneider ist ein übermütiger Mensch und hat sich vermessen, er wollte die goldene Krone wieder herbeischaffen, die vor alten Zeiten ist verlorengegangen.» «Das sollte mir lieb sein», sprach der König, ließ den Schneider am andern Morgen vor sich fordern und befahl ihm, die Krone wieder herbeizuschaffen oder für immer die Stadt zu verlassen. «Oho», dachte der Schneider, «ein Schelm gibt mehr, als er hat. Wenn der murrköpfige König von mir verlangt, was kein Mensch leisten kann, so will ich nicht warten bis morgen, sondern gleich heute wieder zur Stadt hinauswandern.» Er schnürte also sein Bündel, als er aber aus dem Tor heraus war, so tat es ihm doch leid, daß er sein Glück aufgeben und die Stadt, in der es ihm so wohl gegangen war, mit dem Rücken ansehen sollte. Er kam zu dem Teich, wo er mit den Enten Bekanntschaft gemacht hatte, da saß gerade die Alte, der er ihre Jungen gelassen hatte, am Ufer und putzte sich mit dem Schnabel. Sie erkannte ihn gleich und fragte, warum er den Kopf so hängen lasse. «Du wirst dich nicht wundern, wenn du hörst, was mir begegnet ist», antwortete der Schneider und erzählte ihr sein Schicksal. «Wenn's weiter nichts ist», sagte die Ente, «da können wir Rat schaffen. Die Krone ist ins Wasser gefallen und liegt unten auf dem Grund, wie bald haben wir sie wieder heraufgeholt. Breite nur derweil dein Taschentuch ans Ufer aus.» Sie tauchte mit ihren zwölf Jungen unter, und nach fünf Minuten war sie wieder oben und saß mitten in der Krone, die auf ihren Fittichen ruhte, und die zwölf Jungen schwammen rund herum, hatten ihre Schnäbel untergelegt und halfen tragen. Sie schwammen ans Land und legten die Krone auf das Tuch. Du glaubst nicht, wie prächtig die Krone war: wenn die Sonne darauf schien, so glänzte sie wie hunderttausend Karfunkelsteine. Der Schneider band sein Tuch mit den vier Zipfeln zusammen und trug sie zum König, der in einer Freude war und dem Schneider eine goldene Kette um den Hals hing.

Als der Schuster sah, daß der eine Streich mißlungen war, so besann er sich auf einen zweiten, trat vor den König und sprach: «Herr König, der Schneider ist wieder so übermütig geworden, er vermißt sich, das ganze königliche Schloß mit allem, was darin ist, los und fest, innen und außen, in Wachs abzubilden.» Der König ließ den Schneider kommen und befahl ihm, das ganze königliche Schloß mit allem, was darin wäre, los und fest, innen und außen, in Wachs abzubilden, und wenn er es nicht zustande brächte oder es fehlte nur ein Nagel an der Wand, so sollte er zeitlebens unter der Erde gefangen sitzen. Der Schneider dachte: «Es kommt immer ärger, das hält kein Mensch aus», warf sein Bündel auf den Rücken und wanderte fort. Als er an den hohlen Baum kam, setzte er sich nieder und ließ den Kopf hängen. Die Bienen kamen herausgeflogen, und der Weisel fragte ihn, ob er einen steifen Hals hätte, weil er den Kopf so schief hielt. «Ach nein», antwortete der Schneider, «mich drückt etwas anderes» und erzählte, was der König von ihm gefordert hatte. Die Bienen fingen an untereinander zu summen und zu brummen, und der Weisel sprach: «Geh nur wieder nach Haus, komm aber morgen um diese Zeit wieder und bring ein großes Tuch mit, so wird alles gutgehen.» Da kehrte er wieder um, die Bienen aber flogen nach dem königlichen Schloß geradezu in die offenen Fenster hinein, krochen in allen Ecken herum und besahen alles aufs genauste. Dann liefen sie zurück und bildeten das Schloß in Wachs nach mit einer solchen Geschwindigkeit, daß man meinte, es wüchse einem vor den Augen. Schon am Abend war alles fertig, und als der Schneider am folgenden Morgen kam, so stand das ganze prächtige Gebäude da, und es fehlte kein Nagel an der Wand und keine Ziegel auf dem Dach; dabei war es zart und schneeweiß und roch süß wie Honig. Der Schneider packte es vorsichtig in sein Tuch und brachte es dem König, der aber konnte sich nicht genug verwundern, stellte es in seinem größten Saal auf und schenkte dem Schneider dafür ein großes steinernes Haus.

Der Schuster aber ließ nicht nach, ging zum drittenmal zu dem König und sprach: «Herr König, dem Schneider ist zu

Ohren gekommen, daß auf dem Schloßhof kein Wasser springen will, da hat er sich vermessen, es solle mitten im Hof mannshoch aufsteigen und hell sein wie Kristall.» Da ließ der König den Schneider herbeiholen und sagte: «Wenn nicht morgen ein Strahl von Wasser in meinem Hof springt, wie du versprochen hast, so soll dich der Scharfrichter auf demselben Hof um einen Kopf kürzer machen.» Der arme Schneider besann sich nicht lange und eilte zum Tore hinaus, und weil es ihm diesmal ans Leben gehen sollte, so rollten ihm die Tränen über die Backen herab. Indem er so voll Trauer dahinging, kam das Füllen herangesprungen, dem er einmal die Freiheit geschenkt hatte und aus dem ein hübscher Brauner geworden war. «Jetzt kommt die Stunde», sprach er zu ihm, «wo ich dir deine Guttat vergelten kann. Ich weiß schon, was dir fehlt, aber es soll dir bald geholfen werden, sitz nur auf, mein Rücken kann deiner zwei tragen.» Dem Schneider kam das Herz wieder, er sprang in einem Satz auf, und das Pferd rennte in vollem Lauf zur Stadt hinein und geradezu auf den Schloßhof. Da jagte es dreimal rund herum, schnell wie der Blitz, und beim drittenmal stürzte es nieder. In dem Augenblick aber krachte es furchtbar: ein Stück Erde sprang in der Mitte des Hofs wie eine Kugel in die Luft und über das Schloß hinaus, und gleich dahinterher erhob sich ein Strahl von Wasser, so hoch wie Mann und Pferd, und das Wasser war so rein wie Kristall, und die Sonnenstrahlen fingen an darauf zu tanzen. Als der König das sah, stand er vor Verwunderung auf, ging und umarmte das Schneiderlein im Angesicht aller Menschen.

Aber das Glück dauerte nicht lang. Der König hatte Töchter genug, eine immer schöner als die andere, aber keinen Sohn. Da begab sich der boshafte Schuster zum viertenmal zu dem Könige und sprach: «Herr König, der Schneider läßt nicht ab von seinem Übermut. Jetzt hat er sich vermessen, wenn er wolle, so könne er dem Herrn König einen Sohn durch die Lüfte herbeitragen lassen.» Der König ließ den Schneider rufen und sprach: «Wenn du mir binnen neun Tagen einen Sohn bringen läßt, so sollst du meine älteste Tochter zur Frau haben.» «Der Lohn ist freilich groß», dachte das Schneiderlein, «da täte man wohl ein übriges, aber die Kirschen hängen mir zu hoch: wenn ich danach steige, so bricht unter mir der Ast, und ich falle herab.» Er ging nach Haus, setzte sich mit unterschlagenen Beinen auf seinen Arbeitstisch und bedachte sich, was zu tun wäre. «Es geht nicht», rief er endlich aus, «ich will fort, hier kann ich doch nicht in Ruhe leben.» Er schnürte sein Bündel und eilte zum Tore hinaus. Als er auf die Wiesen kam, erblickte er seinen alten Freund, den Storch, der da, wie ein Weltweiser, auf- und abging, zuweilen still stand, einen Frosch in nähere Betrachtung nahm und ihn endlich verschluckte. Der Storch kam heran und begrüßte ihn. «Ich sehe», hub er an, «du hast deinen Ranzen auf dem Rücken, warum willst du die Stadt verlassen?» Der Schneider erzählte ihm, was der König von ihm verlangt hatte und er nicht erfüllen konnte, und jammerte über sein Mißgeschick. «Laß dir darüber keine grauen Haare wachsen», sagte der Storch, «ich will dir aus der Not helfen. Schon lange bringe ich die Wickelkinder in die Stadt, da kann ich auch einmal einen kleinen Prinzen aus dem Brunnen holen. Geh heim und verhalte dich ruhig. Heut über neun Tage begib dich in das königliche Schloß, da will ich kommen.» Das Schneiderlein ging nach Haus und war zu rechter Zeit in dem Schloß. Nicht lange, so kam der Storch herangeflogen und klopfte ans Fenster. Der Schneider öffnete ihm, und Vetter Langbein stieg vorsichtig herein und ging mit gravitätischen Schritten über den glatten Marmorboden; er hatte aber ein Kind im Schnabel, das schön wie ein Engel und seine Händchen nach der Königin ausstreckte. Er legte es ihr auf den Schoß, und sie herzte und küßte es und war vor Freude außer sich. Der Storch nahm, bevor er wieder wegflog, seine Reisetasche von der Schulter herab und überreichte sie der Königin. Es steckten Tüten darin mit bunten Zuckererbsen, sie wurden unter die kleinen Prinzessinnen verteilt. Die älteste aber erhielt nichts, sondern bekam den lustigen Schneider zum Mann. «Es ist mir gerade so», sprach der Schneider, «als wenn ich das große Los gewonnen hätte. Meine Mutter hatte doch recht, die sagte immer: ‹Wer auf Gott vertraut und nur Glück hat, dem kann's nicht fehlen.›»

Der Schuster mußte die Schuhe machen, in welchen das Schneiderlein auf dem Hochzeitsfest tanzte, hernach ward ihm befohlen, die Stadt auf immer zu verlassen. Der Weg nach dem Wald führte ihn zu dem Galgen. Von Zorn, Wut und der Hitze des Tages ermüdet, warf er sich nieder. Als er die Augen zumachte und schlafen wollte, stürzten die beiden Krähen von den Köpfen der Gehenkten mit lautem Geschrei herab und hackten ihm die Augen aus. Unsinnig rannte er in den Wald und muß darin verschmachtet sein; denn es hat ihn niemand wieder gesehen oder etwas von ihm gehört.

Die beiden Wanderer
(Interpretation)

> «So der Edle: Sieht er Gutes, so ahmt er es nach, hat er Fehler, so legt er sie ab.»
>
> (I Ging, Die Mehrung)

> «Ein Krieger darf nichts bereuen und sich über nichts beklagen. Sein Leben ist eine immerwährende Herausforderung, und Herausforderungen sind niemals gut oder schlecht, Herausforderungen sind einfach Herausforderungen.»
>
> (Don Juan Matus) (1)

Der positive und der negative Märchenheld begegnen sich in den beiden Wanderern. Der Schneider entspricht in vielem dem Ideal von Erich Fromms Lebensweise des Seins oder dem produktiven Charakter. Er strahlt Liebe zum Leben aus, hat Vertrauen in sein Selbst, Gott und die Zukunft, lebt im Hier und Jetzt und ist zufrieden mit dem, was er hat. Er teilt gerne, und aus Mitleid und Ehrfurcht vor dem Leben verschont er selbst unter der Gefahr zu verhungern die hilflosen Tiere. Aber dafür erntet er auch Hilfe aus der Natur. Wenn er auch Fehler hat – er ist ein Leichtfuß –, er durchlebt sie, bereut sie, übernimmt die Verantwortung dafür und entwickelt sich daran.

Umgekehrt der Schuster. Nach Fromms Terminologie wäre er typisch für die Lebensweise des Habens, den unproduktiven hortenden Charakter oder sogar für den Sadisten. Er ist ein Griesgram, der keine Freude am Leben hat, immer unzufrieden ist, der sich Sorgen um die Zukunft macht. Er gibt seinem Kameraden nichts umsonst, nicht einmal, als dieser sich in Lebensgefahr befindet. Ja, sein Haß auf die Lebensfreude und Produktivität des anderen, zu der er unfähig ist, macht ihn zum Sadisten. Weil er ein Stück Brot hergeben soll, muß ihm der andere seine sadistischen Gelüste befriedigen. Er darf ihm ein Auge und später noch das andere ausstechen. Er kennt keine Verantwortung für seine Mitmenschen.

Er überläßt den schutzlosen Kameraden dem Tod. Auch sein Gewissen ist nicht das humanistische des produktiven Menschen, denn nicht sein begangenes Unrecht macht ihm schließlich Angst, sondern er fürchtet die Strafe, er fürchtet die Rache des anderen. Weil er selber rachsüchtig ist, erwartet er vom anderen dasselbe. Er muß dem anderen, auf den er seine eigene Boshaftigkeit projiziert, zuvorkommen.

Der positive Held kann die Dinge annehmen, wie sie sind. Als er ins Unglück gerät, sieht er ihm ins Auge und tut, was notwendig ist, um zu überleben, wenn es auch noch so weh tut. Wie seine Mutter sagte: «Essen, soviel man mag, und leiden, was man muß.» Er freut sich aber auch seines wiedergewonnenen Lebens und seiner wiedergewonnenen Fähigkeiten um so intensiver. Er vergißt nicht den Dank dafür und bleibt nicht hängen an seinem halb überstandenen Unglück oder Selbstmitleid, sondern schreitet weiter: «Er unterschied jedes Blatt an den Bäumen, erblickte die Vögel, die vorbeiflogen, und die Mücken, die in der Luft tanzten. Er holte eine Nähnadel aus der Tasche, und als er den Zwirn einfädeln konnte, so gut als er es je gekonnt hatte, so sprang sein Herz vor Freude. Er warf sich auf die Knie, dankte Gott für die erwiesene Gnade und sprach seinen Morgensegen. Er vergaß auch nicht für die armen Sünder zu bitten, die da hingen wie der Schwengel in der Glocke.» Selbst gerade der Gefahr entronnen, hat er noch Mitleid mit den anderen Elenden. Ja gerade das ausgestandene Leid hat ihn um so fähiger gemacht zum Mitleiden mit den anderen Leidenden. «Dann nahm er sein Bündel auf den Rücken, vergaß bald das ausgestandene Herzeleid und ging unter Singen und Tanzen weiter.»

Die Lebensfreude des Schneiders verdient besondere Beachtung. «Gott im Himmel muß sich freuen, daß ich so lustig bin», sagte er. – Eine unschuldige Freude, bei der jeder gesunde Mensch sich mitfreuen muß, denn in diesen Worten fühlt das Schneiderlein, daß es *der* Mensch ist, der sich in ihm freut. Es ist eine natürliche Freude, die aus tiefsten Quellen von jenseits des Ego stammt, von einem Punkt, an dem er mit allem eins ist. Er ist ein Musterexemplar des Menschen, für den Wilhelm Reich den Ausdruck des genitalen Charakters oder des ungepanzerten Menschen, der die kosmische, unendliche Kraft aus der Natur empfängt, verwendet hat. Er steckt die anderen an mit Freude, Lebenskraft und Hoffnung, und deshalb ist der Held auch überall gern gesehen.

Anders der Schuster: «Die Vögel, die morgens zu früh singen, die stößt abends der Habicht.» Welch ein Haß auf die Lebensfreude, die er nicht mitfühlen kann, muß sich in solch einem Sprichwort ausdrücken. Wilhelm Reichs Zitat vom pestilenten Menschen paßt gut dazu, in dem er das gepanzerte Leben beschreibt als ein Leben,

> «das das zarte Verlangen des Körpers nicht fühlt und den Blick eines Rehs auf einer sonnendurchfluteten Wiese nicht ertragen kann, ohne es zu erschießen, zu erstechen oder zu erwürgen, weil es ihn an sein verlorenes Paradies erinnert». (2)

Daß Freude eine Tugend sei und Sorgen ein Laster, ist aber nicht nur die Auffassung dieses und anderer Märchen. Spinoza z. B. und viele Mystiker erklärten in ihrer Ethik dasselbe.

Wie gegenüber seiner eigenen Natur, die er lebt und zur Entfaltung bringt, verhält sich der Held auch gegenüber der Natur außerhalb seiner selbst. Obwohl er selbst dem Hungertode nahe ist, verschont er die hilflosen Tiere, die ihn um ihr Leben bitten. Er zeigt die vollkommene Liebe zum Leben selbst über die Rücksicht auf sein eigenes Leben hinaus. Sein Verhalten ist das Gegenteil der Haben-Orientierung, die uns predigt: Du mußt die Natur zerstören, damit du überleben kannst; du mußt den anderen besiegen und unterwerfen, mit ihm konkurrieren, damit du vorwärtskommst! Die «emotionale Pest», von der Reich sprach, ist die verdorbene Natur, die Verdrehung der natürlichen Werte und der Wahrheit. Sie repräsentiert der Schuster, als er dem Kameraden für das ausgestochene Auge ein Stück Brot gibt und von Barmherzigkeit redet. Der wahre Held aber brüstet sich nie mit seinen Tugenden, denn sie sind ihm ja eine spontane Selbstverständlichkeit.

Nicht nur zur Natur, auch zur Arbeit hat er ein produktives Verhältnis: er arbeitet aus Freude an der Arbeit, nicht um Reichtum anzusammeln oder weil er dazu gezwungen wird. Sein Reichtum besteht im Sein, in seiner Produktivität, ist etwas, das sich immer wieder erneuert. Das Gegenteil ist die hortende Haltung des Schusters in der Situation im Walde. Der Reichtum des Schusters ist nicht seine Fähigkeit, sondern sein Besitz, und er nutzt ihn als

Macht über seinen Kameraden. Seine Macht resultiert nicht aus seinen Eigenkräften, sondern aus seinem Besitz. Fromm unterscheidet die Kraft *über* etwas des unproduktiven Menschen von der Kraft *zu* etwas des produktiven Menschen. Letztere ist Stärke, Fähigkeit oder Potenz. Der Wunsch nach der Macht, andere zu beherrschen, ist die Folge des Mangels an Produktivität, an der Kraft *zu* etwas, am Erleben der Eigenkräfte. (3) Im Märchen ist es niemals der Besitz, mit dem ein Held sein Glück macht, sondern sind es immer seine Eigenkräfte, seine Fähigkeiten, die produktive Arbeit. Wenn es sich um eine Erbschaft oder einen Fund handelt, dann sind es am materiellen Maßstab gemessen ganz wertlose Dinge: ein Kater z. B. oder drei Federn.

Die unterschiedliche Beurteilung der beiden Charaktere hat nichts zu tun mit der Bevorzugung eines bestimmten Temperamentes, und der Schuster ist nicht etwa ein kranker, schwermütiger Mensch, der an Depressionen leidet und deshalb zu bemitleiden wäre, wie mancher vielleicht meint. Er ist vielmehr ein Mensch, dessen Leiden aus der falschen Einstellung zum Leben resultiert. Auch er hätte an der Herausforderung, die für ihn ohne Zweifel das lustige Schneiderlein darstellt, wachsen können. Im Wald hätte er lernen können, was Mitleid bewirkt, und sein ganzes mißmutiges Leben hätte eine radikale Wende genommen. Aber statt diese Herausforderung produktiv zu seiner Entwicklung zu nutzen, zerstört er aus Neid den Reichtum des anderen – dessen Lebensfreude. Die Herausforderung des Schusters im Wald wollte ihn lehren, welchen Segen Mitleid bringt. Seine Angst und sein Schwermut resultieren aus der Verhärtung seines Ego. Durch die Überwindung des Egoismus, das Geben, Verströmen, das Austauschen und Fließen kommt die Lebensfreude, die ihm der Schneider vorlebt. Gerade solch ein Mensch wie der Schuster könnte, wenn ihm die Umkehr gelänge, eine Güte entwickeln, die viel bewundernswerter ist als die des normalen Menschen, denn um so größer der Abstand zwischen Ausgangspunkt und Ziel ist, um so bewußter ist auch das Ergebnis. Doch nicht nur im Wald, immer wieder erhält der Schuster die Chance zur Umkehr. Als er dem Schneider in der Königsstadt wiederbegegnet, hätte seine Reaktion statt Furcht vor einer eventuellen Strafe auch Freude über die unerwartete Rettung des Kameraden und Reue für seine Tat sein können. Das wäre ein Hinhören auf die Stimme des humanistischen Gewissens gewesen. Aber immer wieder verpaßt der Schuster diese Chance. Dann nimmt das Schicksal seinen Lauf, und die eigenen destruktiven Kräfte, derer er sich bedient hatte, wenden sich gegen ihn selbst in Gestalt der Krähen.

> «Einer, der Buddhaschaft erlangen will, braucht nicht viele verschiedene Praktiken zu befolgen; er muß nur eines ausüben, und das ist das große Mitleid», (4)

heißt es in einem Sutra. Mahakaruna, das große Mitleid, der wichtigste Grundsatz in der Ethik des Mahayana-Buddhismus, scheint mir auch das erste Gebot in der Ethik dieses Märchens zu sein. Es ist der Prüfstein, der den Schneider zum Helden und den Schuster zum Antihelden auszeichnet.

Das Märchen will wie so viele seinesgleichen beweisen, daß nicht die materielle Berechnung und die Macht – nach deren Wahrscheinlichkeit hätte der Schneider sterben müssen –, sondern das Vertrauen, das Mitleid, die Werte des Seins zum Ziel führen. Weil der Schneider nicht aus Berechnung, sondern aus Mitleid die Tiere verschont hat, gewähren sie ihre wunderbare Hilfe. Die Natur, lernen wir, gerade unsere eigene, birgt Wunderkräfte, die nur dem Menschen offenbart werden, der zu ihr steht, bis in die tiefste Nacht. Und das Schicksal des Schneiders lehrt uns etwas über den Umgang mit dem Bösen. Es ist eine Herausforderung, der wir uns zeitweilig stellen müssen, die beim richtigen Bewußtsein aber gerade unserer Selbstverwirklichung dient. So kann der Mahayana-Buddhismus sogar behaupten, wir sollten unseren Feinden dankbar sein, weil sie unserer Entwicklung dienen. Ist es nicht der Schuster, der den Schneider immer wieder an seine Grenzen treibt?

Daß wir nicht zu schnell etwas als Glück oder Unglück betrachten sollten, lehrt auch eine taoistische Geschichte von dem Bauern, dem sein einziges Pferd davonlief. Als die Nachbarn es hörten, sagten sie zu dem Bauern: «Welch ein Unglück!» Aber er sagte nur: «Mag sein!» Am nächsten Tag kam sein Pferd zurück und brachte 10 Wildpferde mit. Jetzt beglückwünschten ihn die Nachbarn zu der unverhofften Wende, die das Schicksal genommen hatte, doch der Bauer sagte wieder nur: «Mag sein!» Am nächsten Tag brach sein Sohn sich ein Bein, als er eines der Wildpferde einreiten wollte. Als die Nachbarn ihn bedauerten, sagte der Bauer wieder: «Mag sein!» Am nächsten Tag kamen die Soldaten und nahmen alle jungen Männer mit bis auf seinen Sohn, den sie nicht gebrauchen konnten. Die Nachbarn gratulierten zu dem Glück. Aber der Bauer sagte wieder: «Mag sein!» (5)

Und wie in vielen Märchen, so ist auch in diesem der Tiefpunkt des Helden unter dem Galgen der Höhepunkt des Märchens. Am Tiefpunkt geschieht das Wunder. Die Sterne kann man auch nur sehen, wenn es dunkel wird. Das bewußte Ich weiß nicht mehr weiter, läßt los, und jetzt tritt die unbewußte Natur auf den Plan, und die weiß alles – hier in Gestalt der Toten und der dankbaren Tiere. Doch nicht unverdient. Es sind die Tiere, die er verschont hatte. Es ist sein Gottvertrauen, das Vertrauen in die Gerechtigkeit des Schicksals und die Weisheit der Mutter, die ihn aufrechterhalten. Die Krise unter dem Galgen ist wie die Krise, die vor jeder Erleuchtung steht. Der Schicksalsschlag, den der Schneider erleidet, ist wie ein Koan, eines jener mit dem Verstande nicht zu lösenden Rätsel, die die Zen-Meister ihren Schülern aufgeben. Die Lösung kommt nur spontan, wenn man auf dem Höhepunkt des Konfliktes endlich versteht loszulassen. Die Toten hängen damit zusammen. Die Gehängten hängen vom Himmel auf die Erde. Sie stehen nicht mehr mit den Füßen auf der Erde. «Bruder, wachst du?» Sie deuten auf einen Bewußtseinszustand ruhevoller Wachheit, transzendentalen Bewußtseins zwischen Leben und Tod.

Erst wenn alle Stricke gerissen sind, wenn keine Hoffnung mehr bleibt, dann ist der Punkt erreicht, wo der Zugang zur anderen Welt liegt. Vielleicht sagt mancher danach: Und wenn ich alles nochmals erleben müßte und wenn der Rest meines Lebens grauenvoll wäre, es hätte sich gelohnt für diesen einen Moment der Ewigkeit. Es ist ein Augenblick, in dem er jenseits des Ego ist und seiner Ganzheit angesichtig wird. Jetzt versteht er die Sprache der Tiere, das heißt die Sprache der Natur oder der Seele, sonst hätte der Schneider die Ente nur schnattern hören.

Erich Fromm sprach von der «Krankheit des Jahrhunderts» (6) als einem kollektiven Zustand einer inneren Leere, eines beängstigenden Nichts oder einer Art Depression, an der viele Menschen unserer Zeit leiden. Alle materiellen Werte, die ihnen vorher noch etwas bedeutet haben, vermögen nichts mehr auszurichten. Aber gerade dieser Zustand sei die Chance zur Umkehr, meinte er. Erst wenn alle Dinge der Welt des Habens uninteressant geworden sind, geht die Suche nach spirituellen Werten los, kann ein religiöses Leben beginnen. Und aus dieser finsteren Nacht der Seele geht dann ein neues Leben hervor, von dem sich das alte Ego nichts hätte träumen lassen – Nacht und Morgen, Tod und Wiedergeburt also, wie bei dem Helden unseres Märchens unter dem Galgen. Selbst nach den grauenhaftesten Ereignissen sagen zu können: Ich erkenne jetzt den Sinn; das war notwendig, und ich bin dem Leben dankbar für die Lehre; ich weiß, was ich gewonnen habe – das ist die Bewußtheit, die die Märchenhelden sich erringen.

Soviel zur Betrachtung der beiden Wanderer auf der Objektstufe. Der Schuster stellt demnach einen negativen Charakter von Menschen dar, wie es sie in unserer Umwelt gibt. Man kann dieses Märchen wie viele andere aber auch auf der Subjektstufe deuten. Ich habe die beiden Begriffe aus Jungs Traumdeutung übernommen. Die Figur eines Traumes auf der Objektstufe zu deuten heißt, daß beispielsweise ein Bruder des Träumers, der in seinem Traum vorkommt, als der wirkliche Bruder verstanden wird. Den Traum auf der Subjektstufe zu deuten hieße, daß wir den Bruder als Teil des Selbst des Träumers betrachten. Auf unser Märchen angewandt, wäre der Schuster von der Subjektstufe des Schneiders aus gesehen ein Teil von des Schneiders eigenem Selbst. Man könnte sagen, Schneider und Schuster sind der Held und sein Schatten.

So betrachtet, lehrt uns die Geschichte etwas über die Auseinandersetzung mit unserer eigenen minderwertigen Hälfte.

Nach Jung ist der Schatten derjenige Teil des Menschen oder repräsentiert diejenigen menschlichen Fähigkeiten und Eigenschaften, die zwar zur vollständigen Persönlichkeit dazugehören, die aber verdrängt und nicht gelebt werden und daher unterentwickelt sind. Der Schatten enthält nicht nur das Schlechte, sondern auch noch nicht verwirklichte Möglichkeiten, die der Mensch zur Ganzheit braucht. Deshalb gäbe es ohne die Begegnung mit dem Schuster für den Schneider keine Selbstverwirklichung und kein Happy-End. Zum leichtlebigen Schneiderlein paßt als Schatten genau der schwermütige, sorgenvolle, hortende Schuster. Wenn wir näher hinsehen, hat der Schuster aber nicht nur negative Eigenschaften, sondern er repräsentiert auch verhältnismäßig notwendige Fähigkeiten, die dem Schneider noch abgehen. Planung und Vorsorge sind in gewissem Maße, solange sie nicht übertrieben werden und das Leben lähmen, ebenfalls notwendig. Der Schneider mußte es erleben und hat für sein weiteres Leben bestimmt dazugelernt.

Nicht umsonst hat die Phantasie Schneider und Schuster einander gegenübergestellt. Der Schuster ist für die Form zuständig. Der Schuh ist aus fester Materie, bedeutet einen gewissen Schutz und ist notwendig, um vorwärts zu kommen. Er hat eine gewisse Beziehung zur Erde, zum Bodenständigen. Als abgrenzende Form hat er eine Beziehung zum Ego, aber auch mit der Maske oder der Persona, der Rolle, die wir in der Gesellschaft spielen, hat er etwas zu tun. Die Form kann aber auch einengen, wenn sie den neuen Inhalt nicht mehr fassen kann und die Weiterentwicklung hemmt. Nicht fassen kann der Schuh das Selbst oder die Individualität, die die Grenzen überschreitet und uns einmalig macht. Er stellt einen Gegensatz dar zum Seelischen, Immateriellen. Der Schuh ist etwas, das man haben kann. In religiösen Kultstätten zieht man die Schuhe aus.

Die Form ist notwendig, ebenso wie die Persona, um in der körperlichen Welt und der Gesellschaft bestehen zu können. Der Schneider, der lieber den zweiten Schritt vor dem ersten machen und über alle Hindernisse hinwegspringen möchte, muß dies erst noch lernen. Vor der Hochzeit muß ihm der Schuster noch ein Paar Schuhe machen. Die Auseinandersetzung mit der Materie bedeutet Widerstand, Leiden am Widerstand, hemmt unseren Willen und kann sehr weh tun. Doch zur Realisierung der geistigen Möglichkeiten in der physischen Welt ist sie nun mal notwendig, sonst würde alles zerfließen in der Grenzenlosigkeit. Uns zurechtzufinden zwischen den Gegensätzen des Begrenzten und des Unbegrenzten ist es, was wir lernen müssen im Laufe dieser Auseinandersetzung.

Und wofür steht der Schneider? Zunächst ist er einmal der Kleine, Leichte und in der materiellen Welt der Schwächere. Er wird gerne verwandt als Symbol für den Geist oder besser den schöpferischen Intellekt, der trennt und dann neu verbindet. Geist und Materie haben sich auch in der Entwicklung unserer westlichen Kultur getrennt. Jung hat auf die Bedeutung des Christentums in diesem Prozeß und seine einseitige Betonung des Geistigen hingewiesen, das den Materialismus, wie wir ihn heute kennen, als Antithese herausgefordert hat. So gesehen könnte man auch sagen, der heutige Materialismus sei der Schatten der einseitig geistigen Christianisierung. Nur weil der Schneider seinen Schatten verdrängt, muß dieser so böse sein. Wird er integriert, können Geist und Materie zu einer neuen Einheit und Harmonie gelangen. Der Materialismus als Mißverständnis des Materiellen vergeht dann von selbst.

Die Deutung des Schusters und des Schneiders auf der Subjekt- und Objektstufe schließen einander natürlich nicht aus. Im Leben treffen sich nämlich beide. Solange wir unseren Schatten noch bewußt machen und integrieren müssen, werden wir auf Menschen oder Umstände im Leben treffen, die unseren eigenen Schatten repräsentieren, werden wir genau in die Situationen geraten, die wir brauchen, um zu lernen, was wir lernen müssen. Zuerst fordern sie unsere Projektionen heraus. Der andere ist dann immer der Böse, und man selbst ist unschuldig. Doch im Laufe eines manchen Konfliktes – durch die Auseinandersetzung mit der minderwertigen Hälfte eben – kann vieles über sich selbst erfahren, wer dazu bereit ist.

Der Schneider, der Märchenheld, ist auch in dieser Hinsicht ein gutes Vorbild. Wenn wir einmal genauer hinsehen, versucht er nie, sich am Schuster zu rächen oder ihn sonstwie zu beeinträchtigen, sondern er tut einfach das Notwendige an seinem eigenen Platz. Der Böse verschwindet letzten Endes von selbst. Der Schneider bedarf seiner Herausforderung nicht mehr.

Als ich mich mit diesem Märchen auseinandersetzte, lief gerade der Film «Gandhi». Sein Beispiel hat Bezug zur Deutung des Märchens auf der Objekt- wie auf der Subjektstufe. Wie der Schneider besiegte er den äußeren Feind – hier die Engländer – durch Gewaltlosigkeit. Doch nach der Unabhängigkeit Indiens stellte sich heraus, daß seine Landsleute den inneren Feind in ihrem Herzen noch nicht besiegt hatten, denn nach der Trennung von Indien und Pakistan brach der Bürgerkrieg zwischen Hindus und Moslems aus. Das tragische Ende von Gandhis Unabhängigkeitskampf war, daß er den äußeren Feind besiegt hatte, aber die Spaltung und Feindseligkeit innerhalb des eigenen Landes nicht verhindern konnte. Er sagte:

> «Der Teufel sitzt in unserem eigenen Herzen – dort ist der Platz, wo die Schlacht geschlagen werden sollte.»

Wir befinden uns heute in einer Situation, in der zwei politische Blöcke – Ost und West – ihren kollektiven Schatten aufeinander projizieren und damit die Aufrüstung hochschaukeln. Immer ist der andere der Bösewicht, der herausfordert und abgeschreckt werden muß. Wie gut paßt auch in dieser Situation der Rat des Zen-Meisters Takuwan:

> «Die Räuber in den Bergen vernichten ist leicht. Aber beim Weg des Schwertes ist der Feind nicht draußen, sondern im eigenen Herzen. Hat man den Feind im eigenen Herzen besiegt, so gibt es draußen keinen Feind mehr. Das nennt man: Sieg ohne Kampf.» (7)

Jetzt wollen wir noch einmal den Tiefpunkt im Wald betrachten. Der Held erblindet zunächst an seinem Schatten, bevor er wieder sehend – das heißt bewußt – werden kann. Das ist die natürliche Folge der Auseinandersetzung mit der eigenen Schwärze, der *nigredo*, wie es die Alchemisten nannten, dem Schatten. Man könnte so den finsteren Wald, in dem kein Vogel singt, als eine tiefe Depression betrachten, und die Konfrontation des Helden mit seinem Schatten die Stufe eines Entwicklungsprozesses. Es folgt etwas wie Tod und Wiedergeburt, und aus der überstandenen Finsternis erstrahlt ein neues Bewußtsein. Der Held geht aus dieser Konfrontation mit der *nigredo* gewandelt hervor. Die Märchenhelden sind uns auch ein Vorbild, wenn es darum geht, dieser inneren Finsternis ins Auge zu sehen, ihr standzuhalten und danach sagen zu können: Jetzt weiß ich, wozu dieser Tiefpunkt notwendig war, und ich bin meinem Schicksal dankbar für diese Chance, die Grenzen zu überschreiten und neue Kraft zu schöpfen aus einer Tiefe, in die ich freiwillig nie vorgedrungen wäre.

Jetzt liegt das Ziel, die Königsstadt in ihrem vollen Glanz vor dem Helden. Noch ist der Schatten nicht voll integriert, er wird ihn später noch viermal herausfordern. Aber eine Entwicklungsstufe, die man mit Jung die des Schattens nennen könnte, ist überstanden. In diesem Moment der psychischen Wiedergeburt hat er Gelegenheit, einen Blick auf die Ganzheit seines Selbst, für die die Königsstadt ein Symbol ist, zu werfen. Oft ist mit solchen Erlebnissen von Tod und Wiedergeburt, einer überstandenen Krisis eine Ganzheitserfahrung verbunden, ein Vorgeschmack auf das, was einmal unser voller Besitz werden soll. Und jetzt entsteht vielleicht der Wunsch, dieses Erlebnis zu erneuern, bewußt an der Entwicklung weiterzuarbeiten. Marie Luise von Franz meinte, daß es gerade die religiöse Haltung ausmacht, daß man ein solches Erlebnis nicht einen einmaligen Zufall sein läßt, sondern zu einer dauerhaften Erfahrung werden läßt. (8)

Die Stadt, das Schloß, die Burg, der Berg stellen im Märchen oder der Symbolsprache der Träume oft das Ziel der Ganzheit des Selbst dar. (9) Auch die vier Kostbarkeiten, die der Held in diesem Märchen erreichen muß, gehören hierher: die Krone, der klare Quell, das kleine wächserne Schloß und das Kind. Gerade auch die Vier ist ein Ausdruck der Ganzheit. Es gibt vier Jahreszeiten, vier Himmelsrichtungen, vier Elemente, vier Temperamente, vier Menschenrassen usw. Vier deutet auch auf die Verwirklichung der Ganzheit im Relativen, auch der Materie, und das ist es, was dem Schneider noch fehlt. Jung unterscheidet vier psychische Funktionen (10) als zur Ganzheit gehörig: Empfindung, Intuition, Fühlen und Denken. Vier unterschiedliche Tiere, die spezielle Fähigkeiten repräsentieren, werden zuerst durch Triebverzicht – das Aufschieben der Befriedigung des Hungers – dienstbar gemacht.*

Viermal muß der Schneider jetzt noch der Herausforderung der Tiere und später des Schusters begegnen – bzw. die Aufgaben des Königs lösen –, bis er selber König werden, mit seiner anderen Hälfte, der Königstochter, die mystische Hochzeit, die Ganzheit seines Selbst, feiern kann. Und bei jeder dieser Herausforderungen wird er genau wie im Wald an die Grenzen seiner bewußten Möglichkeiten getrieben. Die andere Wirklichkeit tritt wieder

---

*Wollte man versuchen, die vier Tiere den vier psychischen Funktionen zuzuordnen, könnte man die Bienen, die das Schloß in Wachs nachbilden, am ehesten mit der Empfindung in Verbindung bringen. Sie stellt über die Sinnesorgane fest, daß etwas vorhanden ist. Die Intuition als die andere wahrnehmende Funktion bedeutet ein Um-die-Ecken-Sehen. Sie spürt auf (durch Wahrnehmung über das Unbewußte), was mit den Sinnesorganen nicht wahrnehmbar ist. Das Pferd, das ganz plötzlich die Quelle freilegt, paßt gut hierher. Da man in der Symbolik das Fühlen auch mit dem Wasserelement und das Denken mit dem Luftelement in Verbindung bringt, könnte man hier die Enten und den Storch unterbringen.

unerwartet auf den Plan. Jetzt sieht es so aus, als sei der Schneider besser dran als zuvor – er hat die Möglichkeit zur Flucht –, aber in Wirklichkeit gibt es keine Fluchtmöglichkeit. Jenseits der Königsstadt liegt der tiefe Wald. Es wäre eine Regression, ein Zurückfallen in vorindividuelle Zustände, wie sie später der Schuster erlebt, und keine schöpferische Depression wie zuvor, als der Wald noch auf dem Weg zum Ziel lag. Für den schöpferischen Menschen gibt es nur das Vorwärts. Aber wie wir hier am Beispiel des Schneiders sehen, ist es nicht der Vorsatz eines willkürlichen Ego, sondern ein inneres Gesetz, das sich spontan erfüllt aufgrund der inneren Natur (die Tiere), selbst dann, wenn das Ego meint, daß es nicht mehr weitergehe. Es gibt kein Entkommen. Wohl gibt es viele Hindernisse zu bestehen, doch mit natürlicher Notwendigkeit erzwingt sich die Natur ihr Ziel, das Jung im Symbol des Kindes als den stärksten Trieb im Menschen bezeichnete, den nach Selbstverwirklichung. (11)

Und schließlich könnte man Schuster und Schneider auch als zwei Tendenzen in jedem Menschen betrachten. Eine produktive, biophile, um mit Fromm zu sprechen, die die Entwicklung will, und eine lebensfeindliche, nekrophile, entwicklungshemmende Tendenz. Die Entwicklung besteht darin, die lebensfördernden Prozente oder das, was an Spontaneität schon vorhanden ist, aufzugreifen, um mehr daraus zu machen und um so mit Hilfe dieser Kraft den lebensfeindlichen Rest zu überwinden. Die eigenen Schwächen werden dann als Herausforderung gesehen, die zur Entwicklung antreibt. So kann man ungünstige Voraussetzungen, sei es in der Innen- oder Umwelt, umwandeln in solche, die der Entwicklung und Selbstverwirklichung dienen.

Ein Helfer, der unsere Hilfe braucht

Der Eisenhans

Es war einmal ein König, der hatte einen großen Wald bei seinem Schloß, darin lief Wild aller Art herum. Zu einer Zeit schickte er einen Jäger hinaus, der sollte ein Reh schießen, aber er kam nicht wieder. «Vielleicht ist ihm ein Unglück zugestoßen», sagte der König und schickte den folgenden Tag zwei andere Jäger hinaus, die sollten ihn aufsuchen, aber die blieben auch weg. Da ließ er am dritten Tag alle seine Jäger kommen und sprach: «Streift durch den ganzen Wald und laßt nicht ab, bis ihr sie alle drei gefunden habt.» Aber auch von diesen kam keiner wieder heim, und von der Meute Hunde, die sie mitgenommen hatten, ließ sich keiner wieder sehen. Von der Zeit an wollte sich niemand mehr in den Wald wagen, und er lag da in tiefer Stille und Einsamkeit, und man sah nur zuweilen einen Adler oder Habicht darüber hin fliegen. Das dauerte viele Jahre, da meldete sich ein fremder Jäger bei dem König, suchte eine Versorgung und erbot sich, in den gefährlichen Wald zu gehen. Der König aber wollte seine Einwilligung nicht geben und sprach: «Es ist nicht geheuer darin, ich fürchte, es geht dir nicht besser als den andern, und du kommst nicht wieder heraus.» Der Jäger antwortete: «Herr, ich will's auf meine Gefahr wagen: von Furcht weiß ich nichts.»

Der Jäger begab sich also mit seinem Hund in den Wald. Es dauerte nicht lange, so geriet der Hund einem Wild an die Fährte und wollte hinter ihm her: kaum aber war er ein paar Schritte gelaufen, so stand er vor einem tiefen Pfuhl, konnte nicht weiter, und ein nackter Arm streckte sich aus dem Wasser, packte ihn und zog ihn hinab. Als der Jäger das sah, ging er zurück und holte drei Männer, die mußten mit Eimern kommen und das Wasser ausschöpfen. Als sie auf den Grund sehen konnten, so lag da ein wilder Mann, der braun am Leib war wie rostiges Eisen und dem die Haare über das Gesicht bis zu den Knien herabhingen. Sie banden ihn mit Stricken und führten ihn fort in das Schloß. Da war große Verwunderung über den wilden Mann, der König aber ließ ihn in einen eisernen Käfig auf seinen Hof setzen und verbot bei Lebensstrafe, die Türe des Käfigs zu öffnen, und die Königin mußte den Schlüssel selbst in Verwahrung nehmen. Von nun an konnte ein jeder wieder mit Sicherheit in den Wald gehen.

Der König hatte einen Sohn von acht Jahren, der spielte einmal auf dem Hof, und bei dem Spiel fiel ihm sein goldener Ball in den Käfig. Der Knabe lief hin und sprach: «Gib mir meinen Ball heraus.» «Nicht eher», antwortete der Mann, «als bis du mir die Türe aufgemacht hast.» «Nein», sagte der Knabe, «das tue ich nicht, das hat der König verboten» und lief fort. Am anderen Tag kam er wieder und forderte seinen Ball; der wilde Mann sagte: «Öffne meine Türe», aber der Knabe wollte nicht. Am dritten Tag war der König auf die Jagd geritten, da kam der Knabe nochmals und sagte: «Wenn ich auch wollte, ich kann die Türe nicht öffnen, ich habe den Schlüssel nicht.» Da sprach der wilde Mann: «Er liegt unter dem Kopfkissen deiner Mutter, da kannst du ihn holen.» Der Knabe, der seinen Ball wiederhaben wollte, schlug alles Bedenken in den Wind und brachte den Schlüssel herbei. Die Türe ging schwer auf, und der Knabe klemmte sich den Finger. Als sie offen war, trat der wilde Mann heraus, gab ihm den goldenen Ball und eilte hinweg. Dem Knaben war angst geworden, er schrie und rief ihm nach: «Ach, wilder Mann, geh nicht fort, sonst bekomme ich Schläge.» Der wilde Mann kehrte um, hob ihn auf, setzte ihn auf seinen Nacken und ging mit schnellen Schritten in den Wald hinein. Als der König heimkam, bemerkte er den leeren Käfig und fragte die Königin, wie das zugegangen wäre. Sie wußte nichts davon, suchte den Schlüssel, aber er war weg. Sie rief den Knaben, aber niemand antwortete. Der König schickte Leute aus, die ihn auf dem Felde suchen sollten, aber sie fanden ihn nicht. Da konnte er leicht erraten, was geschehen war, und es herrschte große Trauer an dem königlichen Hof.

Als der wilde Mann wieder in dem finstern Wald angelangt war, so setzte er den Knaben von den Schultern herab und sprach zu ihm: «Vater und Mutter siehst du nicht wieder, aber ich will dich bei mir behalten; denn du hast mich befreit, und ich habe Mitleid mit dir. Wenn du alles tust, was ich dir sage, so sollst du's gut haben. Schätze und Gold habe ich genug und mehr als jemand in der Welt.» Er machte dem Knaben ein Lager von Moos, auf dem er einschlief, und am andern Morgen führte ihn der Mann zu einem Brunnen und sprach: «Siehst du, der Goldbrunnen ist hell und klar wie Kristall: du sollst dabei sitzen und achthaben, daß nichts hineinfällt, sonst ist er verunehrt. Jeden Abend komme ich und sehe, ob du mein Gebot befolgt hast.» Der Knabe setzte sich an den Rand des Brunnens, sah, wie manchmal ein goldner Fisch, manchmal eine goldne Schlange sich darin zeigte, und hatte acht, daß nichts hineinfiel. Als er so saß, schmerzte ihn einmal der Finger so heftig, daß er ihn unwillkürlich in das Wasser steckte. Er zog ihn schnell wieder heraus, sah aber, daß er ganz vergoldet war, und wie große Mühe er sich gab, das Gold wieder abzuwischen, es war alles vergeblich. Abends kam der Eisenhans zurück, sah den Knaben an und sprach: «Was ist mit dem Brunnen geschehen?» «Nichts, nichts», antwortete er und hielt den Finger auf den Rücken, daß er ihn nicht sehen sollte. Aber der Mann sagte: «Du hast den Finger in das Wasser getaucht: diesmal mag's hingehen, aber hüte dich, daß du nicht wieder etwas hineinfallen läßt.» Am frühsten Morgen saß er schon bei dem Brunnen und bewachte ihn. Der Finger tat ihm wieder weh, und er fuhr damit über seinen Kopf, da fiel unglücklicherweise ein Haar herab in den Brunnen. Er nahm es schnell heraus, aber es war schon ganz vergoldet. Der Eisenhans kam und wußte schon, was geschehen war. «Du hast ein Haar in den Brunnen fallen lassen», sagte er, «ich will dir's noch einmal nachsehen, aber wenn's zum drittenmal geschieht, so ist der Brunnen entehrt, und du kannst nicht länger bei mir bleiben.» Am dritten Tag saß der Knabe am Brunnen und bewegte den Finger nicht, wenn er ihm noch so weh tat. Aber die Zeit ward ihm lang, und er betrachtete sein Angesicht, das auf dem Wasserspiegel stand. Und als er sich dabei immer mehr beugte und sich recht in die Augen sehen wollte, so fielen ihm seine langen Haare von den Schultern herab in das Wasser. Er richtete sich schnell in die Höhe, aber das ganze Haupthaar war schon vergoldet und glänzte wie eine Sonne. Ihr könnt denken, wie der arme Knabe erschrak. Er nahm sein Taschentuch und band es um den Kopf, damit es der Mann nicht sehen sollte. Als er kam, wußte er schon alles und sprach: «Binde das Tuch auf.» Da quollen die goldenen Haare hervor, und der Knabe mochte sich entschuldigen, wie er wollte, es half ihm nichts. «Du hast die Probe nicht bestanden und kannst nicht länger hierbleiben. Geh hinaus in die Welt, da wirst du erfahren, wie die Armut tut. Aber weil du kein böses Herz hast und ich's gut mit dir meine, so will ich dir eins erlauben: Wenn du in Not gerätst, so geh zu dem Wald und rufe ‹Eisenhans›, dann will ich kommen und dir helfen. Meine Macht ist groß, größer, als du denkst, und Gold und Silber habe ich im Überfluß.»

Da verließ der Königssohn den Wald und ging über gebahnte und ungebahnte Wege immerzu, bis er zuletzt in eine große Stadt kam. Er suchte da Arbeit, aber er konnte keine finden und hatte auch nichts erlernt, womit er sich hätte forthelfen können. Endlich ging er in das Schloß und fragte, ob sie ihn behalten wollten. Die Hofleute wußten nicht, wozu sie ihn brauchen sollten, aber sie hatten Wohlgefallen an ihm und hießen ihn bleiben. Zuletzt nahm ihn der Koch in Dienst und sagte, er könnte Holz und Wasser tragen und die Asche zusammenkehren. Einmal, als gerade kein anderer zur Hand war, hieß ihn der Koch die Speisen zur königlichen Tafel tragen, da er aber seine goldenen Haare nicht wollte sehen lassen, so behielt er sein Hütchen auf. Dem König war so etwas noch nicht vorgekommen, und er sprach: «Wenn du zur königlichen Tafel kommst, mußt du deinen Hut abziehen.» «Ach Herr», antwortete er, «ich kann nicht, ich habe einen bösen Grind auf dem Kopf.» Da ließ der König den Koch herbeirufen, schalt ihn und fragte, wie er einen solchen Jungen hätte in seinen Dienst nehmen können; er sollte ihn gleich fortjagen. Der Koch aber hatte Mitleiden mit ihm und vertauschte ihn mit dem Gärtnerjungen.

Nun mußte der Junge im Garten pflanzen und begießen, hacken und graben und Wind und böses Wetter über sich ergehen lassen. Einmal im Sommer, als er allein im Garten arbeitete, war der Tag so heiß, daß er sein Hütchen abnahm und die Luft ihn kühlen sollte. Wie die Sonne auf das Haar schien, glitzte und blitzte es, daß die Strahlen in das Schlafzimmer der Königstochter fielen und sie aufsprang, um zu sehen, was das wäre. Da erblickte sie den Jungen und rief ihn an: «Junge, bring mir einen Blumenstrauß.» Er setzte in aller Eile sein Hütchen auf, brach wilde Feldblumen ab und band sie zusammen. Als er damit die Treppe hinaufstieg, begegnete ihm der Gärtner und sprach: «Wie kannst du der Königstochter einen Strauß von schlechten Blumen bringen? Geschwind hole andere und suche die schönsten und seltensten aus.» «Ach nein», antwortete der Junge, «die wilden riechen kräftiger und werden ihr besser gefallen.» Als er in ihr Zimmer kam, sprach die Königstochter: «Nimm dein Hütchen ab, es ziemt sich nicht, daß du ihn vor mir aufbehältst.» Er antwortete wieder: «Ich darf nicht, ich habe einen grindigen Kopf.» Sie griff aber nach dem Hütchen und zog es ab, da rollten seine goldenen Haare auf die Schultern herab, daß es prächtig anzusehen war. Er wollte fortspringen, aber sie hielt ihn am Arm und gab ihm eine Handvoll Dukaten. Er ging damit fort, achtete aber des Goldes nicht, sondern er brachte es dem Gärtner und sprach: «Ich schenke es deinen Kindern, die können damit spielen.» Den andern Tag rief ihm die Königstochter abermals zu, er sollte ihr einen Strauß Feldblumen bringen, und als er damit eintrat, grapste sie gleich nach seinem Hütchen und wollte es ihm wegnehmen, aber er hielt es mit beiden Händen fest. Sie gab ihm wieder eine Handvoll Dukaten, aber er wollte sie nicht behalten und gab sie dem Gärtner zum Spielwerk für seine Kinder. Den dritten Tag ging's nicht anders, sie konnte ihm sein Hütchen nicht wegnehmen, und er wollte ihr Gold nicht.

Nicht lange danach ward das Land mit Krieg überzogen. Der König sammelte sein Volk und wußte nicht, ob er dem Feind, der übermächtig war und ein großes Heer hatte, Widerstand leisten könnte. Da sagte der Gärtnerjunge: «Ich bin herangewachsen und will mit in den Krieg ziehen, gebt mir nur ein

Pferd.» Die andern lachten und sprachen: «Wenn wir fort sind, so suche dir eins: wir wollen dir eins im Stall zurücklassen.» Als sie ausgezogen waren, ging er in den Stall und zog das Pferd heraus; es war an einem Fuß lahm und hickelte hunkepuus, hunkepuus. Dennoch setzte er sich auf und ritt fort nach dem dunkeln Wald. Als er an den Rand desselben gekommen war, rief er dreimal: «Eisenhans!» so laut, daß es durch die Bäume schallte. Gleich darauf erschien der wilde Mann und sprach: «Was verlangst du?» «Ich verlange ein starkes Roß; denn ich will in den Krieg ziehen.» «Das sollst du haben und noch mehr, als du verlangst.» Dann ging der wilde Mann in den Wald zurück, und es dauerte nicht lange, so kam ein Stallknecht aus dem Wald und führte ein Roß herbei, das schnaubte aus den Nüstern und war kaum zu bändigen. Und hinterher folgte eine große Schar Kriegsvolk, ganz in Eisen gerüstet, und ihre Schwerter blitzten in der Sonne. Der Jüngling übergab dem Stallknecht sein dreibeiniges Pferd, bestieg das andere und ritt vor der Schar her. Als er sich dem Schlachtfeld näherte, war schon ein großer Teil von des Königs Leuten gefallen, und es fehlte nicht viel, so mußten die übrigen weichen. Da jagte der Jüngling mit seiner eisernen Schar heran, fuhr wie ein Wetter über die Feinde und schlug alles nieder, was sich ihm widersetzte. Sie wollten fliehen, aber der Jüngling saß ihnen auf dem Nacken und ließ nicht ab, bis kein Mann mehr übrig war. Statt aber zu dem König zurückzukehren, führte er seine Schar auf Umwegen wieder zu dem Wald und rief den Eisenhans heraus. «Was verlangst du?» fragte der wilde Mann. «Nimm dein Roß und deine Schar zurück und gib mir mein dreibeiniges Pferd wieder.» Es geschah alles, was er verlangte, und er ritt auf seinem dreibeinigen Pferd heim. Als der König wieder in sein Schloß kam, ging ihm seine Tochter entgegen und wünschte ihm Glück zu seinem Sieg. «Ich bin es nicht, der den Sieg davongetragen hat», sprach er, «sondern ein fremder Ritter, der mir mit seiner Schar zu Hilfe kam.» Die Tochter wollte wissen, wer der fremde Ritter wäre, aber der König wußte es nicht und sagte: «Er hat die Feinde verfolgt, und ich habe ihn nicht wiedergesehen.» Sie erkundigte sich bei dem Gärtner nach seinem Jungen: der lachte aber und sprach: «Eben ist er auf seinem dreibeinigen Pferd heimgekommen, und die andern haben gespottet und gerufen: ‹Da kommt unser Hunkepuus wieder an.› Sie fragten auch: ‹Hinter welcher Hecke hast du derweil gelegen und geschlafen?› Er sprach aber: ‹Ich habe das Beste getan, und ohne mich wäre es schlecht gegangen.› Da ward er noch mehr ausgelacht.»

Der König sprach zu seiner Tochter: «Ich will ein großes Fest ansagen lassen, das drei Tage währen soll, und du sollst einen goldenen Apfel werfen: vielleicht kommt der Unbekannte herbei.» Als das Fest verkündet war, ging der Jüngling hinaus zu dem Wald und rief den Eisenhans. «Was verlangst du?» fragte er. «Daß ich den goldenen Apfel der Königstochter fange.» «Es ist so gut, als hättest du ihn schon», sagte Eisenhans, «du sollst auch eine rote Rüstung dazu haben und auf einem stolzen Fuchs reiten.» Als der Tag kam, sprengte der Jüngling heran, stellte sich unter die Ritter und ward von niemand erkannt. Die Königstochter trat hervor und warf den Rittern einen goldenen Apfel zu, aber keiner fing ihn als er allein, aber sobald er ihn hatte, jagte er davon. Am zweiten Tag hatte ihn Eisenhans als weißen Ritter ausgerüstet und ihm einen Schimmel gegeben. Abermals fing er allein den Apfel, verweilte aber keinen Augenblick, sondern jagte damit fort. Der König ward bös und sprach: «Das ist nicht erlaubt, er muß vor mir erscheinen und seinen Namen nennen.» Er gab den Befehl, wenn der Ritter, der den Apfel gefangen habe, sich wieder davonmachte, so sollte man ihm nachsetzen, und wenn er nicht gutwillig zurückkehrte, auf ihn hauen und stechen. Am dritten Tag erhielt er vom Eisenhans eine schwarze Rüstung und einen Rappen und fing auch wieder den Apfel. Als er aber damit fortjagte, verfolgten ihn die Leute des Königs, und einer kam ihm so nahe, daß er mit der Spitze des Schwerts ihm das Bein verwundete. Er entkam ihnen jedoch, aber sein Pferd sprang so gewaltig, daß der Helm ihm vom Kopf fiel, und sie konnten sehen, daß er goldene Haare hatte. Sie ritten zurück und meldeten dem König alles.

Am andern Tag fragte die Königstochter den Gärtner nach seinem Jungen. «Er arbeitet im Garten: der wunderliche Kauz ist auch bei dem Fest gewesen und erst gestern abend wiedergekommen; er hat auch meinen Kindern drei goldene Äpfel gezeigt, die er gewonnen hat.» Der König ließ ihn vor sich fordern, und er erschien und hatte wieder sein Hütchen auf dem Kopf. Aber die Königstochter ging auf ihn zu und nahm es ihm ab, und da fielen seine goldenen Haare über die Schultern, und es war so schön, daß alle erstaunten. «Bist du der Ritter gewesen, der jeden Tag zu dem Fest gekommen ist, immer in einer andern Farbe, und der die drei goldenen Äpfel gefangen hat?» fragte der König. «Ja», antwortete er, «und da sind die Äpfel», holte sie aus seiner Tasche und reichte sie dem König. «Wenn Ihr noch mehr Beweise verlangt, so könnt Ihr die Wunde sehen, die mir Eure Leute geschlagen haben, als sie mich verfolgten. Aber ich bin auch der Ritter, der Euch zum Sieg über die Feinde geholfen hat.» «Wenn du solche Taten verrichten kannst, so bist du kein Gärtnerjunge: sage mir, wer ist dein Vater?» «Mein Vater ist ein mächtiger König, und Goldes habe ich die Fülle und soviel ich nur verlange.» «Ich sehe wohl», sprach der König, «ich bin dir Dank schuldig, kann ich dir etwas zu Gefallen tun?» «Ja», antwortete er, «das könnt Ihr wohl, gebt mir Eure Tochter zur Frau.» Da lachte die Jungfrau und sprach: «Der macht keine Umstände, aber ich habe schon an seinen goldenen Haaren gesehen, daß er kein Gärtnerjunge ist», ging dann hin und küßte ihn. Zu der Vermählung kam sein Vater und seine Mutter und waren in großer Freude; denn sie hatten schon alle Hoffnung aufgegeben, ihren lieben Sohn wiederzusehen. Und als sie an der Hochzeitstafel saßen, da schwieg auf einmal die Musik, die Türen gingen auf, und ein stolzer König trat herein mit großem Gefolge. Er ging auf den Jüngling zu, umarmte ihn und sprach: «Ich bin der Eisenhans und war in einen wilden Mann verwünscht, aber du hast mich erlöst. Alle Schätze, die ich besitze, die sollen dein Eigentum sein.»

Der Eisenhans
(Interpretation)

Wie *«Die beiden Wanderer»* so stellt auch dieses Märchen einen Individuationsprozeß dar. Es ist interessant in wie vielen Variationen dieser Entwicklungsprozeß des Menschen dargestellt werden kann. Auch hier handelt es sich wieder um zwei Figuren, die Hauptpersonen sind, doch ist der Eisenhans im Unterschied zum Schuster im vorigen Märchen eine Figur, die im Laufe der Handlung verändert, entwickelt, veredelt oder gewandelt wird. Aus dem rostigen, wilden Mann, der im tiefen Wald in seinem Pfuhl haust, wird ein glänzender König, und wir erfahren: dies ist seine ursprüngliche Gestalt gewesen. Wer ist der Eisenhans? Gibt es auch in unserem Leben diesen Eisenhans, und wer hatte ihn verwunschen?

Offensichtlich durchlaufen beide, Königssohn und Eisenhans, in diesem Märchen einen Entwicklungsprozeß, und es ist jeweils so, daß der eine immer die Hilfe des anderen braucht. Bevor wir diesen Prozeß näher untersuchen, wollen wir als Hilfe die Parallelen betrachten, die C. G. Jung in einer Arbeit über Wandlungsmysterien schildert. Er schreibt darin über die Zusammenhänge zwischen dem Individuationsprozeß und dem Wandlungs- oder Wiedergeburtsvorgang in den Mysterien:

> «Es handelt sich in jedem Fall um einen langdauernden Prozeß der inneren Wandlung und Umgebärung in ein anderes Wesen. Jenes ‹andere Wesen› ist der andere in uns, die zukünftige, weitere und größere Persönlichkeit, die wir bereits als den inneren Seelenfreund kennenlernten. Deshalb hat es für uns etwas Tröstliches, wenn wir, in heiliger Handlung dargestellt und abgebildet, den Freund und

Gefährten finden, wie z. B. in jenem Freundschaftsverhältnis des Mitras mit dem Sonnengott ... Es ist die Darstellung einer Männerfreundschaft, welche das äußere Abbild einer inneren Tatsache ist: es ist nichts anderes als die Darstellung des Verhältnisses zum inneren Seelenfreunde, in welchen die Natur selber uns verwandeln möchte, in jenen anderen, der wir auch sind und den wir doch nie völlig erreichen können. Der Mensch ist das Dioskurenpaar, in welchem der eine sterblich ist und der andere unsterblich, die immer beisammen sind und sich doch nie gänzlich zu Einem machen lassen. Die Wandlungsvorgänge [Traum, Mythus, Ritus, Märchen] wollen die beiden einander annähern, wogegen das Bewußtsein aber Widerstände empfindet, weil der andere zunächst als fremdartig und unheimlich erscheint und weil wir uns nicht an den Gedanken gewöhnen können, nicht Alleinherr im eigenen Hause zu sein. Wir zögen es vor, immer nur Ich und sonst nichts zu sein. Wir sind aber mit dem inneren Freund oder Feind konfrontiert, und dabei hängt es von uns ab, ob er uns Freund oder Feind ist.

Man braucht nicht geisteskrank zu sein, um seine Stimme zu hören. Es ist im Gegenteil das Allereinfachste und Naturnaheste.» (1)

Und weiter meinte Jung an anderer Stelle:

«Auf einem Höhepunkt des Lebens, wo sich die Knospe öffnet und aus dem Kleinen das Größere hervortritt, da wird ‹Eins zu Zwei›, und die größere Gestalt, die man doch immer war und die trotzdem unsichtbar blieb, tritt dem bisherigen Menschen in der Gestalt der Offenbarung gegenüber. Der wahrhaft und hoffnungslos Kleine wird die Offenbarung des Größeren immer in seine Kleinheit hinunterziehen und nie verstehen, daß für seine Kleinheit der Jüngste Tag angebrochen ist. Der innerlich Große aber weiß, daß der längst erwartete Freund der Seele, der Unsterbliche, nunmehr in Wirklichkeit gekommen ist, um ‹sein Gefängnis gefangen zu führen›, nämlich den, der ihn immer in sich getragen und gefangenhielt, nun selber zu ergreifen und dessen Leben in das seine einmünden zu lassen: ein Augenblick tödlicher Gefahr! [Paulus gab dem Geschehen den höchsten Namen, dessen er fähig war. ‹Nicht ich lebe, sondern Christus lebt in mir›, sagte er.] Christus selber ist das höchste Symbol des im sterblichen Menschen verhüllten Unsterblichen.» (2)

Dem einen erscheint der Freund als Christus, dem anderen, dem Alchemisten, als der Stein.

> «Einige waren so klug, daß sie [von der Wandlung des Steines] wußten: ‹Es ist meine Wandlung, aber nicht eine persönliche, sondern die Wandlung eines Sterblichen in ein Unsterbliches in mir, welches sich aus der sterblichen Hülle, die ich bin, befreit und nun zu seinem eigenen Leben erwacht, die Sonnenbarke besteigt und mich vielleicht mitnimmt.›» (3)

Jung führte als Beispiel für das mythologische Freundespaar auch eine Stelle aus dem Koran an, die Begegnung von Moses und Chadir.* Moses erkennt darin Chadir als sein höheres Selbst, als seinen Lehrer und Führer an.

> «Chadir stellt nicht nur die höhere Weisheit dar, sondern auch ein dieser entsprechendes Handeln, welches jenseits der menschlichen Vernunft steht.» (4)

Moses sagte zu Chadir:

«‹Soll ich dir folgen, damit du mich, zu meiner Leitung, lehrest einen Teil der Weisheit, die du gelernt hast?› Er aber erwiderte: ‹Du wirst bei mir nicht aushalten können; denn wie solltest du geduldig ausharren bei Dingen, die du nicht begreifen kannst?› Moses aber antwortete: ‹Du wirst mich, so Gott will, geduldig finden, und ich werde dir in keiner Hinsicht ungehorsam sein.› Darauf sagte Jener: ‹Nun, wenn du mir denn folgen willst, so darfst du mich über Nichts fragen, bis ich dir von selbst die Deutung geben werde.› Und so gingen sie denn Beide, bis sie an ein Schiff kamen, in welches Jener ein Loch machte. Da sagte Moses: ‹Hast du etwa deshalb ein Loch hinein gemacht, damit seine Mannschaft ertrinke?

---

*Chadir (auch Chidr od. der Grüne) spielt in der islamischen Mystik eine große Rolle. Im Koran tritt er in der 18. Sure auf, die einen Wiedergeburts- und Wandlungsvorgang schildert.

Was du getan, das befremdet mich.› Jener aber erwiderte: ‹Habe ich dir nicht im Voraus gesagt, du würdest nicht in Geduld bei mir ausharren können?›» (5)

Und Moses entsetzt sich auch noch zwei weitere Male über das, was Chadir tut. Einmal ermordet er nämlich einen Jüngling, und ein andermal richtet Chadir eine Stadtmauer auf, die einzustürzen drohte, verlangt aber keine Belohnung. Als Moses auch beim dritten Mal nicht ruhig bleiben kann, erklärt ihm Chadir, daß er ihn nun verlassen müsse. Vorher aber erklärt er den Sinn seiner Handlungen: das Boot gehörte armen Fischern und sollte von Seeräubern geraubt werden. Indem Chadir es versenkte, machte er es unerreichbar für die Räuber, aber die Fischer konnten es anschließend heben.

«‹Was den Jüngling betrifft, so sind seine Eltern gläubige Menschen, und wir fürchteten, er möchte sie mit seinen Irrtümern und mit seinem Unglauben anstecken; darum wünschten wir, daß ihnen der Herr zum Tausche einen besseren, frömmeren und liebevolleren Sohn geben möchte. Jene Mauer gehört zwei Jünglingen in der Stadt, die Waisen sind. Unter ihr liegt ein Schatz für sie, und da ihr Vater ein rechtschaffener Mann war, so ist es der Wille dieses Herrn, daß sie selbst, wenn sie volljährig geworden, durch die Gnade dieses Herrn den Schatz heben sollen.›» (6)

Eine weitere Parallele bilden auch Beispiele aus der Krankengeschichte. Hierher gehören die Besessenheitsphänomene. Dies wäre hier eingetreten, wenn der Junge im Märchen sich mit dem Eisenhans identifiziert hätte.

Aber auch im Positiven:

> «Jeder Fall schließlich, wo mit der Erkenntnis eines Größeren auch ein eisernes Band ums Herz zerspringt, gehört in diese Kategorie.» (7)

An die Begegnung von Moses und Chadir erinnert mich das Grimmsche Märchen *«Der goldene Vogel»*. Das Freundespaar besteht in diesem Märchen aus einem Königssohn und einem Fuchs, und in dem verwandten russischen Märchen *«Der Feuervogel»* steht an Stelle des Fuchses ein großer grauer Wolf. Der Prinz erhält vom Fuchs immer wieder genaue Anweisungen, doch befolgt er sie nicht hundertprozentig, weil ihm irgendeine Kleinigkeit als unwichtig erscheint. Jedesmal mißlingt sein Plan, und er muß vom Fuchs wieder gerettet werden. Wie Chadir stellt nämlich auch der Fuchs eine höhere Weisheit dar, die des Selbst, welche jenseits der menschlichen Vernunft steht. Am Ende des Märchens muß der Held aber den treuen Fuchs auf dessen eigene Bitte töten. Und man staune: der Fuchs wird so in einen schönen Prinzen verwandelt.*

Auch diese Version kommt in den Mysterien vor. Im Meßopfer wird Christus geopfert und entsteht wieder in der gewandelten Substanz. Mysterienfeier und Märchenerzählung vermitteln so die Erfahrung der Transzendenz des Lebens über den Tod hinaus. Und nicht nur das: auch die Wandlung vom Tier zum Menschen, wie in dem Märchen vom goldenen Vogel.

Noch eine Parallele zum Eisenhans finden wir in Jungs «Psychologie und Alchemie». (8) Und zwar geht es hier um den Rost, mit dem der Eisenhans bedeckt ist. Was hat er zu bedeuten?

> «Nach alchemistischer Auffassung ist Rost sowohl wie Grünspan die Krankheit des Metalles, aber eben dieser Aussatz ist die ‹vera prima materia›, die Basis zur Bereitung des philosophischen Goldes. Das ‹Rosarium philosophorum› sagt: ‹Unser Gold ist nicht das gemeine Gold. Du hast aber nach dem Grünen (viriditas, vermutlich Grünspan) gefragt, in der Annahme, daß das Erz ein aussätziger (leprosum) Körper sei wegen der Grüne, die es an sich hat. Daher sage ich dir, daß alles, was vollkommen ist am Erze, nur jenes Grüne ist, weil dieses Grüne durch unsere Methode (magisterium) alsbald in unser wahres Gold verwandelt wird.›»

---

*Auch in dem Grimmschen Märchen *«Der arme Johannes»* tritt das berühmte Freundespaar auf, von dem der eine sich durch die höhere und für den normalen Verstand unverständliche Weisheit auszeichnet. Hier besteht das Paar aus einem Prinzen und seinem treuen Diener Johannes. Immer wieder begeht der Prinz den Fehler, daß er die richtigen, aber ihm unbegreiflichen Anweisungen seines Dieners nicht befolgt. Schließlich wird Johannes deshalb in einen Stein verwandelt. Untröstlich darüber fragt der Held nun, wie er Johannes erlösen könne, und erhält die Antwort, daß er seine geliebten Kinder, ein Zwillingspärchen, opfern müsse. Johannes wird somit erlöst und auch die Zwillinge überraschenderweise wieder zum Leben erweckt.

Übrigens wird die «viriditas» auch gelegentlich als «Azoth» bezeichnet, was eines der vielen Synonyme des «Steines» ist.

Wie Jung an anderer Stelle zeigte, sind der Stein der Weisen und die *prima materia* aber Symbole des Selbst, genau wie unser Eisenhans. Und wie der Stein oder das Metall wird ja auch der Eisenhans gewandelt, und diesen Wandlungsvorgang wollen wir nun näher betrachten.

Während im vorhergehenden Märchen der Held (der Schneider) im Schuster nur seinem Schatten begegnete, steht hier der Königssohn der Ganzheit seines Selbst im Symbol des Eisenhans gegenüber, obwohl dieser am Anfang auch noch einen sehr ambivalenten, einen zweideutigen und eher abschreckenden Eindruck macht. Dies hängt damit zusammen, daß der Archetypus des Selbst im Laufe des Individuationsprozesses auch noch vom Schatten bedeckt auftreten kann.*

Der Wandlungsprozeß vollzieht sich in diesem Märchen in vier Stufen, sowohl für den Eisenhans wie für den jungen Helden. Für den Eisenhans heißen die Stufen:

- wilder Mann im Teich
- Gefangener im Käfig des Königshofes
- freier Mann im Wald und Lehrer und Helfer des Helden
- erlöst und mächtiger König.

Für den Jungen heißen die Stufen:

- unmündiges Kind im Elternhaus
- Schüler und Gefangener des Eisenhans
- Küchen- bzw. Gärtnerjunge am fremden Königshof
- Heirat der Königstochter und Offenbarung seiner wahren Herkunft.

So wie die Geschichte beginnt, läßt sie auf ein Generationsproblem schließen, auf einen kollektiven Zustand, der der Entwicklung des

*Wahrscheinlich ist dies der Grund dafür, daß eine Schülerin Jungs die Geschichte von Moses und Chadir verwendet hat, um die Ambivalenz des Schattens zu demonstrieren, und Chadir als Schatten interpretiert. (9)

jungen Helden schon voranging. Es ist ein Stück Menschheitsentwicklung, die mit dem Zustand des gespaltenen Menschen ihr vorläufiges Ende gefunden hat. Der König hatte einen tiefen Wald, und in diesem finsteren Teil seines Selbst trugen sich merkwürdige Dinge zu, über die er keine Kontrolle hatte. Als der mutige Jäger auftaucht und den rostigen Mann mit Hilfe seines Hundes, seines Spürsinnes, entdeckt, fesselt und zum König bringt, hat bereits ein Fortschritt im kollektiven Bewußtsein stattgefunden. Der Sumpf ist trocken gelegt, und der ungebändigte Trieb sitzt jetzt einigermaßen sicher im Käfig. Das ist der Zustand des gespaltenen Menschen, wie er auch in unserer Zeit noch die Norm ausmacht: das Ego, das sich einigermaßen über die Natur erhoben hat, und nun meint Herr im eigenen Hause zu sein, aber ständig auf der Hut vor dem eingesperrten wilden Mann sein muß. Denn was kann passieren, wenn er sich verselbständigen, wenn er den Käfig durchbrechen würde!

Doch die Ethik des Märchens, die die Individuation, die Ganzwerdung des Menschen will, ist mit diesem Zustand nicht zufrieden. Gerade an dieser Stelle fängt im Märchen der Weg des Helden erst an.

Wie es den Märchenhelden immer ergeht: sein Weg beginnt mit einer Herausforderung. Die goldene Kugel des Königskindes fällt in den Käfig des wilden Mannes. Welch ein Schrecken für das Kind! Auch die Königstochter im Märchen vom Froschkönig mußte ähnliches erleben, als ihr Spielzeug, die goldene Kugel, in den Brunnen des Froschkönigs fiel, und auch die Spindel der Goldmarie fällt in den Brunnen, und damit beginnt das Abenteuer ihrer Individuation. Was bedeutet es, daß die goldene Kugel in den Käfig des wilden Mannes fällt? Können wir im eigenen Leben nicht ähnliches erleben? Die Lebenskraft, die Libido, und damit alle Lebenslust und Lebensfreude, steht plötzlich nicht mehr dem Bewußtsein zur Verfügung, sondern fließt ab ins Unbewußte. Ein unangenehmes Ereignis, eine Herausforderung des Lebens, der wir noch nicht gewachsen sind, kann der Anlaß sein. Angstzustände oder vielleicht eine tiefe Depression können die Folge sein. Jetzt gilt es, sich mit dem wilden Mann oder dem Froschkönig auseinanderzusetzen, mit ihm zu verhandeln, und jetzt vielleicht erst beginnt das Unbewußte interessant und wichtig zu werden. Jetzt erkennen wir, daß der wilde Mann, den unsere Eltern und Vorfahren schon für uns gebändigt oder gefangengesetzt haben, überhaupt da ist. Was zuerst wie ein Unglück aussieht, ist aber ein notwendiger Zug des Schicksals, um unsere Ganzheit zu erzwingen. Für manchen beginnt jetzt vielleicht eine Analyse, für einen anderen vielleicht ein religiöser oder spiritueller Weg.

Und was tut der Junge in unserem Märchen an dieser Stelle? Etwas sehr Richtiges und Wichtiges: er verhandelt! Er verhandelt drei Tage lang mit dem wilden Mann. Jetzt gilt es nämlich, zwei Extreme zu vermeiden. Die eine Gefahr besteht darin, vom Unbewußten überwältigt zu werden. Dies wäre der Fall gewesen, wenn der Junge den Eisenhans sofort aus dem Käfig gelassen hätte, wenn er bedingungslos auf dessen Forderung eingegangen wäre. Die andere Gefahr besteht in einer Verhärtung des Ego, das die Forderungen seiner Natur abblocken will. Dies wäre der Fall, wenn der Junge einfach bei seinem Nein bliebe. Die Geschichte, oder besser die Entwicklung, könnte nicht weitergehen. Vielleicht könnte er eine Zeitlang mit Psychopharmaka seinen unangenehmen Zustand narkotisieren. Aber könnte er auf die Dauer so leben?

Der Junge verhandelt. Auch der Student im Märchen vom Geist im Glas verhandelt mit dem Flaschengeist. Jung meinte, man solle mit dem Unbewußten wie mit einem menschlichen Partner sprechen. Was der Junge jetzt tut, ist die Kunst, zwischen Scylla und Charybdis zu manövrieren. Das eine tun, ohne das andere zu lassen. Nicht erstarren und nicht sich gehenlassen, sondern die bewußte Auseinandersetzung mit dem inneren Partner. Und dieser weiß, wo der Schlüssel verborgen ist. Er weiß mehr als das bewußte Ich und zeigt auch den Weg, auf dem es weitergehen kann. Doch bevor die Energie weiterfließen kann, steht der Konflikt an. Drei Tage muß der Held diesen Konflikt ertragen, und die Drei steht symbolisch für die Synthese. Jetzt muß der Junge ein Opfer bringen. Es geht darum, die Kugel oder die Liebe seiner Eltern zu verlieren, und er entschließt sich zum Ungehorsam; bewußt, denn ein Opfer ist immer eine bewußte Handlung. Deshalb gibt es für ihn später auch niemals Reue. Dieser Akt des Ungehorsams gegenüber den Eltern ist notwendig, wenn er sich weiterentwickeln, wenn er erwachsen und bewußt werden will.

Und das Heldenhafte des Jungen besteht darin: er übernimmt die Verantwortung für diese Tat und alle Folgen. Was wie ein Fehler aussah, ist der Ausgangspunkt für seine Entwicklung.

Jetzt wird er die Grenze zum Wald überschreiten, die die Vernunft des Königs nie überschritten hat, wo der Eisenhans zuhause, wo er Herr im Hause ist. Es ist ein größeres Haus als das seinige. Der Eisenhans ist jetzt Beschützer und Lehrer des Jungen. Er nimmt ihn mit in sein Reich, doch er entführt ihn nicht. Der Junge hat ihn darum gebeten, ihn mitzunehmen. Dies ist der Weg des Menschen, der der Libido, der Herausforderung seines Schicksals, bewußt ins Unbewußte folgt, kein Überwältigtwerden, wie es dem Geisteskranken widerfährt. Einerseits ist der Weg des Helden ein vorläufiger Rückzug, weil er nicht weiß, wie er mit der Lebenssituation fertig werden soll, andererseits aber die Erfahrung einer neuen Welt, also eine Bewußtseinserweiterung.

Der Verlust der goldenen Kugel, diese Herausforderung des Jungen, dem Eisenhans zu folgen und dafür die Sicherheit und Geborgenheit der gewohnten Umgebung zu verlassen, und sein Konflikt sind kein einmaliger Prozeß im Leben eines jungen Menschen, sondern ein Vorgang, der sich oft im Leben eines schöpferischen oder bewußten Menschen wiederholen kann. So muß man sich also diesen jungen Helden auch nicht unbedingt als Jungen in der Pubertät denken.

Was erwartet den Jungen nun im Wald beim Eisenhans? Er soll den Goldbrunnen bewachen und sorgsam darauf achten, daß nichts seine Klarheit trüben kann. Es stellt sich heraus, daß diese Kunst kein Dauerzustand sein kann. Was mit dieser Aufgabe wohl gemeint ist? Dieser Vorgang erinnert an einen Bewußtseinszustand ruhevoller Wachheit oder das «unbewegte Begreifen», wie es Suzuki nennt, ein Zustand, der durch Meditation oder sonstige Gedankenkontrolle erreicht wird, aber niemals als Dauerzustand gehalten werden kann – ein Zustand transzendentalen oder reinen oder «goldenen» Bewußtseins. Der Held darf in diesen Momenten einen Blick auf die Unbegrenztheit seines Bewußtseins werfen. Jeder Gedanke, der in diesem Zustand auftaucht, wird vom Eisenhans als eine Störung betrachtet, und doch wird er vergoldet, das heißt veredelt, denn jeder Gedanke auf dieser Bewußtseinsebene bedeutet eine Schöpfung.

Welch ein Unterschied zwischen dem stinkenden Pfuhl, in dem der Eisenhans einst gehaust hat, und jetzt diesem reinen, vergeistigten Goldbrunnen! Welch eine Wandlung muß bis zu diesem Zeitpunkt beim Eisenhans, bzw. dem Selbst des Helden, schon vor sich gegangen sein! Wie der Geist im Glas durch Gefangennahme und Freilassung gewandelt wurde, so auch der Eisenhans. Für die Elterngeneration des Helden war der Eisenhans noch eine kollektive Gefahr, dem Helden dagegen offenbart er sich als die Weisheit des Selbst.

Der Goldbrunnen gilt offensichtlich nicht nur in diesem Märchen als ein Ort der Wandlung und Schöpfung. Man denke an den Goldbrunnen, aus dem der Klapperstorch angeblich die kleinen Kinder holen soll. Der Goldbrunnen ist also ein Symbol des Absoluten oder undifferenzierten reinen Bewußtseins, der *prima materia* oder des Nichts, aus dem die Schöpfung hervortritt.

Keiner, der diesen Zustand einmal erfahren hat, geht ungewandelt daraus hervor. Keiner, der in die Ganzheit seines Selbst einmal eingetaucht ist, ist wieder der alte Mensch. Er bringt einen Reichtum mit, den er sich aber vorläufig nicht anmerken lassen darf. Auch der Junge geht aus dieser Welt vergoldet, das heißt veredelt, hervor, auch wenn er diesen Reichtum vorläufig klugerweise noch verbirgt.

Seine dritte Stufe hat begonnen. Er muß zurück auf den Boden der alltäglichen Tatsachen, und wie ihm der Eisenhans prophezeit, er wird spüren, was Armut heißt. Doch was auch jetzt wieder wie ein Verlust von Sicherheit und Geborgenheit oder wie eine Strafe für einen begangenen Fehler anklingt, ist in Wirklichkeit nur ein notwendiger Schritt auf dem Lebensweg des Helden. Immer wenn im Leben etwas Neues erworben werden soll, muß dafür etwas Altes vorläufig verlorengehen. So ist es auch mit der Entwicklung neuer Fähigkeiten. Es ist die Entwicklung in der materiellen Welt, die ihm noch bevorsteht und ohne die er nicht zu seiner Ganzheit kommen kann. Was er im Wald erfahren hat, muß er jetzt draußen in der Welt erst verwirklichen. Dieselbe Kraft, die ihn zuvor in den Wald führte, führt ihn jetzt wieder heraus. Das ist der natürliche Fluß der psychischen Energie, wenn man mitgeht. Aber das Ego, das aus diesem ganzheitlichen Zustand zurückkehrt, ist nicht mehr das alte. Es hat jetzt Verbindung zu einer Kraft, die viel mächtiger als es selber ist und die ihm Freund geworden ist. Zwischen dem Königssohn und dem Eisenhans spielt sich der fruchtbare Vorgang ab, der zwischen dem Ich und dem Selbst* stattfinden sollte. Deshalb kann das ehemalige Königskind auch zufrieden und bescheiden die niedrigsten Tätigkeiten verrichten, denn sein Leben hat Sinn. Es weiß von einem Reichtum, der viel größer ist als aller weltliche, und einer Macht, die mächtiger ist als alle weltlichen Herrscher. «Ich schöpfe Wasser und trage Feuerholz, wie geheimnisvoll, wie wunderbar.» Diesen Satz eines Zen-Mönchs kann auch dieser Küchen- oder Gärtnerjunge sagen, denn er hat am Rande des Goldbrunnens das Eine erfahren und kann es jetzt im Hier und Jetzt in allem entdecken. Und wie alle Märchenhelden erweckt er ungewollt Sympathie – die Königstochter verliebt sich in ihn. Niemand kann seinen inneren Reichtum verbergen, er strahlt unsichtbar aus und zieht die Menschen an.

Doch warum läßt er sich lieber für seinen «grindigen» Kopf schimpfen, als sein vergoldetes Haupthaar zu zeigen? Es ist etwas, das ihn von den anderen unterscheidet, und er will seine Perlen nicht vor die Säue werfen. Er ist kein Angeber, der sich damit brüstet, einmal einen Blick in die andere Welt geworfen zu haben, und er wird noch deutlich genug spüren, was es heißt, anders, das heißt ein Individuum, zu sein. Einsamkeit und Schweigen liegen oft auf dem Weg des Märchenhelden. Auch die Heldin der sechs Schwäne muß dieses Schweigen und die falsche Verdächtigung geduldig ertragen. Die Individuation, scheint es, ist wie eine lange Schwangerschaft. Erst wenn das Kind geboren ist und alle es sehen können, können sie verstehen. Vorher würde das Anderssein nur auf Verachtung stoßen. Eine unvollständige Individuation fühlt sich zunächst an wie ein Hinkefuß.

So zeigt der Held seinen Reichtum zunächst noch nicht, nutzt seine Beziehung zum Eisenhans vorerst noch nicht, sondern lebt wie die anderen, eher noch bescheidener und naturverbundener. Dukaten lehnt er ab, Wiesenblumen zieht er den gezüchteten Blumen vor. Erst als es ums Wohl des Ganzen geht, bittet er den Eisenhans um Hilfe. Nicht er ist in Not, die ganze Gemeinschaft ist

---

*Selbst und Ganzheit des Selbst verwende ich als Synonyme. Im Unterschied zum Ich umfaßt das Selbst Bewußtsein und Unbewußtes.

in Not. Für eigennützige Zwecke dürfte er die Macht des Selbst nicht gebrauchen, nicht, um sich ein materiell angenehmes Leben zu verschaffen. Die Kräfte, die das Ego übersteigen, dürfen nicht zu willkürlichen Zwecken des Ego gebraucht werden. Das Rufen am Waldesrand bedeutet ein Transzendieren. Er nimmt jetzt Verbindung auf mit seinem Selbst. Auf einem dreibeinigen Gaul reitet er zum Waldesrand. Die Drei steht für das Bewußtsein und seine Begrenztheit, die Vier für die Ganzheit des Selbst. Transzendenz und die Verbindung zum Selbst ist eine stärkere Macht als feindliche Armeen, lernen wir jetzt. Auf einem dreibeinigen Gaul muß er vorläufig aber auch wieder zurückreiten in die menschliche Welt. Der Eisenhans erhält die Armee wieder zurück, der Held zeigt sich noch nicht als der Sieger. Er weiß, daß nicht sein Ego, sondern die höhere Macht des Selbst den Sieg errungen hat, und er identifiziert sich nicht damit, was einer Inflation des bewußten Ich gleichkäme.

Wir stellten fest, daß der Held die Macht des Eisenhans nicht zu eigennützigen Zwecken gebrauchen darf. Wie steht es aber jetzt mit seiner Bitte um Hilfe, damit er die drei goldenen Äpfel der Königstochter fange? Die Prinzessin zu erwerben ist Selbstverwirklichung, denn sie repräsentiert im Märchen ja seine Anima, seine weibliche Hälfte, die ihm noch zur Ganzheit fehlt. Das dreimalige Erscheinen in drei verschiedenen Farben läßt auf einen Entwicklungsvorgang schließen, bis er sein wahres Selbst zeigen kann.* Und wieder wartet er geduldig ab, bis die Zeit reif ist. Vorher gibt er sein Geheimnis nicht preis. Und worin besteht sein Geheimnis? Er ist der mächtige unbekannte Ritter gewesen. Er war schon immer ein Königssohn. Was er damals verloren, hat er sich nun selbst wieder erworben, das heißt bewußt gemacht. Und noch etwas anderes, das ihm einmal verlorengegangen war, erhält er nun dreifach zurück! Zuerst fing der Eisenhans seinen goldenen Ball. Jetzt fängt er dreimal die goldenen Äpfel der Prinzessin mit Hilfe des Eisenhans. Die Energie, die zuerst dem Unbewußten geopfert werden mußte, wird vermehrt zurückgegeben. Das ist der «Profit» für die Seele,

---

*Die drei Farben Schwarz, Weiß und Rot entsprechen der alchemistischen *nigredo, albedo und rubedo,* den Wandlungsstufen bei der Herstellung des Steines. Seltsamerweise wird im Märchen die Reihenfolge aber umgedreht. Vielleicht deshalb, weil etwas schon geistig Vorhandenes in der Materie sichtbar werden soll.

wie Spinoza diesen Ausdruck, den wir heute nur noch für materielle Zwecke gebrauchen, benutzte. Jetzt wird auch der Kontakt mit den Eltern wiederhergestellt. Der Kreis ist geschlossen. Am Ende werden alle wiedervereinigt, wohingegen am Anfang des Individuationsprozesses die Trennung und der Konflikt standen. Die Wiedervereinigung geschieht aber auf einer höheren Ebene, denn der verlorene Sohn wird als Held wiedergefunden.

Und der Eisenhans? «Ich war in einen wilden Mann verwünscht, aber du hast mich erlöst. Alle Schätze, die ich besitze, die sollen dein Eigentum sein.» Wer hatte den Eisenhans verwünscht? Wenn das bewußte Ich sich bildet, muß ein anderer Teil der Psyche unbewußt werden. Zwei Pole entstehen. Der wilde Mann war der Preis für die relative Bewußtheit des Ego des Helden. Doch auch die unbewußte Natur oder Ganzheit drängt nach Bewußtwerdung. Das ist die Herausforderung zur Selbstverwirklichung. Die potentielle Ganzheit, die bewußt werden wollte, hat ihr Ziel jetzt erreicht. Der Held hat sein Selbst aus der Unbewußtheit erlöst und kann jetzt über dessen Schätze verfügen. Mit dem Eisenhans dagegen darf sich das Ich nicht identifizieren. Ich und Selbst bleiben als solche erhalten – das mythologische Freundespaar.

Welche Stimmung erweckt bei uns dieses Märchen? Ist es der Wunsch, auch am Waldesrand zu stehen und den Eisenhans rufen zu können? Jeder von uns hat diesen Eisenhans*, doch müssen wir bereit sein, zuvor wie die Alchemisten auch die Läuterungs- oder Reinigungsarbeit an diesem Stein der Weisen, der die Unsterblichkeit des Selbst bedeutet, vorzunehmen, dem «wilden Mann» ins Angesicht zu sehen, die *prima materia* von ihren Schlacken zu befreien. So lehrt uns das Märchen. Der Eisenhans ist ein Helfer, der unserer Hilfe bedarf. Er ist das Ziel, der Ausgangspunkt und der Weg der Individuation – genau wie Christus, den wir im Zusammenhang mit Jungs Interpretation des mythologischen Freundespaares schon als Symbol des Selbst kennengelernt haben. Aber welch ein Unterschied zwischen dem strahlenden, einseitig

---

*Die Deutung des Eisenhans als das Selbst des Helden trifft natürlich auf das männliche Bewußtsein zu. Vom Standpunkt der Frau her könnte man den Eisenhans gut als ihren Animus, ihre männliche Seite, verstehen. (Vergl. dazu ausführlicher im Kap. «Die Erlösung des inneren Partners».)

lichten Christus und dem rostigen Anfangszustand des Eisenhans! Das Märchen dürfte gerade aus diesem Grunde geeignet sein, um über die gefährliche Spaltung des christlichen Bewußtseins und des germanischen Unbewußten hinwegzuhelfen, vor der C. G. Jung so oft warnte. Die einseitige Identifizierung mit dem lichten Teil Christi ließ viele nämlich vergessen, daß dieses Ganzheitssymbol auch einen dunklen Aspekt, einen Schatten, trägt. Dieser wurde ins Unbewußte verdrängt und kam dann als der germanische Gott Wotan in seiner unheilvollen Gestalt im Nationalsozialismus zum Ausbruch. Was abgespalten wird, verselbständigt sich aber und gerät außer Kontrolle. Das ist die Erfahrung der Psychologie. Umwandeln statt abspalten, das ist die Ethik, die das Märchen vertritt. Das Märchen versöhnt somit Christus und Wotan. Wer den Eisenhans aber in seiner eigenen Psyche erlöst hat, der hat es mit für alle getan. Denn das ist die Folge einer Auseinandersetzung mit einem Archetypus des kollektiven Unbewußten, daß seine Wandlung eine Veränderung im kollektiven Unbewußten aller Menschen hinterläßt.

Der Held und die Zauberdinge

Aladin und die Wunderlampe

(Zusammenfassung des arabischen Märchens)

In einer Stadt in China lebt der Held dieser Geschichte: Alâ ed-Dîn. Aladin wird zu Beginn als ein nichtsnutziger Bengel dargestellt, der durch sein liederliches Leben schon seinen Vater, einen Schneider, ins Grab gebracht hat und nun seiner Mutter große Sorgen macht. Obwohl er alt genug wäre, um selber ein Handwerk zu erlernen und sein Brot zu verdienen, spielt er lieber mit den Gassenjungen des Stadtviertels. Seine Mutter, die selber schon in einem Alter ist, in dem die anderen von ihren Kindern ernährt werden, muß für den Lebensunterhalt der beiden sorgen.

Dieses Leben ändert sich für Aladin plötzlich in seinem 15. Lebensjahr, als sein vermeintlicher Oheim, ein maurischer Derwisch auftaucht, der in Wirklichkeit aber ein böser Zauberer ist. Dieser hat mit Hilfe seiner Bücher und schwarzer Magie herausgefunden, daß in der Gegend, in der Aladin lebt, unter der Erde ein kostbarer Schatz verborgen liegt, der nur von Aladin gehoben werden kann. Der Schwarzmagier, der sich nun als Bruder des verstorbenen Vaters Aladins ausgibt und sich bei dem Jungen und seiner Mutter beliebt macht, verspricht, aus Aladin einen angesehenen Kaufmann zu machen. Er führt ihn durch den Basar, kauft ihm schöne Kleider und macht ihn mit dem vornehmen Leben außerhalb seines kleinen Stadtviertels bekannt.

Eines Tages führt er ihn einen weiten Weg, durch viele wundervolle Gärten, durch eine Gegend, die Aladin noch nie gesehen hat, bis sie weit vor der Stadt an einem Berg haltmachen. Aladin kann vor Müdigkeit kaum noch gehen. Der

Maure aber hat die Stätte erreicht, um derentwillen er aus dem fernen Westlande bis nach China gereist ist, und erklärt nun Aladin, er werde ihm Dinge zeigen, wie sie noch kein Mensch in der Welt je geschaut habe. Aladin muß Brennholz sammeln, und angestachelt durch die Versprechungen des Oheims ist er schon begierig darauf, die Wunder zu schauen. Der Maure räuchert, zaubert, beschwört und murmelt unverständliche Worte. Der Himmel verdunkelt sich, die Erde bebt, und der Boden tut sich vor ihnen auf. Als Aladin vor Angst weglaufen will, schlägt ihn der Oheim so heftig auf den Kopf, daß er ohnmächtig zusammenbricht. Als er wieder zu sich kommt, besänftigt ihn der Oheim und zeigt ihm unter der geöffneten Erdoberfläche eine Marmorplatte, die Aladin an einem eingelassenen Ring hochheben muß. «Wenn du tust, was ich dir sage, so wirst du reicher als alle Könige werden», verspricht ihm der Oheim. Er erfährt, daß niemand außer ihm die Platte heben und die unterirdische Schatzhöhle betreten dürfe, daß er alle Anweisungen des Oheims aufs genaueste befolgen müsse, um den Schatz zu heben, dessengleichen kein König der Welt besitze und der nur ihm und dem Oheim gehöre.

Der arme Aladin vergißt Müdigkeit, Schmerzen und Tränen und steigt auf zwölf Stufen in den unterirdischen Gang hinab. Dort findet er der Anweisung des Mauren entsprechend eine Halle, die in vier Räume eingeteilt ist. In jedem der Räume befinden sich vier goldene Krüge und andere Gold- und Silberdinge. Doch bevor Aladin nicht im vierten Raum angekommen ist, darf er den Anweisungen gemäß nicht einhalten und keine Kostbarkeit berühren. Auch die Säume seiner Kleider dürfen weder Wände noch Krüge berühren, sonst wird er in einen schwarzen Stein verwandelt. Im vierten Raum findet er eine Tür. Er öffnet sie, indem er die Namen von Vater und Mutter ausspricht, mit deren Hilfe er schon die schwere Marmorplatte gehoben hat. Von dort aus gelangt er in einen Garten voll der schönsten Blumen und Früchte. Weiter muß Aladin zu einem Saal, zu dem eine Treppe von dreißig Stufen führt. In der Mitte des Saales hängt eine Lampe von der Saaldecke herab. Aladin soll die Lampe herabnehmen, das Öl ausgießen und sie in seinem Busen bergen. Da sie kein wirkliches Öl enthalte, brauche er sich um seine Kleider keine Sorgen zu machen, hatte der Maure gesagt. Auf dem Rückweg darf er jetzt von den Bäumen pflücken, soviel er will, denn da die Lampe in seiner Hand ist, gehört alles ihm. Der Maure hatte Aladin nach Beendigung seiner Anweisungen noch einen Siegelring an den Finger gesteckt, der ihn im Notfall schützen sollte.

Aladin führt die Anweisungen des Zauberers aufs genaueste aus. Auf dem Rückweg füllt er sich die Taschen mit den Edelsteinen, die auf den herrlichen Bäumen hängen und die er für Glasfrüchte hält. Als er vor der letzten und höchsten Stufe, die er wegen seiner Last nicht mehr selbständig besteigen kann, dem Oheim zuruft: «Oheim, gib mir die Hand und hilf mir, daß ich hinaufsteigen kann», da ruft ihm dieser zu: «Mein Sohn, gib mir die Lampe und erleichtere dich so; vielleicht ist sie es, die dich beschwert!» Aladin kann dem Oheim trotz allen Drängens die Lampe nicht geben, da sie unter den Edelsteinen gelagert ist. Der Magier wird zornig, sieht seinen Plan, in den Besitz der wunderbaren Lampe zu kommen, gescheitert und zaubert den Eingang zur unterirdischen Höhle wieder zu. Die Erde schließt sich über Aladin, und dieser sieht schon dem Tod ins Auge.

Folgen wir aber nun Aladin in die finstere Höhle und verfolgen wir seine Not und seine wunderbare Rettung. Aladin kann sich jetzt denken, daß der Maure ein Betrüger war. Er verzweifelt am Leben und beginnt über sein Unglück zu weinen und zu klagen. Dann steigt er wieder die Treppe hinunter, in der Hoffnung, daß Allah ihn vielleicht den Weg zu einer Tür würde finden lassen, durch die er hinausgelangen könnte. Aber alles, was er findet, sind die Dunkelheit und vier Wände, die sich um ihn geschlossen haben. Der maurische Zauberer hat durch seine schwarze Kunst sogar den Zugang zu dem wunderbaren Garten verschlossen, in dem Aladin jetzt gehofft hatte, etwas Trost zu finden.

«Aladin setzte sich auf die Stufen der Treppe des unterirdischen Ganges und weinte und klagte dort, da er alle Hoffnung aufgegeben hatte. Aber denke daran, daß Allah der Hochgepriesene und Erhabene, wenn er etwas schaffen will, nur sagt ‹Werde!› und daß es dann wird; denn mitten in der Not schafft er die Erlösung. So erging es auch Aladin. Als der maurische Zauberer ihn in den unterirdischen Gang hinabgeschickt hatte, da hatte er ihm einen Ring gegeben und ihn ihm auf den Finger geschoben und dabei gesagt: «Dieser Ring wird dich aus aller Not erretten, wenn ein Unglück bei dir weilt oder ein Mißgeschick dich ereilt; er wird alle Übel von dir fernhalten und dir ein Helfer sein, wo du nur bist.» Dies war durch eine Fügung Allahs des Erhabenen geschehen, auf daß die Errettung Aladins dadurch zustande käme. Als nun Aladin so dasaß und über sein Unglück klagte und weinte, wie er schon am Leben verzweifelte und der Gram ihn überwältigte, da begann er im Übermaße seines Kummers die Hände zu ringen, wie es ein Trauernder tut, und seine Hände emporzuheben und zu Allah zu flehen, indem er sprach: «Ich bezeuge, daß es keinen Gott gibt außer dir allein, du Allgewaltiger, Allmächtiger, Allbezwinger, der du den Toten zum Leben erweckst, der du die Wünsche schaffst und sie vollendest, der du die Schwierigkeiten und Fährlichkeiten bringst und sie beendest! Mein Genüge bist du, und du bist der beste Anwalt. Und ich bezeuge, daß Mohammed dein Knecht und dein Gesandter ist. Mein Gott, bei seinem Ruhme vor dir, errette mich aus meiner Not!» Während er so zu Allah flehte und die Hände rang im Übermaße seiner Trauer um diese Not, die über ihn gekommen war, fügte es sich, daß seine Hand an dem Ringe rieb.

Und siehe da, im Nu stand ein dienender Geist vor ihm und sprach zu ihm: «Zu Diensten! Dein Sklave steht vor dir. Fordere, was du willst! Ich bin der Diener dessen, der diesen Ring, den Ring meines Herren, an der Hand trägt.» Nun schaute Aladin auf und sah einen Mârid, der einem der Dämonen unseres Herren Salomo glich, vor sich stehen. Zuerst erschrak er vor seinem furchtbaren Aussehen: aber als er den Geist sagen hörte: «Fordere, was du willst! Ich bin dein Sklave, denn der Ring meines Herren ist an deiner Hand», da faßte er wieder Mut und dachte an das, was der Maure zu ihm gesagt hatte, als er ihm den Ring gab.»

Und Aladin wünscht hocherfreut und mit neuem Mut: «Du Diener des Herrn dieses Ringes, ich wünsche von dir, daß du mich an die Oberfläche der Erde bringst.» Im selben Augenblick tut sich die Erde über Aladin auf, und er befindet sich draußen im Freien vor dem Eingang zur Schatzhöhle.

Aladin hat aber drei Tage in der Dunkelheit unter der Erde zugebracht, und das wiedergefundene Tageslicht blendet ihn nun in den Augen, so daß er sie nur allmählich öffnen kann. Dann nimmt er hocherfreut die Oberfläche der Erde wahr, vom Eingang zur Schatzhöhle aber fehlt jede Spur. Aladin findet nur noch die Überreste der Feuerstelle, an der der Zauberer die Räucherung durchgeführt hatte. Aladin dankt Allah für seine Rettung und geht denselben Weg zur Stadt zurück, den er gekommen war. Zu Hause angekommen, fällt Aladin vor Freude und Erschöpfung zunächst in Ohnmacht. Danach verlangt er etwas zu essen und erzählt von seinem Abenteuer mit dem unechten Oheim.

Als er nach einem dreitägigen Erholungsschlaf wieder etwas essen möchte, will seine Mutter von ihrem gesponnenen Garn verkaufen, um das nötige Geld zu erwerben. Aladin schlägt vor, statt dessen die alte Lampe zu verkaufen.

Weil die Mutter bemerkt, daß die Lampe schmutzig ist, nimmt sie etwas Sand, um sie zu reinigen. Doch als sie die Lampe reibt, erscheint ein Dämon wie einer der Riesen der Vorzeit und spricht: «Was willst du von mir? Ich bin der Diener dessen, der die Lampe in der Hand hält.» Jetzt wird Aladins Mutter ohnmächtig, aber Aladin, der abseits steht und schon den Anblick des Dieners des Ringes gewöhnt ist, faßt sich ein Herz und wünscht etwas zu essen – aber etwas Besonderes. Sein Wunsch wird sogleich erfüllt, und als die Mutter zu sich kommt, tafeln beide von den wertvollsten Speisen. Als Aladins Mutter erfährt, daß der furchteinflößende Mârid der Geist der Lampe sei, ähnlich dem des Ringes, beschwört sie ihren Sohn, er solle Ring und Lampe fortwerfen. Aladin beschwichtigt sie und erklärt, daß es der Ring war, der ihm das Leben gerettet habe, daß die Lampe dem Zauberer wertvoller als Gold und Silber gewesen und nun ihr einziger Reichtum sei. Sie gibt sich zufrieden, als Aladin ihr erklärt, sie mit den beiden Kräften nie mehr zu konfrontieren.

Nach zwei weiteren Tagen ist auch das Essen des Mârid zu Ende, und Aladin verkauft nacheinander die goldenen Schüsseln, allerdings unter ihrem Wert. So geht es weiter, indem Aladin wieder den Geist der Lampe ruft, wenn er etwas zu essen braucht. Er macht nun die Bekanntschaft eines Goldschmiedes, der ihn über den wahren Wert der Teller aufklärt, und Aladin erkennt allmählich auch den Wert der Edelsteine, die er in der unterirdischen Höhle von den Bäumen gepflückt und die er für Glasfrüchte gehalten hatte. Aladin pflegt jetzt unter den Juwelieren zu verkehren, ist ein wohlhabender Mann und lernt Kauf und Verkauf, Geben und Nehmen und Teures von Billigem zu unterscheiden.

Da ereignet es sich, daß die Herolde des Königs durch die Straßen reiten und den Befehl verkünden, alle müßten in ihre Häuser gehen und Fenster und Türen schließen, da die Tochter des Sultans zum Bad reite. Da alle von ihrer Schönheit reden, will Aladin die Tochter des Sultans sehen und versteckt sich hinter der Tür des Badehauses. Als die Prinzessin den Schleier vom Antlitz zieht, wird Aladin von ihrer Schönheit so geblendet, daß er krank vor Liebe nach Hause zurückkehrt. Schließlich gesteht er seiner Mutter, als diese lange genug in ihn eingedrungen ist, die Ursache seines Kummers. Er bittet sie, zum Sultan zu gehen und für ihn um die Hand der Prinzessin zu bitten.

Als seine Mutter vergeblich versucht hat, ihn davon abzubringen, offenbart ihr Aladin den Wert der Edelsteine, und sie überbringt sie dem Sultan, um zu sehen, ob ihr Sohn die Wahrheit gesprochen und diese Steine wirklich so wertvoll seien. Sie stellt sich sechs- bis siebenmal vor dem Staatssaale auf, jedoch ohne vorgelassen zu werden. Als der Sultan schließlich selbst neugierig auf die alte Frau wird und nach ihr fragt, bringt sie ihr Anliegen vor. Geblendet von den wertvollen Juwelen verspricht der Sultan seine Tochter, doch erbittet er auf Rat des Wesirs, der seinen eigenen Sohn schon als Schwiegersohn des Sultans gesehen hatte, um einen Aufschub von drei Monaten, um die notwendigen Vorbereitungen zu treffen.

Aladin ist über die Nachricht seiner Mutter hocherfreut und wartet geduldig. Nur durch Zufall erfährt seine Mutter eines Tages, daß die ganze Stadt die Hochzeit des Sohnes des Großwesirs mit der Tochter des Sultans feiere. Sie muß dem Sohn die traurige Nachricht bringen, daß der Sultan sein Versprechen gebrochen habe. Aladin befiehlt dem Geist der Lampe, in der Hochzeitsnacht das Bett der Neuvermählten in sein Haus zu bringen und den Sohn des Wesirs in der Toilette einzusperren. Er selbst nimmt dessen Stelle ein, legt aber sein Schwert zwischen sich und die Prinzessin. Dies wiederholt sich in der zweiten Nacht, bis endlich die Frau des Sultans ihrer Tochter und der Wesir seinem Sohne die Ereignisse der beiden Nächte entlockt und die Ursache ihres verstörten Verhaltens erfahren haben.

Die Hochzeit wird abgeblasen, die Ehe für ungültig erklärt, doch niemand erinnert sich an Aladin, der die drei Monate Wartezeit noch abwartet und dann seine Mutter erneut zum Sultan schickt, um ihn an sein Versprechen zu erinnern. Auf Rat des neidischen Wesirs stellt der Sultan Aladin eine vermeintlich unlösbare Aufgabe. Aladin kann sie mit Hilfe des Geistes der Lampe aber leicht erfüllen: Zuerst verschafft er sich als Brautgabe vierzig Schüsseln aus reinem Golde, die alle mit Edelsteinen gefüllt sind, ferner vierzig Sklavinnen, die sie tragen, und Sklaven zur Bedienung und Begleitung. Die Mutter Aladins kehrt mit dem Zug zum Sultan zurück und überbringt Aladin dessen Zusage, daß noch heute die Hochzeit sein solle. Auch die Prinzessin ist über die Brautgabe hoch erfreut. Aladin wünscht sich in ein wunderbares Bad und erhält danach wundervolle Kleider, und ein Hochzeitszug, wie es seinesgleichen noch keinen gab, begleitet ihn zum Palast. Das Volk erkennt ihn als den ehemaligen Schneidersohn, doch wegen seiner Freigebigkeit lieben ihn alle und gönnen ihm sein Glück.

Aber all dies geschah durch die Zauberkräfte der Wunderlampe, die ihrem Besitzer Schönheit und Herrlichkeit, Reichtum und Kenntnisse verlieh. Jetzt läßt Aladin vom Geist der Lampe gegenüber dem Sultanspalast einen wunderbaren Bau errichten und mit den wertvollsten Dingen einrichten, und im oberen Stockwerk gibt es einen Kiosk mit vierundzwanzig Nischen, die mit Smaragden, Hyazinthen und anderen Edelsteinen gefüllt sind. Ein roter Brokatteppich zieht sich vom Palast des Sultans zu dem wunderbaren Bauwerk, das der Sultan, als er sich morgens schlaftrunken die Augen reibt, durch die Fenster seines Palastes erblickt. Dies alles ist das Werk einer einzigen Nacht.

Der Wesir lästert, dieses Wunder könne nur durch Zauberei entstanden sein. Der Sultan jedoch ist ganz auf der Seite seines Schwiegersohnes. Eine Märchenhochzeit kann jetzt gefeiert werden, und auch die Prinzessin wird von immer größerer Liebe zu ihrem Gemahl erfüllt. Aladin ließ absichtlich eine Stelle in einem Gitter seines Märchenpalastes unvollendet. Der Sultan erbietet sich, es von seinen Leuten fertigstellen zu lassen, Aladin aber ist unzufrieden mit ihrer Arbeit und läßt statt dessen den Geist der Lampe wirken. So muß der Sultan erkennen, daß Aladin in einer Nacht ein Werk schaffen läßt, das seine eigenen Juweliere in Monaten nicht fertigbringen.

Aladin verhält sich fortan großzügig gegen das Volk, läßt die Einkünfte der Armen vermehren und täglich bei seinem Ritt durch die Stadt Goldstücke austeilen. Das Volk und alle Adligen haben Grund, ihn zu verehren, seine Gattin liebt ihn täglich inniger, und erfolgreich schlägt er ein feindliches Heer, das dem Sultan zu schaffen machte.

Inzwischen hat aber der Zauberer im fernen Westlande durch sein Orakel erfahren, daß Aladin aus der Höhle entkommen und im Besitz der Lampe ist, ungeheuren Reichtum besitzt und mit der Tochter des Sultans vermählt ist. Er reist nach China. Er erfährt wiederum durch seine schwarze Kunst, wo Aladin die Lampe aufbewahrt. Dann läßt er sich Kupferlampen fertigen, zieht damit als Lampenhändler verkleidet zum Schloß und ruft: «Oh, wer vertauscht alte Lampen gegen neue Lampen?» Eine Meute von Gassenjungen läuft ihm bald hinterher. So kommt der seltsame Zug zum Schloß und erregt Aufsehen bei der Prinzessin und ihren Dienerinnen. Eine Dienerin sagt, in Aladins Zimmer habe sie eine alte Lampe gesehen. Aladin hat nämlich vergessen, die Wunderlampe in seine Schatzkammer einzuschließen. Diese tauscht die Dienerin nun ein, um zu sehen, ob dieser Mann, der Neues gegen Altes eintauscht, bei Verstande sei. Die Prinzessin hatte nämlich keine Ahnung vom Wert der Wunderlampe.

Der Zauberer ist am Ziel seiner Wünsche: im Besitz der Lampe. Vor der Stadt angekommen, befiehlt er dem Geist der

Lampe sofort, das ganze Schloß und alles, was darin ist, sowie ihn selbst in sein Land nach Afrika zu bringen.

Als der Sultan morgens das Fenster aufmacht, um nach dem Palast seiner Tochter zu sehen, reibt er sich erstaunt die Augen, da er dort nur noch eine leere Stätte vorfindet. Der Wesir erinnert ihn daran, daß er ja schon immer gesagt habe, Aladins Schloß sei Zauberei. Zornig läßt der Sultan seinen Schwiegersohn gefangennehmen und vor sich führen. Als die Bürger erfahren, daß Aladin hingerichtet werden soll, stürmen sie den Palast, um ihn vor dem Tode zu retten, und geben keine Ruhe, bis ihn der Sultan begnadigt hat. Aladin erfährt erst jetzt von dem großen Unglück, das der Zauberer über ihn gebracht hat. Er erbittet sich vom Sultan eine Frist von vierzig Tagen, um die Prinzessin zu suchen und zurückzubringen. Aladin hat keine Ahnung, wo das Schloß und die junge Frau zu finden seien. Er irrt ziellos umher und wird von den Einwohnern der Stadt heimlich mit Speisen versorgt.

Immer noch ziellos umherirrend kommt er an einen Fluß, wo er sich im Übermaße seines Grams ins Wasser stürzen will. Aladin, ein frommer Muslim, nimmt aber zuerst die religiösen Waschungen vor, und da reibt er wieder zufällig an dem Siegelring, den ihm der Maure einst an die Hand gesteckt und der ihm schon einmal das Leben gerettet hat. Wieder erscheint der Mârid. Die Bitte seines Herrn, das Schloß mit der Prinzessin zurückzubringen, kann er nicht erfüllen, denn dies, erklärt er, sei etwas, das vom Diener der Lampe abhänge. Doch bringt er Aladin nach Mauretanien und setzt ihn vor seinem Schloß, vor dem Gemache seiner Gemahlin ab. Von einer Dienerin entdeckt und von seiner Frau glücklich erkannt, wird er durch eine geheime Pforte eingelassen, als der Maure gerade nicht im Palast ist. Die Prinzessin erzählt, wie es zu dem Unglück gekommen sei. Der Maure hat sie über das Geheimnis der Lampe inzwischen aufgeklärt.

Jetzt nimmt die Rettung einen schnellen Lauf. Aladin sinnt darauf, wie er den Verruchten zu Tode bringen könne. Sie schmieden einen Plan. Die Prinzessin gesteht dem Zauberer endlich ihre Liebe. Betört trinkt er von dem Wein, den sie mit einem Pulver, das Aladin besorgte, vergiftet hat. Aladin holt unter dem Gewand des Mauren die Lampe hervor, haut ihm den Kopf ab, und der Geist der Lampe bringt das Schloß und dessen Bewohner an den alten Platz nach China zurück. Als der Sultan sich eines Morgens wieder schlaftrunken die Augen reibt und sie sich ausweinen will, sieht er den Palast an seinem alten Platz stehen. Jetzt wird ein Freudenfest gefeiert.

Der Maure hatte aber einen Bruder. Dieser erfährt durch sein Orakel, daß sein Bruder tot ist und wie es dazu kam. Sofort eilt er durch alle Steppen und Wüsten nach China, um Blutrache zu nehmen. Er ermordet eine Heilige namens Fâtima, nachdem er sie dazu gezwungen hat, ihm ihre Kleider zu geben und ihn so zu schminken, daß er ihr änlich sieht. Als Fâtima verkleidet, geht er zum Schloß, wo er die Einladung der Prinzessin annimmt, dort zu bleiben.

Niemand ahnt, welcher Bösewicht sich unter dem Gewand der Fâtima nun im Palast verbirgt. Die falsche Fâtima erwidert auf die Frage der Prinzessin, wie ihr der Palast gefalle, es fehle noch eine Kostbarkeit: das Ei des Vogels Roch, das in der Kuppel hängen müßte. Aladin, der den Wunsch seiner Frau erfüllen möchte, befiehlt dem Mârid, das Ei des Roch herbeizubringen. Doch da ruft der Mârid erzürnt: «Du Undankbarer, ist es dir nicht genug, daß ich und alle Geister der Lampe dir zu Diensten sind? Nun verlangst du auch noch, daß ich dir unsere Herrin bringe, damit du sie zu deinem Vergnügen in der Kuppel deines Söllers aufhängst, auf daß du mit deiner jungen Frau dich daran ergötzest? Bei Allah, ihr verdient, daß ich euch in diesem Augenblick zu Asche verbrenne und euch in den Wind streue. Aber da ihr beiden von diesen Dingen nichts wißt und den inneren Sinn nicht vom äußeren Schein unterscheiden könnt, so will ich euch verzeihen; denn ihr seid unschuldig.»

Und nun erfährt Aladin vom Mârid, daß der Bruder des Zauberers sich unter dem Gewand Fâtimas verberge und seine Frau zu dieser tollkühnen Vermessenheit verleitet habe. Aladin stellt sich, als ob er Kopfschmerzen habe, und wird von Fâtima behandelt. Als diese aber einen Dolch aus dem Saum ihres Gewandes zieht, ist er auf der Hut und bohrt ihr den Dolch ins Herz. Seiner verängstigten Frau enthüllt er Fâtimas Geheimnis.

Die Prinzessin bereut ihre Torheit, mit der sie ihn ein zweites Mal in Gefahr gebracht hatte, Aladin verzeiht ihr den Fehler, die Liebe wächst, das Glück ist perfekt. Der Zauberer wird verbrannt und seine Asche in die vier Himmelsrichtungen zerstreut. Aladin wird nach dem Tode des Sultans der Herrscher.

Aladin und die Wunderlampe
(Interpretation)

«In der See von Ise 2000 Klafter tief liegt ein kostbarer Stein. Hole ihn herauf ohne den Ärmel zu benetzen!»

(Zen-Koan) (1)

Was hat es auf sich mit den verschiedenen Zauberdingen, den Wunschringen, Wunderblumen und -kräutern, kostbaren Juwelen, einer weißen Perle in einer roten Blume, der Zauberflöte, dem Gral und allen anderen wundertätigen und wunscherfüllenden oder erlösenden Symbolen, nach denen so viele Märchenhelden ausziehen? Oft wird ihnen solch eine Kostbarkeit auch geschenkt, und sie erkennen den Wert noch nicht, manchmal verlieren sie das Erreichte oder vergessen seinen Wert und müssen es unter großen Mühen wiedererwerben. Aladins Wunderlampe ist solch ein Zauberding. Die Ganzheit des Selbst bedeutet Erleuchtung, und die vielbegehrte Kostbarkeit, nach der so viele Märchenhelden suchen, ist ein Symbol dieses Zieles, ein Symbol des Selbst.

In einem Zen-Koan heißt es:

«In der See von Ise 2000 Klafter tief liegt ein kostbarer Stein. Hole ihn herauf ohne den Ärmel zu benetzen!»

Gemeint ist kein wirklicher Stein, sondern dieser Stein ist ein Symbol für das Selbst, das noch tief in der See des Unbewußten verborgen liegt und bewußt werden soll. Der Stein kann auch als kostbares Juwel auftreten. Er drückt die Festigkeit und Dauerhaftigkeit dieses Seelenkernes aus und als Edelstein zusätzlich den höchsten Wert. Die verschiedenen Symbole drücken verschiedene Aspekte oder Qualitäten des Selbst aus. Die wunderbare Lampe steht für Erleuchtung und Allmacht. Auch in katholischen Kirchen findet man ein «ewiges Licht» als Symbol des Absoluten. Hier liegt der Schwerpunkt auf der Ewigkeit. Wenn die Lampe, wie in vielen

Märchenbüchern, dann noch die Gefäßform hat «wie oben, so unten», so drückt sie darüber hinaus noch einen Aspekt des Selbst aus, wofür das Gefäß steht: das Empfangende, die Haltung, die das Bewußtsein einnehmen muß, damit es das Selbst aufnehmen kann. «Wie oben, so unten» heißt, Mikrokosmos und Makrokosmos entsprechen sich, und weist auf Ordnung und Gleichgewicht hin. Das Selbst ist auch ein Mikrokosmos und ein Gleichgewichtsfaktor in der Psyche.

Welchen Wert und welche Macht dieses orientalische Märchen dem Seelenkern zuschreibt! In vierundzwanzig Stunden kann der Geist der Lampe einen Märchenpalast bauen, mit den kostbarsten Juwelen ausgestattet, wie ihn die Menschenwelt noch gar nicht kennt. Der Palast der Seele ist es. So wird die Sehnsucht nach diesem Inhalt und Ziel jeder wahren *religio* angefacht. Die Lampe gehört nur einem, nur einer kann sie heben und aus der Finsternis ans Licht bringen. Und doch kann sie ihm von feindlichen Mächten seiner Seele wieder streitig gemacht werden. Das Selbst ist nicht gleich ein für allemal unser Besitz, wenn wir es entdeckt haben. Es ist das Ziel und begleitet uns doch schon während des ganzen Individuationsprozesses und hilft dabei selbst mit, es bewußt zu machen. Es ist Ziel und Weg. Manchmal näher, manchmal ferner, manchmal scheint es wieder verloren zu sein – wie die Wunderlampe – und muß von neuem erworben werden, den Kräften des Unbewußten oder den äußeren Verführern entrungen werden. Zunächst ist die Lampe etwas sehr Unscheinbares, Schmutziges, dessen Wert noch gar nicht erkannt wird, weil die meisten Menschen – so auch Aladin – sich vom äußeren Glanz blenden lassen, weil sie den inneren Sinn vom äußeren Schein nicht unterscheiden können, wie der Geist der Lampe sagt. Diese Lampe liegt noch verborgen und von Schmutz bedeckt in einer unterirdischen Höhle – unserem Unbewußten – und wartet darauf, entdeckt und entzündet zu werden. Dies geschieht durch Reibung, und Reibung bedeutet Kontakt. Der Kontakt, der mit diesem Seelenkern aufgenommen wird, bedeutet Selbstverwirklichung. Es geht darum, diese unerkannte Kostbarkeit zu entdecken und zu bergen und zu benutzen, damit das Licht leuchten kann.

Wenn einmal der Zugang zum Selbst gefunden ist, ernährt es seinen Besitzer. Seine Macht stellt alles in den Schatten, was weltliche Mächte zustande bringen können. Es ist die Kraft, die die Wunder wirkt, weil dieser Seelenkern jenseits von Zeit, Raum und Kausalität wirkt. Auch der soziale Aspekt des Selbst kommt bei Aladin zum Ausdruck. Aladin wirkt Wunder zugunsten der Allgemeinheit, er wird durch die Zauberkraft des Selbst zu einem segensreichen Herrscher.

Und der Ring? Auch der Ring ist ein Symbol der Ganzheit, eines jener Mandalasymbole, die die Ganzheit des Selbst, die Vereinigung der Gegensätze ausdrücken wollen. Im Kreis oder Ring gibt es weder Anfang noch Ende. Er steht so für Ganzheit und Unendlichkeit. In diesem Märchen steht der Ring aber, was seine Zauberkraft anbelangt, an zweiter Stelle. Er dient hier als Symbol der Vereinigung oder der Transzendenz, das es dem Bewußtsein ermöglicht, mit den Kräften des Unbewußten in Kontakt zu kommen, Bewußtsein und Unbewußtes also miteinander verbindet. Dagegen symbolisiert die Lampe noch eine mächtigere Stufe des Selbst: das Selbst in seiner totalen Macht und als dauernder Besitz, als Erleuchtungszustand und nicht nur als eine einmalige Erfahrung der Transzendenz.

Die Mandalasymbole tauchen spontan aus dem Unbewußten auf, und dies oft in seelischen Krisensituationen, wenn der Ordnungsfaktor des Selbst vonnöten ist. Jung stellte fest, daß diese Mandalasymbole bei seinen Patienten im Traum auf dem Höhepunkt eines Konfliktes auftauchten, wenn weder der Patient noch der Analytiker wußten, wie es weitergeht. Danach stellte sich die Lösung ein. –

Genau wie das Wunderkraut, mit dem Haufs Zwerg Nase die ursprüngliche Gestalt wiedererhält, und die Wunderblume, mit der Joringel seine Jorinde aus der Gewalt der bösen Hexe befreit. Oder das Symbol drückt den Schutz des Selbst aus, wie die Zauberflöte, die alles Böse bannt und abhält dem Helden zu schaden oder sogar die Macht hat, zu wandeln oder zu transformieren. Sie kann:

> «Der Menschen Leidenschaft verwandeln,
> Das Traurige wird freudig sein,
> Den Hagestolz nimmt Liebe ein»,

wie es in Mozarts Zauberflöte heißt.

Alle diese Symbole deuten auf die wunderbare, wunscherfüllende Macht des Selbst, die das Ego nie erreichen könnte. Das Selbst reicht ins Unendliche, in den Bereich aller Möglichkeiten, jenen unmanifestierten Bereich der Wirklichkeit, wo es keine Kausalität mehr gibt. Ursache und Wirkung sind dort eins. Jeder kleine Impuls bewirkt eine Schöpfung. Zeit und Raum sind aufgehoben. Durch die Beziehung zwischen dem Bewußtsein und diesem Bereich aller Möglichkeiten kann durch eine bestimmte Entscheidung des Bewußtseins für eine Möglichkeit diese in die manifestierte Wirklichkeit überführt werden. Das ist auch das Geheimnis des Glaubens, der Berge versetzen kann.

Hier in diesem Märchen treffen wir zweimal auf die typische Stelle, die in so vielen Märchen vorkommt. Der Held entdeckt das Symbol erst in größter Not, in der finstersten Nacht seiner Seele also, in einer ausweglosen Situation. Er ist in die unterirdische Höhle eingeschlossen und nach menschlichem Ermessen dem Tode preisgegeben, sitzt tief unten im finsteren Loch – deutlicher geht es kaum mehr. Und auch beim zweiten Mal, als er dem Selbstmord nahe ist, reibt er wie zufällig den Ring beim Gebet. Auch Andersens Soldat mit dem Feuerzeug entdeckt die Zauberkraft dieses magischen Feuerzeuges erst, als er total verarmt seine letzte Portion Tabak in der Pfeife anzünden will. Bei Zwerg Nase ist es in der Nacht vor seiner Hinrichtung, als er das wunderbare Kraut entdeckt, und in dieser Grenzsituation benutzt auch der Soldat wieder sein wunderbares Feuerzeug. Man sollte meinen, erst wenn aus der Außenwelt keine Hilfe mehr zu erwarten ist, wenn alles Menschenmögliche getan ist, dann taucht das erlösende Symbol auf. Jorinde erfährt von der Blume im Traum, Aladin entdeckt den Ring beim Gebet. Traum und Gebet weisen wieder deutlich auf Zustände der Transzendenz hin. Weil das Symbol Bewußtsein und Unbewußtes verbindet, kann es die unbewußte Hälfte, im Märchen das Tier, erlösen, das heißt bewußt machen, und deshalb kann die Kraft des Ringes auch Aladin wieder in die Tageshälfte der Wirklichkeit versetzen. Der Ring ist es auch, der Aladin dann beim zweiten Mal wieder in eine andere Welt, in die Welt des Zauberers nach dem Westlande (dem dunklen Erdteil) bringt. In diesem Zustand der Transzendenz erfährt Aladin aus der allwissenden Weisheit seiner Seele, wie er die Lampe wiederfinden kann. Die Offenbarung des

Unbewußten kann Auskunft geben, worüber das alltägliche Wachbewußtsein nichts weiß und wissen kann, und zeigt uns den Weg der Individuation.

Noch ein Symbol taucht in diesem Märchen auf: das Ei des Vogels Roch. – Noch einmal eine Steigerung. Der Vogel Roch gilt als Herrin des Geistes der Lampe. Dieses Ei könnte das Absolute meinen, aus dem alles entspringt. Das Selbst ist in seinem Kern ein Abbild des Absoluten. Das Ei ist eine Quelle der Schöpfung und das Ei des Roch wohl die Quelle der gesamten Schöpfung. Da vom Roch von der Herrin gesprochen wird, ist dieser Urgrund der Existenz weiblich vorgestellt, genau wie Laotse vom Tao als von der Mutter spricht.

Doch betrachten wir nun einmal den Ort, an dem Aladin Ring und Lampe entdeckt – die unterirdische Höhle, die sich nur durch einen Zauber geöffnet hat. Da gibt es also verborgene, unter der Erde vergrabene, märchenhafte Schätze, die einen Eigentümer haben, der sie heben könnte und der selber keine Ahnung von seinem Reichtum hat. Dieser Schatz ist aber unser innerer Reichtum, den es zu entdecken und zu heben gilt. Wie paradox! Ausgerechnet in der tiefsten Dunkelheit der Unterwelt findet Aladin die Lampe, das Licht. Sie enthält kein wirkliches Öl, heißt es, womit wieder auf den Symbolcharakter der Lampe verwiesen wird. Mit anderen Worten, sie ist ja auch keine richtige Lampe. Die Höhle ist ein Ort der Wandlung und Wiedergeburt, wie der Brunnen und das Grab ein Einstieg in die Unterwelt sind. Der Abstieg in die Unterwelt (das Unbewußte) zu den Göttern spielt in vielen Mythen, wie bei Orpheus, und in den Erfahrungen des Schamanen eine Rolle. Alle müssen sie hinunter in die Finsternis, bevor sie mit neuen Fähigkeiten begabt wieder auferstehen. Die Höhle spielt auch in der 18. Sure des Koran eine Rolle, die ein Wiedergeburts- oder Wandlungsmysterium enthält und «Die Höhle» betitelt ist. Jung kommentiert:

> «Die Höhle ist der Ort der Wiedergeburt, jener geheime Hohlraum, in den man eingeschlossen wird, um bebrütet und erneuert zu werden ... Wem es geschieht, daß er in jene Höhle, das heißt, in die Höhle, die jeder in sich trägt, oder in jene Dunkelheit, die hinter seinem Bewußtsein liegt, gerät, der wird in einen zunächst un-

bewußten Wandlungsprozeß verwickelt. Durch sein Eingehen ins Unbewußte verursacht er eine Verbindung seines Bewußtseins mit den unbewußten Inhalten. Daraus kann eine folgenschwere Veränderung seiner Persönlichkeit im positiven wie im negativen Sinn erfolgen. Häufig wird diese Wandlung im Sinne einer Veränderung des natürlichen Lebens (Alchemie) oder als Anwartschaft auf die Unsterblichkeit gedeutet.» (2)

Vier Kammern muß Aladin durchschreiten, bis er ins Zentrum kommt, wo die wunderbare Lampe sich befindet. Vier bedeutet Ganzheit. Die Lampe befindet sich im Zentrum des Mandalas. Ein Mandalasymbol der Indianer, das Medizinrad zum Beispiel, ist ein Kreis, der in vier Himmelsrichtungen oder vier Farben unterteilt wird. Das Selbst ist Ganzheit, aber auch das Zentrum der Seele, ihr Kern. Es ist jenseits der Gegensätze. Warum darf Aladin nicht einhalten und nichts berühren, bevor er die Lampe nicht erreicht hat? «Das Höchste zuerst» ist ein Grundsatz vieler esoterischer Lehren. Man solle sich nicht ablenken lassen von zweitrangigen Zielen innerhalb der materiellen Welt, nicht anhaften, wie es im Buddhismus heißt, sondern immer weitergehen, bis das Ziel, das das Absolute ist, erreicht ist. Danach darf auch Aladin in den vier Kammern einhalten. Jetzt ist er frei von der Gefahr, zu einem schwarzen Stein zu werden, also von den «Zehntausend Dingen» geblendet und gebannt zu werden. So heißt es auch im Tibetanischen Totenbuch für den Sterbenden, er solle sich nicht beeindrukken lassen von zornigen und friedvollen Gottheiten, die nur seine eigenen Gedankenformen sind, sondern weitergehen bis zu dem reinen Licht. Sri Aurobindo meinte, die Religionen hätten mit ihrem himmlischen Glanz der Götterwelt abgelenkt von dem Wunsch, das ununterschiedene Eine zu erreichen. Im Zen geht es auch darum, niemals ein Koan mit ja oder nein zu beantworten. Das Eine jenseits der Gegensätze zu erkennen ist es, worauf es ankommt. Auch die Sufi-Meister lehren, man solle nichts mehr lieben als Gott und man solle den Teil nicht dem Ganzen vorziehen. Auch ihnen geht es darum, den Suchenden zur «Essenz» zu führen.

Dies wird im Symbol der Lampe ausgedrückt, und weil es so unbeschreiblich und paradox ist – für das Eine gibt es keinen Namen –, kann es natürlich nicht mit Worten, sondern nur als

Symbol wiedergegeben werden. Das Symbol hat darüber hinaus noch den Vorteil, daß es nicht nur das Bewußtsein, sondern viel mehr noch das Unbewußte anspricht. Es verbindet beide und heilt so die Spaltung.

Doch wer öffnet die Höhle für Aladin? Wer verrät ihm den Weg, der zur Lampe führt? Woher hat Aladin den Wunschring? Der Bösewicht selbst hat ihn ihm an den Finger gesteckt. Immer wieder ist er es, der Aladin durch seine Herausforderung den Weg weist – «ein Teil von jener Kraft, die stets das Böse will und stets das Gute schafft».

Der böse Zauberer ist der negative Aspekt des Archetyps des alten Weisen. Der alte Weise ist der Archetyp des Geistes und des Sinnes, der im Märchen und im Traum oft auftaucht, wenn eine Neuorientierung notwendig ist, die vom bewußten Ich nicht gefunden werden kann. Jung demonstrierte an einem Traum eines Theologiestudenten die Ambivalenz dieses Archetyps. (3) Im Traum dieses jungen Mannes tauchte ein Zauberer auf, der sagte, er sei der weiße Magier. Er trug aber ein schwarzes Gewand. Danach tauchte ein Magier auf, der von sich sagte, er sei der schwarze Magier, aber ein weißes Gewand trug. Der weiße Magier sagte von sich, er habe den Schlüssel zum Paradies gefunden, doch er wüßte nicht, was er damit anfangen solle – dazu bedürfe er der Hilfe des schwarzen Magiers. (Luzifer zum Beispiel ist ebenfalls ein Repräsentant der Ambivalenz dieses Archetyps des alten Weisen.)

Das Wissen dieses Zauberers kommt Aladin in einer Hinsicht zugute. Aber sein negativer Aspekt besteht in seinem Machtanspruch. Wie in der Oper «Die Zauberflöte» die Königin der Nacht, die dem Helden Tamino zuerst die Zauberflöte schenkt und ihm das Ziel seiner Suche ins Herz legt (das Bild ihrer Tochter) und die sich dann aber als böse Mutter entpuppt, die ihre Tochter nicht hergeben, sondern lieber vernichten will, so scheint auch hier der böse Zauberer einen Aspekt des Unbewußten zu symbolisieren, der festhalten, verschlingen, wieder verschlucken will, was das Bewußtsein des Helden einmal erobert hat. Bis diese Art Unbewußtheit besiegt ist, muß auch Aladins Anima, die Prinzessin, bewußter geworden sein. Bis die totale Bewußtheit erreicht ist, wird das Symbol in vielen Märchen immer wieder von den Resten des Unbewußten verschlungen. Meistens ist es in den Grimmschen Märchen die böse Mutter, die die Kinder holt.

«Ich bin ein Teil von jener Kraft, die stets das Böse will und stets das Gute schafft», sagt Mephisto von sich in Goethes Faust. Aber im Unterschied zu Faust wird Aladin nicht zum Opfer des Schwarzmagiers. Dieser verkörpert Aladins Schatten, wie Mephistopheles den des Faust. Aladin als Sohn der Mutter hat seinen Intellekt und seinen Willen noch unterentwickelt, deshalb paßt als Schatten gut der böse Zauberer, die negative Seite des alten Weisen. Einerseits braucht er dessen Wissen, aber andererseits darf er sich von dessen egoistischen Machtabsichten nicht überwältigen lassen. Sie gefährden die Integration seiner Anima. Anima und Zauberer, Eros und negativer Aspekt des Logos, stellen im Laufe dieses Märchens, das den Weg zur Erleuchtung zeigt, immer wieder eine Konkurrenz dar.

Jung bezeichnete den alten Weisen und die große Mutter, die im Zusammenhang mit den Symbolen des Selbst auftauchen, auch als die Manapersönlichkeiten. Die Gefahr für das bewußte Ich des Helden besteht, wenn er Kontakt mit der Ganzheit seines Selbst hatte, dann darin, daß er sich mit der Manapersönlichkeit – also hier dem Zauberer – identifiziert. Sollte Aladin der Versuchung des Machtaspektes des Zauberers erlegen sein und deshalb seine Wunderlampe immer wieder an diesen verloren haben? Könnte man sagen, daß der Zauberer bei Aladin zuerst seinen Schatten darstellt und dann die Manapersönlichkeit, die der Animaintegration folgt? «In verwandelter Gestalt üb' ich grimmige Gewalt.»

Jetzt ist der Ring zum zweiten Mal die Rettung durch Transzendenz. Das Ego gibt seine Machtstellung auf.

> «In diesem Zustand muß also das Mana einem Etwas zugefallen sein, das bewußt und unbewußt oder weder bewußt noch unbewußt ist. Dieses Etwas ist der gesuchte ‹Mittelpunkt› der Persönlichkeit, jenes unbeschreibliche Etwas zwischen den Gegensätzen oder das Vereinigende der Gegensätze oder das Resultat des Konfliktes.» (4)

Jetzt, auf der nächsten Entwicklungsstufe Aladins, wird die Anima zu einer Funktion der Beziehung zum Unbewußten. Aladin, seine

Anima und der Geist der Lampe arbeiten schließlich zusammen, um dem bösen Zauberer sein totales Ende zu bereiten.

Der Zauberer ist auch ein gutes Symbol für die Ambivalenz des Intellekts (Luzifer), der zwar notwendig ist zur Erkenntnisfähigkeit, der aber, wenn er sich verselbständigt, zur Gefahr werden kann, die man im Auge behalten muß. Die Anima bedeutet für den Mann den Eros, die Beziehung, die Gefühlswerte und auch die Beziehung zu seiner Seele, also den Gegensatz zum Zauberer. Der Zauberer ist der patriarchale Aspekt der Macht, die Herrschaft und Besitzgier eines willkürlichen Ego. Kein Wunder, wenn es zwischen diesen Aspekten in Aladins Seele zu mehreren Auseinandersetzungen kommen muß. Immer wieder will das unintegrierte patriarchale Prinzip, das auf Berechnung, Besitzenwollen und auf dem Willen zur Macht beruht, Aladin seine Animawerte abspenstig machen. Die Geschichte von Aladin wäre so gesehen die Geschichte einer Animaintegration. Aladin verkörpert alle Eigenschaften des Mannes, dem dieses Werk gelungen ist. Er ist nicht der patriarchale Herrscher, der durch Recht oder Macht zu Herrschaft kam und der Macht und Gewalt verkörpert, sondern derjenige, der durch seine Beliebtheit beim Volke, seine Großzügigkeit regiert, seinen inneren Wert entdeckt, aus der Mitte seines Selbst (Symbol der Lampe) lebt. Er schöpft und gibt aus der Fülle, dem unbegrenzten Reichtum der Natur, die sich dem Menschen erschließt, der den Zugang kennt.

Aladin und die Wunderlampe ist auch eine Geschichte von der Macht. Der böse Zauberer hat eine Beziehung zu Pluto, wenn wir die astrologische Symbolik betrachten. Pluto, der bisher letzte entdeckte Planet in unserem Sonnensystem, symbolisiert höchste Macht und die tiefste Triebkraft aus dem kollektiven Unbewußten. Er hat überpersönliche Bedeutung. Auf der niedersten Stufe steht er in Zusammenhang mit Massenhysterie und der Manipulation der Massen durch einen Diktator. Auf der höchsten Stufe dagegen steht er für den Mystiker und Erleuchteten. Pluto ist in seiner Ambivalenz sowohl Zauberer wie Lampe. Aladin, der in den Besitz seiner Macht auf der höchsten Stufe (Lampe) kommen soll, kommt deshalb um die Konfrontation mit seinem finsteren Aspekt (Zauberer) nicht herum. Wie in der Alchemie ist die Schwärze oder *nigredo* das Ausgangsmaterial zur Herstellung des Goldes. Darin besteht das Geheimnis der Wandlung, die Tantrik der Märchen. Der schwarze Magier ist das Ausgangsmaterial, aus dem die Lampe hergestellt wird. Der Lauf des Märchens stellt den Entwicklungsprozeß dar, im Laufe dessen die Macht erworben, integriert und transformiert wird. Das Ziel heißt: integrierte Macht in Einklang mit der Natur, das heißt wollen, was Gott will. Wenn jemand tut, was seine natürliche Bestimmung ist, dann hat er Erfolg und Macht. Dies nannte Suzuki das «unbewegte Begreifen» (5), wie es beispielsweise in der Schwertkunst oder beim Bogenschießen praktiziert wird. Dort handelt «es» aus demjenigen, der diesen Bewußtseinszustand jenseits des Ego erreicht hat. Das Selbst ist der Vollbringer der perfekten Reaktion und der unvorstellbaren Leistungen.

Nicht umsonst nannte gerade Montesquieu dieses Märchen sein Lieblingsmärchen. Ihm ging es um die Kontrolle und Einschränkung der absolutistischen Macht des Staates durch die Einführung der Gewaltenteilung. «Tun zu können, was Tugend gebietet» war seine Forderung. Die Lampe als Symbol des Selbst steht für das humanistische Gewissen, die Spontaneität und die Macht der Eigenkräfte jedes Menschen. Könnte jeder in Einklang mit seinem Selbst handeln, dann würde er in Einklang mit dem Ganzen handeln, dann könnte der Rat Laotses sich erfüllen:

> «Wie regiert man ein großes Reich?
> Wie man einen kleinen Fisch brät – ganz wenig.»

Aus Maya wird Magie – Aus Verliebtsein wird Liebe, die frei macht

Jorinde und Joringel

Es war einmal ein altes Schloß mitten in einem großen, dicken Wald, darinnen wohnte eine alte Frau ganz allein, das war eine Erzzauberin. Am Tage machte sie sich zur Katze oder zur Nachteule, des Abends aber wurde sie wieder ordentlich wie ein Mensch gestaltet. Sie konnte das Wild und die Vögel herbeilocken, und dann schlachtete sie, kochte und briet es. Wenn jemand auf hundert Schritte dem Schloß nahekam, so mußte er stillstehen und konnte sich nicht von der Stelle bewegen, bis sie ihn lossprach: wenn aber eine keusche Jungfrau in diesen Kreis kam, so verwandelte sie dieselbe in einen Vogel und sperrte sie dann in einen Korb ein und trug den Korb in eine Kammer des Schlosses. Sie hatte wohl siebentausend solcher Körbe mit so raren Vögeln im Schlosse.

Nun war einmal eine Jungfrau, die hieß Jorinde: sie war schöner als alle anderen Mädchen. Die und dann ein gar schöner Jüngling, namens Joringel, hatten sich zusammen versprochen. Sie waren in den Brauttagen, und sie hatten ihr größtes Vergnügen eins am andern. Damit sie nun einsmalen vertraut zusammen reden könnten, gingen sie in den Wald spazieren. «Hüte dich», sagte Joringel, «daß du nicht so nahe ans Schloß kommst.» Es war ein schöner Abend, die Sonne schien zwischen den Stämmen der Bäume hell ins dunkle Grün des Waldes, und die Turteltaube sang kläglich auf den alten Maibuchen.

Jorinde weinte zuweilen, setzte sich hin im Sonnenschein und klagte; Joringel klagte auch. Sie waren so bestürzt, als wenn sie hätten sterben sollen: sie sahen sich um, waren irre und wußten nicht, wohin sie nach Hause gehen sollten. Noch halb stand die Sonne über dem Berg, und halb war sie unter. Joringel sah durchs Gebüsch und sah die alte Mauer des Schlosses nah bei sich; er erschrak und wurde todbang. Jorinde sang:

«Mein Vöglein mit dem Ringlein rot,
singt Leide, Leide, Leide:
Es singt dem Täubelein seinen Tod,
singt Leide, Lei – zucküth, zicküth, zicküth.»

Joringel sah nach Jorinde. Jorinde war in eine Nachtigall verwandelt, sie sang: «Zicküth, zicküth.» Eine Nachteule mit glühenden Augen flog dreimal um sie herum und schrie dreimal: «Schuh, hu, hu, hu.» Joringel konnte sich nicht regen: er stand da wie ein Stein, konnte nicht weinen, nicht reden, nicht Hand noch Fuß regen. Nun war die Sonne unter: die Eule flog in einen Strauch, und gleich darauf kam eine alte krumme Frau aus diesem hervor, gelb und mager: große, rote Augen, krumme Nase, die mit der Spitze ans Kinn reichte. Sie murmelte, fing die Nachtigall und trug sie auf der Hand fort. Joringel konnte nichts sagen, nicht von der Stelle kommen; die Nachtigall war fort. Endlich kam das Weib wieder und sagte mit dumpfer Stimme: «Grüß dich, Zachiel, wenn's Möndel ins Körbel scheint, bind los, Zachiel, zu guter Stund.» Da wurde Joringel los. Er fiel vor dem Weib auf die Knie und bat, sie möchte ihm seine Jorinde wiedergeben, aber sie sagte, er sollte sie nie wiederhaben, und ging fort. Er rief, er weinte, er jammerte, aber alles umsonst. «Uu, was soll mir geschehen?» Joringel ging fort und kam endlich in ein fremdes Dorf: da hütete er die Schafe lange Zeit. Oft ging er rund um das Schloß herum, aber nicht zu nahe dabei. Endlich träumte er einmal des Nachts, er fände eine blutrote Blume, in deren Mitte eine schöne große Perle war. Die Blume brach er ab, ging damit zum Schlosse: alles, was er mit der Blume berührte, ward von der Zauberei frei; auch träumte er, er hätte seine Jorinde dadurch wiederbekommen. Des Morgens, als er aufwachte, fing er an durch Berg und Tal zu suchen, ob er eine solche Blume fände; er suchte bis an den neunten Tag, da fand er die blutrote Blume am Morgen früh. In der Mitte war ein großer Tautropfen, so groß wie die schönste Perle. Diese Blume trug er Tag und Nacht bis zum Schloß. Wie er auf hundert Schritt nahe bis zum Schloß kam, da ward er nicht fest, sondern ging fort bis ans Tor. Joringel freute sich hoch, berührte die Pforte mit der Blume, und sie sprang auf. Er ging hinein, durch den Hof, horchte, wo er die vielen Vögel vernähme: endlich hörte er's. Er ging und fand den Saal, darin war die Zauberin und fütterte die Vögel in den siebentausend Körben. Wie sie den Joringel sah, ward sie bös, sehr bös, schalt, spie Gift und Galle gegen ihn aus, aber sie konnte auf zwei Schritte nicht an ihn kommen. Er kehrte sich nicht an sie und ging, besah die Körbe mit den Vögeln; da waren aber viele hundert Nachtigallen, wie sollte er nun seine Jorinde wiederfinden? Indem er so zusah, merkte er, daß die Alte heimlich ein Körbchen mit einem Vogel wegnahm und damit nach der Türe ging. Flugs sprang er hinzu, berührte das Körbchen mit der Blume und auch das alte Weib: nun konnte sie nichts mehr zaubern, und Jorinde stand da, hatte ihn um den Hals gefaßt, so schön, wie sie ehemals war. Da machte er auch alle die andern Vögel wieder zu Jungfrauen, und da ging er mit seiner Jorinde nach Hause, und sie lebten lange vergnügt zusammen.

Jorinde und Joringel
(Interpretation)

«Weil ich liebe,
Führt ein unsichtbarer Weg über den Himmel,
Vögel reisen diesen Weg, Sonne und Mond
Und alle Sterne wandern diesen Pfad bei Nacht.

Weil ich liebe,
Strömt ein Fluß die ganze Nacht.

Weil ich liebe,
Strömt der Fluß die ganze Nacht in meinen Schlaf,
Zehntausend Lebewesen schlafen in meinen Armen
Und wachen schlafend und ruhen strömend.»
(Kathleen Raine)

Auch in diesem Märchen treffen wir wieder auf eines der wunscherfüllenden Symbole. Das wunscherfüllende Symbol in diesem Märchen ist die Zauberblume, die Joringel im Traum sieht, dann in der äußeren Wirklichkeit findet und damit seine Jorinde aus dem bösen Zauber der Alten befreit. Wieso kann die Blume das? Was ist das für eine Alte, die tief im Walde in ihrem Schloß haust und das ursprüngliche Glück und die Harmonie der beiden Liebenden zerstört?

Wie immer im Märchen existiert auch am Anfang dieses Märchens Einheit und Harmonie. Dann wird durch den Zauber der unheimlichen Alten eine Hälfte dieser Einheit in ein Tier, eine Nachtigall, verwandelt und von der anderen menschlichen Hälfte getrennt. Die Spaltung des Bewußtseins hat eingesetzt. Meistens schildern die Märchen den Prozeß, in dem die kindliche Ganzheit notwendigerweise durch die Bewußtseinsentwicklung verloren wird und dann vom Helden nach langer Suche als neue, jetzt bewußte Ganzheit wieder erworben wird. Doch könnte man diesen Vorgang auch auf verschiedene Situationen des Lebens anwenden, wo es zu einer Spaltung des Bewußtseins kommt. Joringel lebt zu Beginn des Märchens noch in seiner ursprünglichen Ganzheit. Dann wird ihm ein Teil der Ganzheit entrissen, seine Seele wird zum Tier, wird unbewußt. Es gibt keine Kommunikation zwischen einem Menschen und einem Tier. Die Alte nimmt die unbewußte Seele mit in ihren Machtbereich. Joringel bleibt unglücklich zurück. Sein Seelenverlust läßt ihn traurig, depressiv werden. Doch er vergißt seine Jorinde nicht. Die Sehnsucht nach der anderen Hälfte, die zur Ganzheit fehlt, ist zu stark. Er vergißt sie nicht und betäubt nicht seinen Schmerz mit all den Narkotika, die dem Durchschnittsmenschen zur Verfügung stehen, um seinen Seelenverlust zu vergessen. Er verfällt auch nicht der Rationalisierung wie zum Beispiel: «Ach, es hat sie nie gegeben.» Er sucht nach dem geeigneten Mittel, um sie zurückzubekommen, der Alten zu entreißen. Doch wie? Ratlos geht er in die Einsamkeit. Er hütet Schafe, ein geeignetes Symbol für einen meditativen Zustand: Einsamkeit, Konzentration, ruhevolle Wachheit («Schäfchen zählen», «den Ochsen hüten»). Der Traum zeigt den Weg zur Erlösung. Das Symbol der Transzendenz taucht auf. Wenn dieser Zustand erreicht ist, können seine bewußte und seine unbewußte Hälfte wieder einander angenähert werden, das Unbewußte wieder bewußt, d.h. menschlich werden. Der unbewußte Geist oder seine Seele – die Nachtigall – kann wieder menschlich werden. Er entdeckt diese Einheit zuerst im Traum. Dann versucht er sie bewußt und mühevoll zu realisieren. Das heißt, er findet schließlich die Blume in der äußeren Welt. Die vier blutroten Blätter der Blume symbolisieren die Vier als Ganzheit des Selbst, die weiße Perle den Kern, das Zentrum jenseits der Gegensätze. Rot gilt in der Alchemie als männlich, weiß als weibliche Farbe. Nochmals eine Vereinigung der Gegensätze! Jetzt geht es der Alten an den Kragen. Jetzt hat er die Kraft, ihr verborgenes Reich zu betreten und ihrem Bann zu widerstehen.

Wer aber ist die Alte? Offensichtlich eine Macht des Unbewußten, die die Bewußtwerdung verhindern will, Veränderungen begünstigt und die Unproduktivität, Steifheit, Verkrüpplung und Entwicklungsfeindlichkeit ausdrückt. – Nicht der fruchtbare, sondern der verschlingende, festhaltenwollende Aspekt des Unbewußten – Finsternis, nicht Dunkelheit. Das Selbst ist der dynamische Aspekt, der uns zur Entwicklung antreibt, der Unbewußtes bewußt machen will. Er bricht die Macht der Unbewußtheit. Wenn diese Macht erst einmal gebrochen ist, dann fließt nicht nur die verlorene Energie zurück und die Depression ist vorbei, sondern andere unbewußte Teile der Seele kommen mit hoch. Eine Kettenreaktion! Doch die Alte verschwindet nicht am Ende des Märchens. Sie bleibt, wenn auch der Held ihrer Gefahr entronnen ist. Als kollektive Gefahr bleibt sie bestehen. Wie konnte er in ihren Bann geraten?

Die Alte im Wald hat noch eine andere Seite. Man könnte diese Alte nicht nur als eine Gefahr aus dem Unbewußten verstehen, sondern auch als die vernebelnde, illusionsbildende Macht der «Beschreibung der Welt», die uns unsere Kultur, Bildung und Erziehung, die Ideologie unseres Zeitgeistes, gelehrt haben. Eine andere Art der Unbewußtheit. Wie vieles erscheint uns als selbstverständliche Wirklichkeit, was wir gar nicht in Frage zu stellen gedenken, was aber nur eine Landkarte ist, die uns davon abhält, die Wirklichkeit selbst zu erfahren. Diese «Alte», die alte Beschreibung der Welt, muß überwunden werden durch Bewußtheit, durch Selbsterfahrung. Sie war es, die die ursprüngliche, reine, spontane Wahrnehmung getrübt hat, die uns angeborene Fähigkeiten zwang unbewußt werden zu lassen, weil sie nicht der kulturellen Trance entsprachen, die uns vorschreibt, was wir können und nicht können, wollen und nicht wollen, was wirklich und unwirklich ist. Diese Fähigkeit, diese Seite unseres Selbst, wird zur Nachtigall, zum unbewußten Geist. Doch sie lebt noch, wenn auch im Käfig, und harrt ihrer Erlösung. Daß es die weibliche Seite ist, deutet auf die Einseitigkeit des Bewußtseins des Mannes Joringel, dem nur die männliche Hälfte, die seiner gesellschaftlichen Rolle als Mann entspricht, bewußt werden darf. Aber die Zauberblume löst dieses Problem. Wieso? Durch ihre Kraft transzendiert Joringel die Beschreibung, denn er kommt mit den tieferen Schichten seiner Persönlichkeit in Kontakt, die die Wahrheit enthalten, die ewige, paradoxe Weisheit, die ungetrübt ist von kulturellen Normen, vom Entweder-Oder des Denkens. In diesem Zentrum der Seele sind die Gegensätze vereinigt: Weibliches und Männliches, Bewußtsein und Unbewußtes, ich und du. Gerade das Denken muß Joringel ausschalten durch Meditation, um mit ihr in Kontakt zu kommen, um die gelernte Beschreibung der Welt, die sein Denken ja beherrscht, zu überwinden. Joringel transzendiert in diesem meditativen Zustand nicht nur seine Beschreibung der Welt, den Strom der vielen Illusionen von der Welt, die sein Geist dauernd hervorbringt, sondern auch seine Illusion eines begrenzten Ichs. Er erfährt in diesem Zustand seine Einheit mit allem, was ist. Das ist sein Selbst. Das ist die weiße Perle im Mittelpunkt der roten Blume, und das ist die Blume als Ganzes.

Die Blume ist ein Symbol. Im tantrischen Buddhismus, der mit der Macht der Symbole und der Imagination arbeitet, heißt es, wir erzeugten ständig einen Strom von Illusionen. Ein farbiger Strick würde beispielsweise in der Dunkelheit zur Schlange werden. So seien wir allen möglichen Ängsten und Einflüssen ausgesetzt und würden von ihnen beherrscht. Sie machten unser Schicksal. Dieser Strom von Illusionen könne aber gelenkt und von uns genutzt werden – das ist die Magie der gelenkten Imagination, die Macht der Symbole. Zuerst beherrschten die Gedankenformen uns, jetzt beherrschen wir sie und nutzen sie zu unserer Entwicklung. Wenn die illusionsbildende Macht der unbewußten Psyche, die durch Spaltung entstanden ist, und die Verschleierung der Wirklichkeit durch die gelernte Beschreibung der Welt, die für die Spaltung gesorgt hatte, einmal erkannt wurden, steht dem Bewußtsein nichts mehr im Wege, die Macht der Bilder und Gedankenformen bewußt zu seinem Zweck zu benutzen, statt von ihnen beherrscht zu werden.

Wenn die Gedanken und die gelernte Beschreibung der Welt eine solche Macht haben, daß sie eine Wirklichkeit erschaffen können, warum sollten dann nicht auch umgekehrt bewußte Gedanken, in unseren Dienst genommen, eine neue Wirklichkeit erschaffen können? Das ist das Geheimnis, das Joringel erkennt und wozu er jetzt fähig wird. Im ersteren Falle waren wir die Opfer einer unfreiwillig erschaffenen Welt, jetzt sind wir Magier, Schöpfer unserer Welt. Die Macht, die «die Alte im Wald» vorher über uns ausübte und mit der sie unsere Kräfte verkrüppeln konnte, gehört jetzt uns und kann von uns bewußt zu unserer Entwicklung genutzt werden als Kraft zu etwas, als schöpferische Kraft. Frei sind wir von der Macht der Alten, und frei sind wir zur Erschaffung unserer Zukunft. Warum betone ich hier die Freiheit oder die Fähigkeit wozu? Es gibt schon seit Jahrhunderten ein Bemühen, den Menschen die Illusionen zu nehmen, sie aufzuklären über ihre Projektionen, alle Irrtümer wegzuerklären; doch was übriggeblieben ist, ist die Angst, nackt, allein, ungeschützt und schwach in einer kalten, lieblosen, mechanistischen Welt zu überleben. Die meisten Menschen haben bisher den Ausweg unbewußt darin gefunden, sich neuen, anderen Beschreibungen, die ihnen wieder von äußeren Autoritäten geliefert wurden, zuzuwenden. Joringel hat den Weg, der aus diesem Teufelskreis herausführt, gefunden – die Quelle der Wahrheit in sich selbst entdeckt. Nur wer diese Quelle kennt und nutzt, ist frei von der alten und allen neuen Beschreibungen der Welt. Er kennt die Wahrheit, die frei macht, und diese ist zugleich schöpferische Kraft. Jetzt kann er seine Wirklichkeit erschaffen, wie er sie haben will, und braucht nicht mehr durch unbewußte Determinierungen gelenkt und beeinträchtigt zu werden. Er entspricht in der Symbolsprache des Tarot der Eins, dem Magier. Dieser folgt auf die Null, den Narren. Irrationale Leidenschaften und Illusionen durchkreuzten den Weg des Narren. Der Magier ist Herr seines Weges. Aus Illusion wurde Imagination. Aus der verwirrenden, illusionsbildenden Macht der Maya* wurde Magie.

Doch warum sollten wir das Liebespaar Jorinde und Joringel schließlich nicht auch einmal wörtlich als solches zu verstehen versuchen und es auf seinem Weg begleiten, der es weg von der illusionsfördernden Gefahr des Verliebtseins führt und hin zur echten Liebe des ganzheitlichen, produktiven Menschen? Jorinde und Joringel sind am Anfang glücklich und genießen die Harmonie ihres Einsseins. Doch sie ahnen schon etwas von der Gefahr, daß dieser Zustand nicht ewig dauert, daß sie irgendwann herausfallen werden und die ernüchternde Wirklichkeit auf sie wartet. Im Zustand des Verliebtseins sind Dinge möglich, die sonst dem wachen Bewußtsein unmöglich sind. Wie es in einem Evergreen heißt: «Zwei in einer großen Stadt, die so viele bunte Lichter hat, sehen Glockenblumen blühn in der Riesenstadt Berlin und einen Himmel, der voll Geigen hängt.» Die Schlager sind voll von dieser Welt, die plötzlich von einem Hauch der anderen Wirklichkeit überlagert wird, aber in angenehmer Art: Glockenblumen, Regenbogen usw.

Das Gefühl der Einheit, des Einsseins mit dem anderen, kann für

---

*Maya (sanskrit) ist die relative Wirklichkeit, die Welt der gesonderten Formen, des Werdens und Vergehens.

kurze Zeit auch die Erfahrung bewirken, daß eine fließende Einheit mit allem, der Natur, den Objekten, möglich ist. Alles fließt, alles ist anders als sonst. Doch diese illusionsbildende Kraft kann genausogut umschlagen ins Gegenteil, in Verwirrung und Mißverständnisse. Plötzlich fragt man sich: Liebt er oder sie mich überhaupt? Wie verwirrend doch alles ist. Wenn ich doch nur wüßte, was der andere denkt, wenn ich doch nur wüßte, was wirklich, was wahr ist oder ob ich mir das alles nur eingebildet habe. Kleine Mißverständnisse haben große Wirkungen und verletzen. Irgend etwas lastet wie ein Stein auf dem Herzen. Irgend etwas hält es umklammert und eingeschnürt. Eine Alte, die die Liebenden mit ihrem Bann belegt hat? Vielleicht ist dies der Punkt, an dem Joringel «Schafe hüten geht», um in der Einsamkeit zu sich selbst zu kommen, hinter den Schleier dieser Verwirrungen zu sehen. Und wie findet er die Lösung? Er erkennt, daß, was er erlebt hat, nur Verliebtsein war, eigentlich zuerst unschuldig und glücklich, solange es ohne Erwartungen war, aber dann narzißtisch, ein Lieben, das haben wollte und das deshalb den Namen Liebe gar nicht verdiente. Vielleicht schafft er den Sprung und wünscht: Nicht mein Wunsch soll erfüllt werden – du sollst glücklich werden. Und er erkennt, welches Glück aus dieser Liebe resultiert: daß es erst die Liebe ist, die nichts mehr haben will, nichts mehr vom anderen erwartet, die wirklich glücklich macht. Wie es Erich Fromm ausdrückte:

> «‹Falsche Liebe›, das heißt Egoismus zu zweit, macht die Menschen noch selbstsüchtiger (und das ist oft genug der Fall). Wahre Liebe vermehrt die Fähigkeit, zu lieben und anderen etwas zu geben. In der Liebe zu einem bestimmten Menschen liebt der wahre Liebende die ganze Welt.» (1)

Es ist eine Liebe, die nichts und niemanden mehr ausschließt und die nicht mehr den Gegenpol zum Haß darstellt. Nicht mehr Subjekt und Objekt, nicht mehr ich oder du, sondern nur noch Liebe existiert. Nichts ist mehr da als Einheit. Und Joringel erfährt, daß er in dem Moment, in dem er sein Ich fallenläßt, bereits vereinigt ist mit der Geliebten, egal an welchem Punkt der Erde sie sich befinden mag. Eifersucht braucht es nicht mehr zu geben. Er kann ganz selbstlos wünschen, daß Jorinde glücklich wird, denn er *ist* sie und mit ihr freut er sich an ihrem Glück: «Wir sind eins, wenn ich mich mit dir freue.» Jetzt bereut Joringel nicht mehr, daß dieses Unglück geschehen mußte. Er weiß, daß er durch diesen Prozeß etwas gewonnen hat, was er vorher noch gar nicht kannte: wahre Liebe, produktive Liebe. Der wahre Liebende kann selbst tote Dinge zum Leben erwecken, das ist die produktive Art der Liebe. Und wirklich geschieht jetzt wieder etwas, das dem wirklichkeitsverhüllenden Zauber gleicht, wie er ihn im Zustand des Verliebtseins kannte. Und doch ist es anders, bewußter, und braucht nicht mehr verlorenzugehen. Es ist kein Zufall mehr, in dessen Genuß er kam, er kann diesen Zustand jetzt bewußt immer wieder nachvollziehen. Giordano Bruno hat in seinen «Heroischen Leidenschaften» ähnliches vom Werdegang des Heros geschildert. Zuerst sei alle Liebe göttlich, heißt es da. Doch da sie auf ungeläuterte Materie stoße, käme sie in Berührung mit allzu Irdischem, verursache Leiden. Alle Arten von Verwirrungen schleichen sich jetzt ein. Gerade im Feuer der Leidenschaft aber verbrennen die Schlacken, und schließlich wird die Liebe wieder zu dem, was sie ursprünglich war und werden will, zur göttlichen Liebe. Das sei der Sinn der Schmerzen und Verwirrungen der Liebenden.

Die Blume, die Joringel entdeckt, ist diese göttliche Liebe. Das Symbol des Selbst ist ja nichts anderes als diese mystische Liebe, in der alles eins ist, in der die Einheit allen Seins erfahren wird. Der Einfluß des bewußten, ganzen, liebenden Menschen muß auch auf seine Umwelt erlösend wirken. Deshalb heißt es, daß die Blume selbst andere Verzauberte wieder erlösen kann. Diese neuerworbene Liebe aber befreit, während das alte Verliebtsein haben wollte, haftete, begehrte und deshalb Jorinde sowie Joringel unfrei werden ließ. Es ist so paradox: Erst wenn ich das Objekt meiner Liebe loslassen oder hergeben kann, liebe ich ihn oder sie wirklich.

Und wieder schließt auch in diesem Märchen die eine Interpretation, die Jorinde als Seele oder Anima Joringels deutet, die andere Sichtweise, die Jorinde als wirkliche Frau sieht, nicht aus. Indem Joringel seine Jorinde losläßt, erkennt er sie ohne Illusionen und Projektionen, und so wird ihm gleichzeitig auch bewußt, was er vorher auf sie projizierte oder was sie für ihn sein oder leben sollte: seine Anima. Jetzt ist die Nachtigall in ihm bewußt geworden, seine weibliche Seite. Jetzt kann er sie leben und verwirklichen, und das ist der Eros, das Gefühl, die Beziehung. Und außerhalb von sich erkennt er die Wirklichkeit, sieht Jorinde, wie sie wirklich ist, ohne Überlagerungen seines Unbewußten. Die Liebe ist das Mittel, um Polarität zu erkennen und sie zu überwinden, um zur Einheit zu finden. Liebe ohne Polarität, Liebe als Überwindung der Polarität aber ist Erleuchtung. Joringel hat die Polarität überwunden: die von Bewußtsein und Unbewußtem, die zwischen ich und du.

Die Erlösung der Tierbrüder

Viele Menschen stellen heute fest, daß die Praxis der Meditation sie nicht nur ein anderes Verhältnis zu ihrer eigenen unbewußten Natur finden ließ, sondern daß auch das Verhältnis zur äußeren Natur sich im gleichen Maße verändert hat. Die Lehren der Indianer, für die die Naturharmonie schon immer im Mittelpunkt ihrer Ethik und Religion stand, werden plötzlich interessant und werden verstanden. Gerade die Ethik der Märchen legt auf die Liebe und das Mitleid gegenüber dem Tier besonderen Wert. Wollen wir zunächst dieses Verhältnis zum Tier einmal wörtlich nehmen und erst später auf die Bedeutung des Tieres als Symbol für die Kräfte des Unbewußten eingehen.

In dem Grimmschen Märchen *«Das Waldhaus»* müssen drei Schwestern nacheinander in einer Hütte im tiefen Wald übernachten. Sie treffen auf einen alten Mann und ein Hühnchen, ein Hähnchen und eine bunte Kuh. Auf die Bitte des Mädchens übernachten zu dürfen, fragt der Alte jeweils die Tiere, ob sie einverstanden seien, und sie stimmen zu. Die ersten beiden Schwestern vergessen die Tiere, als sie das Abendessen des Alten bereiten, obwohl auch die Nahrungsmittel für die Tiere bereitstehen. Dafür werden sie vom Alten in der Nacht in ihrem Bett durch eine Falltür in den Keller transportiert. Erst das dritte Mädchen hat auch Mitleid mit den Tieren und denkt, bevor es sich zu Tische setzt, an deren Verpflegung. Als es am nächsten Morgen aufwacht, findet es sich in einem herrlichen Palast mit Dienern wieder, und als es das Essen für den Alten und die Tiere bereiten will und den Alten in seinem Bette sucht, entdeckt es einen Königssohn. Dieser erklärt, daß ihn eine böse Hexe in einen alten Mann verwünscht hätte, bis ein Mädchen zu ihm ins Waldhaus käme, «das so gut von Herzen sei, daß es nicht nur gegen die Menschen allein, sondern auch gegen die Tiere sich liebreich bezeigte». So wurde er vom Zauber erlöst und seine Hütte wieder in den königlichen Palast und die Tiere wieder in seine Diener verwandelt. Das Mädchen wird seine königliche Gemahlin. Die Schwestern aber werden aus dem Keller geholt und dürfen bei einem Köhler als Mägde dienen, «bis sie sich gebessert haben und auch die armen Tiere nicht hungern lassen».

Also erst wenn die Liebe sich über die menschliche Welt hinaus erstreckt, kann das Unbewußte erlöst werden und die Seele wieder in den königlichen Palast verwandelt werden, den sie von Ursprung und Bestimmung her ist. Das heißt, dann kann auch die andere Hälfte in uns bewußt gemacht werden. Das ist Transzendenz. Das ist kosmisches Bewußtsein, die Erfahrung der Einheit mit allem, was ist. Die Einheit innerhalb des Bewußtseins, in dem die Spaltung aufgehoben wird, und die Einheit mit dem ganzen Kosmos sind ein und dasselbe. Das Tier steht für das, was die Menschenwelt transzendiert. Das ist das Unbewußte sowohl wie die äußere Natur. Diese Erkenntnis veranlaßt zu einer heute wichtigen Frage in unserer Kultur: Fehlt im Christentum die Naturnähe, weil die Selbsterfahrung fehlt? Gerade die Religionen, wie die der Indianer und die östlichen, die die Selbsterfahrung betonen (Visionssuche bei den Indianern, Meditationstechniken in den östlichen Religionen), betonen auch die Naturharmonie, besonders im Zen und Taoismus.

Die Ethik der Märchen geht weiter als die normale, die wir kennen: Du sollst Deinen Nächsten mehr lieben als Dich selbst! (Sterntaler) Du sollst Deinen Feinden dankbar sein. Du sollst auch das nichtmenschliche Leben lieben.

In vielen Märchen geschehen am Ende, wie zum Beispiel in Andersens *«Wilden Schwänen»*, wenn die Heldin ihre Brüder erlöst hat, auch Wunder in der Natur. Dies ist die Folge der Wiedervereinigung von Subjekt und Objekt, von Geist und Materie, von Mensch und Natur, und dies nur ist der wahre Friede, von dem der Schwarze Hirsch sagte:

> «Der erste Friede, der der wichtigste ist, ist der, welcher in die Seelen der Menschen einkehrt, wenn sie ihre Verwandtschaft und

> Einheit mit dem Universum und all seinen Kräften erkennen und wenn sie erkennen, daß im Zentrum des Universums Wakan-Tanka [der Große Geist] wohnt und daß dieses Zentrum wirklich überall ist: es ist in jedem von uns. Dies ist der wahre Friede, und die anderen sind nur die Widerspiegelung dieses einen. Der zweite Friede ist der, welcher zwischen zwei Individuen geschlossen wird, und der dritte ist der zwischen zwei Nationen. Aber vor allem sollst du verstehen, daß es niemals Frieden zwischen zwei Nationen geben kann, bevor nicht dieser wahre Friede bewußt ist, der, wie ich schon oft gesagt habe, in den Seelen der Menschen wohnt.» (1)

Und nur dieser Friede ist etwas anderes als Nicht-Krieg, der nur den anderen Pol zum Krieg ausmacht. Dieser Friede, «wenn der Wolf beim Lamme liegt und das Kind seine Hand in das Nest der Natter streckt», ist möglich, wenn die natürliche Polarität ins Gleichgewicht gebracht wurde, wenn die Gegensätze friedlich harmonieren. Warum kann der Erleuchtete Synchronizitäten in der Naturumwelt bewirken? Er ist der Mensch, der seine Spaltung überwunden hat. Die Natur und die Umwelt *ist* sein Selbst, denn das wahre Selbst (nicht das Ego) ist die umfassende Einheit des ganzen Kosmos. Wenn er also das Tier in sich erlöst, erlöst er auch alles andere mit. Alles ist mein Selbst, das zu erkennen ist kosmisches Bewußtsein. Und diese Erlösung ist die Herbeiführung der messianischen Zeit. Im Mahayana-Buddhismus entspricht dies dem Ziel, Erleuchtung zu erlangen, um alle Lebewesen zu erlösen. Der Mensch selbst ist derjenige, der den Erlösungszustand der vollkommenen Harmonie und des Friedens herbeiführt, indem er sein Bewußtsein bis zu dieser Stufe entwickelt – nicht ein Erlöser, der von außen kommt. Und dies scheint mir auch die Zielvorstellung zu sein, von der die Urreligion der Märchen spricht, und damit der schöpferischen Phantasie, der Stimme des Urmenschlichen in uns, der angeborenen natürlichen Weisheit, die die Natur des Menschen ausmacht.

In unserer christlichen Tradition heißt es, daß Christus die Menschen erlöst habe durch seinen Tod am Kreuz. Wenn man aber bedenkt, daß damit auch der Auftrag verbunden ist, Christus gleich zu werden, dann heißt dies auch nichts anderes, als daß jeder der Erlöser des Ganzen werden muß. Doch dann müssen wir diese

Erlösung über unsere menschliche Familie hinaus auf alle Lebewesen ausdehnen, und da kommt uns die indianische Spiritualität zu Hilfe, die von den Tieren und Flüssen als unseren Brüdern und von der Erde als unserer Mutter spricht. Eine der wenigen Ausnahmen im Christentum ist Dom Helder Camara, der in seiner «Meditation für dies Jahrhundert» schreibt:

> «Weißt du, wofür ich dem Schöpfer und Vater vor allem danke? Dafür, daß ich mich in Christus mit allen Menschen jeder Rasse, Farbe und Religion vereinigen kann ... Christus lehrt uns immer mehr, daß wir alle, absolut und ausnahmslos alle, denselben Vater haben und folglich alle Brüder sind. Mehr noch, wir Menschenwesen fühlen, daß unsere Brüderlichkeit sich auf alle lebenden und leblosen, großen und kleinen Kreaturen erstreckt. Alle sind sie aus der Hand des Schöpfers hervorgegangen.» (2)

C.G. Jung schrieb über das gebrochene Verhältnis zum Tier und dessen Folgen zur Zeit des ersten Weltkrieges:

> «Aus dem rein Tierisch-Triebhaften gingen auch jene Größen hervor, welche die Macht des Instinktes beschränken. Aus der gleichen Wurzel, aus der der schrankenlose, blinde Trieb hervorbricht, kommen auch die natürlichen Gesetze und Formen, welche die ursprüngliche Kraft bändigen und brechen. Wenn aber das Animalische durch Verdrängung vom Bewußtsein abgespalten war, dann kann der Fall eintreten, daß es an und für sich hervorbricht in ungeregelter und unbeherrschter Weise. Ein solcher Ausbruch endet immer mit einer Katastrophe, mit einer Selbstdestruktion ... Die ungeheuren Kräfte, welche der Weltkrieg entfesselte, führen zu einer Selbstdestruktion, weil sie der erhaltenden Weisheit menschlicher Führung entbehren. Unsere Weltanschauung hat sich als zu eng erwiesen, um diese Gewalten in einer Kulturform zu fassen. Das Prinzip der christlichen Nächstenliebe kann sich auch auf das Tier, nämlich *das Tier in uns,* erstrecken und in Liebe aufnehmen, was eine schließlich zu strenge Auffassung grausam unterdrückt hat. Durch die Verdrängung ins Unbewußte, in die Quellen, aus denen es erfloß, wird das Tierische noch tierischer, darum ist wohl keine Religion dermaßen mit unschuldigem, grausam vergossenem Blute

besudelt wie die christliche Kirche, und nie hat die Welt einen blutigeren Krieg gesehen als den Krieg der christlichen Nationen. Darum erscheint das verdrängte Tierische unter gefährlichen Formen, wenn es aus sich zur Oberfläche kommt, und führt, wenn es durchbricht, zur Selbstzerstörung, zum Selbstmord der Nationen.

Wenn aber jeder einzelne ein besseres Verhältnis zu seinem ‹Tiere› hätte, so hätte er eine andere Wertschätzung des Lebens. Dann wäre ihm ‹Leben› ein unbedingtes moralisches Prinzip, und er würde sich schon aus Instinkt gegen jede Institution oder Organisation sträuben, welche die Macht hat, das Leben in großem Umfange zu vernichten.» (3)

Die sechs Schwäne

Es jagte einmal ein König in einem großen Wald und jagte einem Wild so eifrig nach, daß ihm niemand von seinen Leuten folgen konnte. Als der Abend herankam, hielt er still und blickte um sich; da sah er, daß er sich verirrt hatte. Er suchte einen Ausgang, konnte aber keinen finden. Da sah er eine alte Frau mit wackelndem Kopfe, die auf ihn zukam; das war aber eine Hexe. «Liebe Frau», sprach er zu ihr, «könnt Ihr mir nicht den Weg durch den Wald zeigen?» – «O ja, Herr König», antwortete sie, «das kann ich wohl, aber es ist eine Bedingung dabei: wenn Ihr die nicht erfüllt, so kommt Ihr nimmermehr aus dem Wald und müßt darin Hungers sterben.» – «Was ist das für eine Bedingung?» fragte der König. «Ich habe eine Tochter», sagte die Alte, «die so schön ist, wie Ihr eine auf der Welt finden könnt, und wohl verdient, Eure Gemahlin zu werden, wollt Ihr die zur Frau Königin machen, so zeige ich Euch den Weg aus dem Walde.» Der König in der Angst seines Herzens willigte ein, und die Alte führte ihn zu ihrem Häuschen, wo ihre Tochter beim Feuer saß. Sie empfing den König, als wenn sie ihn erwartet hätte, und er sah wohl, daß sie sehr schön war, aber sie gefiel ihm doch nicht, und er konnte sie ohne heimliches Grausen nicht ansehen. Nachdem er das Mädchen zu sich aufs Pferd gehoben hatte, zeigte ihm die Alte den Weg, und der König gelangte wieder in sein königliches Schloß, wo die Hochzeit gefeiert wurde.

Der König war schon einmal verheiratet gewesen und hatte von seiner ersten Gemahlin sieben Kinder, sechs Knaben und ein Mädchen, die er über alles auf der Welt liebte. Weil er nun fürchtete, die Stiefmutter möchte sie nicht gut behandeln und ihnen gar ein Leid antun, so brachte er sie in ein einsames Schloß, das mitten in einem Walde stand. Es lag so verborgen, und der Weg war so schwer zu finden, daß er ihn selbst nicht gefunden hätte, wenn ihm nicht eine weise Frau ein Knäuel Garn von wunderbarer Eigenschaft geschenkt hätte; wenn er das vor sich hinwarf, so wickelte es sich von selbst los und zeigte ihm den Weg. Der König ging aber so oft hinaus zu seinen lieben Kindern, daß der Königin seine Abwesenheit auffiel; sie ward neugierig und wollte wissen, was er draußen ganz allein in dem Walde zu schaffen habe. Sie gab seinen Dienern viel Geld, und die verrieten ihr das Geheimnis und sagten ihr auch von dem Knäuel, das allein den Weg zeigen könnte. Nun hatte sie keine Ruhe, bis sie herausgebracht hatte, wo der König das Knäuel aufbewahrte, und dann machte sie kleine weißseidene Hemdchen, und da sie von ihrer Mutter die Hexenkünste gelernt hatte, so nähete sie einen Zauber hinein. Und als der König einmal auf die Jagd geritten war, nahm sie die Hemdchen und ging in den Wald, und das Knäuel zeigte ihr den Weg. Die Kinder, die aus der Ferne jemand kommen sahen, meinten, ihr lieber Vater käme zu ihnen, und sprangen ihm voll Freude entgegen. Da warf sie über ein jedes eins von den Hemdchen, und wie das ihren Leib berührt hatte, verwandelten sie sich in Schwäne und flogen über den Wald hinweg. Die Königin ging ganz vergnügt nach Haus und glaubte, ihre Stiefkinder los zu sein, aber das Mädchen war ihr mit den Brüdern nicht entgegengelaufen, und sie wußte nichts von ihm. Anderntags aber kam der König und wollte seine Kinder besuchen, er fand aber niemand als das Mädchen. «Wo sind deine Brüder?» fragte der König. «Ach, lieber Vater», antwortete es, «die sind fort und haben mich allein zurückgelassen» und erzählte ihm, daß es aus seinem Fensterlein mit angesehen habe, wie seine Brüder als Schwäne über den Wald weggeflogen wären, und zeigte ihm die Federn, die sie in dem Hof hatten fallen lassen und die es aufgelesen hatte. Der König trauerte, aber er dachte nicht, daß die Königin die böse Tat vollbracht hätte, und weil er fürchtete, das Mädchen würde ihm auch geraubt, so wollte er es mit fortnehmen. Aber es hatte Angst vor der Stiefmutter und bat den König, daß es nur noch diese Nacht im Waldschloß bleiben dürfte.

Das arme Mädchen dachte: «Meines Bleibens ist nicht länger hier, ich will gehen und meine Brüder suchen.» Und als die Nacht kam, entfloh es und ging gerade in den Wald hinein. Es ging die ganze Nacht durch und auch den andern Tag in einem fort, bis es vor Müdigkeit nicht weiterkonnte. Da sah es eine Wildhütte, stieg hinauf und fand eine Stube mit sechs kleinen Betten, aber es getraute nicht, sich in eins zu legen, sondern kroch unter eins, legte sich auf den harten Boden und wollte die Nacht da zubringen. Als aber die Sonne bald untergehen wollte, hörte es ein Rauschen und sah, daß sechs Schwäne zum Fenster hereingeflogen kamen. Sie setzten sich auf den Boden und bliesen einander an und bliesen sich alle Federn ab, und ihre Schwanenhaut streifte sich ab wie ein Hemd. Da sah sie das Mädchen an und erkannte ihre Brüder, freute sich und kroch unter dem Bett hervor. Die Brüder waren nicht weniger erfreut, als sie ihr Schwesterchen erblickten, aber ihre Freude war von kurzer Dauer. «Hier kann deines Bleibens nicht sein», sprachen sie zu ihm, «das ist eine Herberge für Räuber: wenn die heimkommen und finden dich, so ermorden sie dich.» – «Könnt ihr mich denn nicht beschützen?» fragte das Schwesterchen. «Nein», antworteten sie, «denn wir können nur eine Viertelstunde lang jeden Abend unsere Schwanenhaut ablegen und haben in dieser Zeit unsere menschliche Gestalt, aber dann werden wir wieder in Schwäne verwandelt.» Das Schwesterchen weinte und sagte: «Könnt ihr denn nicht erlöst werden?» – «Ach nein», antworteten sie, «die Bedingungen sind zu schwer. Du darfst sechs Jahre lang nicht sprechen und nicht lachen und mußt in der Zeit sechs Hemdchen für uns aus Sternenblumen zusammennähen. Kommt ein einziges Wort aus deinem Munde, so ist alle Arbeit verloren.» Und als die Brüder das gesprochen hatten, war die Viertelstunde herum, und sie flogen als Schwäne wieder zum Fenster hinaus.

Das Mädchen aber faßte den festen Entschluß, seine Brüder zu erlösen, und wenn es auch sein Leben kostete. Es verließ die Wildhütte, ging mitten in den Wald und setzte sich auf einen Baum und brachte da die Nacht zu. Am andern Morgen ging es aus, sammelte Sternblumen und fing an zu nähen. Reden konnte es mit niemandem, und zum Lachen hatte es keine Lust: es saß da und sah nur auf seine Arbeit. Als es schon lange Zeit da zugebracht hatte, geschah es, daß der König des Landes in dem Wald jagte und seine Jäger zu dem Baum kamen, auf welchem das Mädchen saß. Sie riefen es an und sagten: «Wer bist du?» Es gab aber keine Antwort. «Komm herab zu uns», sagten sie, «wir wollen dir nichts zuleid tun.» Es schüttelte bloß mit dem Kopf. Als sie es weiter mit Fragen bedrängten, so warf es ihnen seine goldene Halskette herab und dachte, sie damit zufriedenzustellen. Sie ließen aber nicht ab; da warf es ihnen seinen Gürtel herab und, als auch dies nicht half, seine Strumpfbänder und nach und nach alles, was es anhatte und entbehren konnte, so daß es nichts mehr als sein Hemdlein behielt. Die Jäger ließen sich aber damit nicht abweisen, stiegen auf den Baum, hoben das Mädchen herab und führten es vor den König. Der König fragte: «Wer bist du? Was machst du auf dem Baum?» Aber es antwortete nicht. Er fragte es in allen Sprachen, die er wußte, aber es blieb stumm wie ein Fisch. Weil es aber so schön war, so ward des Königs Herz gerührt, und er faßte eine große Liebe zu ihm. Er tat ihm seinen Mantel um, nahm es vor sich aufs Pferd und brachte es in sein Schloß. Da ließ er ihm reiche Kleider antun, und es strahlte in seiner Schönheit wie der helle Tag, aber es war kein Wort aus ihm herauszubringen. Er setzte es bei Tisch an seine Seite, und seine bescheidenen Mienen und seine Sittsamkeit gefielen ihm so sehr, daß er sprach: «Diese begehre ich zu heiraten und keine andere auf der Welt», und nach einigen Tagen vermählte er sich mit ihr.

Der König aber hatte eine böse Mutter, die war unzufrieden mit dieser Heirat und sprach schlecht von der jungen Königin. «Wer weiß, wo die Dirne her ist», sagte sie, «die nicht reden kann: sie ist eines Königs nicht würdig.» Über ein Jahr, als die Königin das erste Kind zur Welt brachte, nahm es ihr die Alte weg und bestrich ihr im Schlafe den Mund mit Blut. Da ging sie zum König und klagte sie an, sie wäre eine Menschenfresserin. Der König wollte es nicht glauben und litt nicht, daß man ihr ein Leid antat. Sie saß aber beständig und nähete an den

Hemden und achtete auf nichts anderes. Das nächste Mal, als sie wieder einen schönen Knaben gebar, übte die falsche Schwiegermutter denselben Betrug aus, aber der König konnte sich nicht entschließen, ihren Reden Glauben beizumessen. Er sprach: «Sie ist zu fromm und gut, als daß sie so etwas tun könnte, wäre sie nicht stumm und könnte sie sich verteidigen, so würde ihre Unschuld an den Tag kommen.» Als aber das dritte Mal die Alte das neugeborene Kind raubte und die Königin anklagte, die kein Wort zu ihrer Verteidigung vorbrachte, so konnte der König nicht anders, er mußte sie dem Gericht übergeben, und das verurteilte sie, den Tod durchs Feuer zu erleiden.

Als der Tag herankam, wo das Urteil sollte vollzogen werden, da war zugleich der letzte Tag von den sechs Jahren herum, in welchen sie nicht sprechen und nicht lachen durfte, und sie hatte ihre lieben Brüder aus der Macht des Zaubers befreit. Die sechs Hemden waren fertig geworden, nur daß an dem letzten der linke Ärmel noch fehlte. Als sie nun zum Scheiterhaufen geführt wurde, legte sie die Hemden auf ihren Arm, und als sie oben stand und das Feuer eben sollte angezündet werden, so schaute sie sich um: da kamen sechs Schwäne durch die Luft dahergezogen. Da sah sie, daß ihre Erlösung nahte, und ihr Herz regte sich in Freude. Die Schwäne rauschten zu ihr her und senkten sich herab, so daß sie ihnen die Hemden überwerfen konnte: und wie sie davon berührt wurden, fielen die Schwanenhäute ab, und ihre Brüder standen leibhaftig vor ihr und waren frisch und schön; nur dem jüngsten fehlte der linke Arm, und er hatte dafür einen Schwanenflügel am Rücken. Sie herzten und küßten sich, und die Königin ging zu dem Könige, der ganz bestürzt war, und fing an zu reden und sagte: «Liebster Gemahl, nun darf ich sprechen und dir offenbaren, daß ich unschuldig bin und fälschlich angeklagt» und erzählte ihm von dem Betrug der Alten, die ihre drei Kinder weggenommen und verborgen hätte. Da wurden sie zu großer Freude des Königs herbeigeholt, und die böse Schwiegermutter wurde zur Strafe auf den Scheiterhaufen gebunden und zu Asche verbrannt. Der König aber und die Königin mit ihren sechs Brüdern lebten lange Jahre in Glück und Frieden.

Die sechs Schwäne
(Interpretation)

Ein Teil von uns ist Tier und will erlöst, das heißt bewußt, werden. Die Schwanenbrüder wären so gesehen die unbewußten Seelenanteile, Fähigkeiten oder Anlagen der Heldin, die ihrer Verwirklichung harren. Die beiden Märchen erzählen uns etwas über die fruchtbaren Sehnsüchte, Schmerzen und Mühen des Individuationsprozesses und das Ziel, das den Helden erwartet. In den meisten Märchen ist es ein Tiergatte (Mann oder Frau), Prinz oder Prinzessin), der erlöst werden muß. Hier dagegen steht uns die Vielzahl der Brüder (sechs oder elf) gegenüber. Wie ich im nächsten Kapitel den Tiergatten als die gegengeschlechtliche Hälfte (Anima das Mannes oder Animus der Frau) deute, könnte man die Tierbrüder der Heldin hier ebenfalls als ihre männlichen Seelenanteile verstehen, denn vom Animus sagt Jung, daß er (anders als die Anima) oft in einer Vielzahl oder als Gruppe auftrete. (1)

In diesen beiden Märchen möchte ich die Schwäne aber zunächst ganz allgemein als die fehlenden Teile, die zur Ganzheit der Heldin notwendig sind, verstehen. Die Zahlen Sechs und Elf deuten darauf hin. Die Sieben bedeutet einen abgeschlossenen Entwicklungsprozeß, und mit der Heldin zusammen ergeben die Schwäne eine Einheit von sieben. Sieben Jahre braucht der Körper, um sich zu erneuern. Sieben Jahre sind auch ein Zeitraum für einen seelischen Entwicklungsabschnitt. Sieben Tage hat die Woche. Sieben Chakren oder Energiezentren sind über den menschlichen Körper verteilt. Sieben Planeten waren den Menschen im Mittelalter bekannt, wobei sie Sonne und Mond dazuzählten. Und die Elf ergibt mit der Heldin eine Zwölf. Zwölf Monate hat das Jahr. Zwölf ist ein Dutzend, eine gebräuchliche Einheit. Zwölf Stunden braucht der Uhrzeiger, bis er seinen Kreislauf einmal vollzogen hat. Und zwölf ist die Zahl des mittelalterlichen Fixsternhimmels. Wir haben also Zahlen vor uns, die auch mit zeitlichen Ganzheiten zu tun haben. Was könnte den Individuationsprozeß besser symbolisieren? Und was Zeit braucht, erfordert Geduld und Ausdauer. Das ist die große Tugend, die wir von dieser Heldin lernen können.

Warum werden die Brüder zu wilden Schwänen? Sie werden, wie immer im Märchen, verwunschen von einer Kraft, die die ursprüngliche Ganzheit zerstört, der bösen Stiefmutter, von der wir an anderer Stelle ausführlicher sprechen wollen. Ist es unsere Erziehung, die nur einen bestimmten Teil des Menschlichen zuläßt und kultiviert und uns zwingt, den Rest des Menschlichen und unserer Anlagen zu vergessen? Wild sind die Schwäne; sie gehören nicht in die Kulturwelt, die Gesellschaft der Menschen, sondern in die Natur, ins Unbewußte. Oder ist es notwendig, daß, damit das Bewußtsein überhaupt entstehen kann, ein anderer Teil von uns unbewußt werden muß? Bewußtsein bedeutet Beschränkung. Alle Möglichkeiten können nicht auf einmal bewußt werden. Bewußtsein bedeutet ein Nacheinander. Zuerst entwickelt sich das Ego und trennt uns von der Einheit. Das ursprüngliche Paradies geht verloren. Und danach muß dann im Laufe des Individuationsprozesses die neue bewußte Einheit des Selbst erreicht werden. Dies ist der Weg, den Elisa geht. Aber weshalb wirft die böse Stiefmutter Hemden über die Brüder? Dies könnte man mit der kollektiven Beschreibung der Welt, die wir erlernen und die uns dann die Wirklichkeit überlagert und unbewußt werden läßt, vergleichen. Wir sehen nicht mehr den Mond, sondern nur noch den Finger, der zum Mond zeigt. Wir unterscheiden getrennte Formen und vergessen dabei, daß in Wirklichkeit alles von einer grundlegenden Einheit ist, daß die Essenz von allem Leerheit ist (sunyata). Die geistige, unsichtbare Wirklichkeit, für die die böse Stiefmutter, die nur das Sinnliche kennt, keinen Sinn hat, wird von den sichtbaren Formen verdeckt. Der Mensch wird gespalten: innerlich von seiner unbewußten Natur und äußerlich von der Wirklichkeit, die er nicht mehr erkennen kann und mit Projektionen überlagert. Hier verhüllen die Hemden verschiedene Teile der Persönlichkeit der Heldin. Warum werden die Brüder gerade zu Schwänen? Der Schwan symbolisiert häufig den unbewußten Geist oder die Seele. Er tritt in vielen Mythen als Animus der Frau auf. Der Schwan ist ein Luft- und Wassertier. Luft ist Geist, und Wasser ist Seele oder das Unbewußte. Also ist er ein geeignetes Symbol für den unbewußten Geist.

Folgen wir der Heldin jetzt auf ihrem Weg oder ihrem Individuationsprozeß: zuerst im Grimmschen Märchen und dann Elisa in Andersens Märchen. In beiden Märchen verläßt die Heldin das Elternhaus, wo die böse Stiefmutter herrscht, und macht sich auf den Weg ins Unbekannte, auf die Suche nach ihren Brüdern, also ihrer Ganzheit. Der Individuationsprozeß beginnt. In Andersens Märchen wird ihre ursprüngliche Schönheit von der Stiefmutter vorher im Bade noch mit Häßlichkeit überzogen, die sie später in der reinen Natur erkennt (Selbsterkenntnis) und abwaschen kann. Der Mensch verliert seine ursprüngliche Schönheit und seinen Reichtum, erfahren wir, durch die Beeinträchtigungen der Stiefmutter, der falschen, sekundären Natur (oder auch durch das Gesetz, das Bewußtwerdung und damit Trennung und Beschränkung will), doch was einem wirklich gehört, kann einem nicht genommen werden.

Wo findet das Mädchen im Grimmschen Märchen seine Brüder? Wie so oft im Märchen beginnt sein Abenteuer im tiefen Wald. In der Nacht ist es entflohen. In der Nacht ist es, wo wir die gelernte Beschreibung der Welt hinter uns lassen und in die Welt der Seele eingehen können. Im Traum haben wir die Möglichkeit, ins Unbewußte einzutreten. Dort findet das Mädchen nach unermüdlicher Suche – «bis es vor Müdigkeit nicht weiter konnte», also bis es an seinen Grenzen, den Grenzen des Bewußtseins, angelangt ist – seine Brüder. Nachts dürfen die unbewußten Seelenanteile menschlich, das heißt bewußt, werden und uns im Traum gegenübertreten. Woher erfährt das Mädchen, wie seine Schwanenbrüder zu erlösen sind? Es sind die Brüder selbst, die den Schlüssel liefern. Die unbewußte Natur in uns verrät uns selbst das Geheimnis, wie sie zu erlösen ist, wie sie bewußt werden kann. Sie treffen sich in einer Herberge für Räuber und können nicht länger dort bleiben. Zu lange im Unbewußten zu verharren wäre gefährlich. Es könnte einen Einbruch (Räuber) ins Bewußtsein verursachen. Das Mädchen muß wieder in die Menschenwelt zurück, genau wie auch der Junge im *«Eisenhans»* wieder aus dem Wald mußte. Diese tritt in

Gestalt des jungen Königs an das Mädchen heran, der es nun als seine Braut mit aufs Schloß nimmt. Es wäre einem Menschen, dem seine Ganzheit nicht erstes Ziel im Leben ist, jetzt ein leichtes, die schwierige Aufgabe zu vergessen und sich vom äußerlichen Glück des Königshofes verführen zu lassen. Wie leicht könnte solch ein Mensch die Schmerzen des vergangenen Leids narkotisieren, durch Zerstreuung und äußerlichen Reichtum den innerlichen Reichtum (es ist ja ihre Schönheit, die so beeindruckt) verkaufen. Doch nicht die Märchenheldin: Sie vergißt ihre Brüder und ihre Aufgabe nicht. Die Erlösung der Brüder ist ihr mehr wert als das Leben: «Das Mädchen faßte den festen Entschluß, seine Brüder zu erlösen und koste es ihr Leben.» Zu groß ist der Schmerz, unvollständig zu sein, und die Sehnsucht nach Ganzheit – ein religiöser Mensch also im wahrsten Sinne des Wortes, ein Mensch, dem ein Leben ohne Sinn unerträglich wäre. Es geht eine Anziehung oder ein Zauber von jedem schöpferischen Menschen aus. Im Märchen wird er Schönheit genannt.

Doch sie erregt Mißtrauen, denn sie kann ja nicht sprechen, und sie ist traurig. «Sprechen durfte sie nicht und zum Lachen hatte sie keine Lust.» Traurig muß sie sein, weil Individuation weh tut. Zu viel Energie fließt ins Unbewußte, um dort ihr Werk zu vollbringen. Und stumm muß sie sein, weil ein Mensch, in dem das alchemistische Werk der inneren Umgestaltung sich vollzieht – diese Schwangerschaft der Seele –, selbst nicht erklären kann, was denn los mit ihm ist.

Es ist einfach nicht begründbar. Es ist das Ursprüngliche, das Unableitbare, was da in ihm wirkt. Alles, was er tun kann, ist glauben und vertrauen. Würde er über seine Gefühle sprechen, die die anderen gar nicht kennen, würde er Perlen vor die Säue werfen. Das Kind seiner Seele ist ein so zartes Wesen, das da am entstehen ist, daß es noch geschützt werden muß vor den Blicken der anderen und geheimgehalten werden muß. Es ist ein zartes Gewebe, das die Seele da geduldig weben muß, indem sie Sternenblume an Sternenblume reiht, Kleinstes an Kleinstes. Welche Geduld dazu erforderlich ist! Wie immer bei jedem natürlichen Prozeß, der sich nicht planen, bestellen oder beschleunigen läßt. Alles hat seine Zeit in der Natur. Geschwindigkeit und Eile, Berechnung und Planung sind eine Erfindung des mechanistischen Denkens. Die Sprache der

Seele wird vom kollektiven Bewußtsein nicht verstanden. Die mythische, bildhafte Sprache der Seele wird eher als verrückt erklärt, auch heute noch, nachdem Jung ihr zur Emanzipation verholfen hat. Das bedeutet, daß das Mädchen stumm sein muß. Aber ebenso könnte man dieses Stummseinmüssen auch als einen meditativen Zustand verstehen, in dem das alchemistische Werk vollbracht wird.

Mißtrauisch nur kann die böse Mutter des jungen Königs einem solchen Menschen gegenüber sein, denn sie repräsentiert ja das verhärtete, unnatürliche Bewußtsein, die verdorbene, verkrüppelte Natur oder auch das autoritäre Gewissen. Dieses lästert dem Bewußtsein des Königs – oder dem kollektiven Bewußtsein – ins Ohr und schafft Mißtrauen gegenüber der natürlichen Wahrheit. Das autoritäre Gewissen will Anpassung an die äußeren Mächte. Es steht in Konkurrenz mit der Individuation oder dem humanistischen Gewissen, das unser Wachstum und unsere Entwicklung und Produktivität will. Hier unterschlägt sie (die Schwiegermutter) die Ergebnisse der Produktivität der Heldin und verdreht die Wahrheit. Der König hört auf das Kollektivgewissen, weil er keinerlei Unterscheidungsvermögen für die Dinge der Innenwelt besitzt. Er versteht seine Frau nicht.

Könnte man den König als einen Animusaspekt der Heldin verstehen? Erich Neumann hat gezeigt, daß es zwei Schichten des Animus gibt. Es gibt eine innere Schicht, den schöpferischen Animus, den wir auch schon als Brückenbauer bezeichnet haben, der die Frau ins kollektive Unbewußte führt, und eine äußere Schicht, einen Animus, der die Werte und Fähigkeiten des Mannes in unserer patriarchalen Gesellschaft vertritt; er spiegelt also das Bild wider, das die Frau vom Mann in der Gesellschaft hat. Der König in diesem Märchen könnte so gesehen auch diese äußere Schicht des Animus der Heldin verkörpern. Man könnte von ihm dasselbe sagen wie Jung über diesen Standpunkt im Zusammenhang mit der Figur des Epimetheus in Spittelers «Prometheus und Epimetheus»:

> «Er läßt sich ausschließlich durch Kollektivwerte bestimmen und übersieht dadurch das Neue und Einzigartige, wie es dem am Objekt orientierten Kollektivstandpunkt bekanntlich immer geht.

Mit objektivem Maßstab können wohl kurrente Kollektivwerte gemessen werden, nicht aber Neugeschaffenes, dem nur freie Schätzung – eine Sache des lebendigen Gefühls – die richtige Bewertung geben kann. Dazu gehört aber ein Mensch, der eine ‹Seele› hat und nicht bloß Beziehungen zu äußeren Objekten. Der Niedergang des Epimetheus beginnt mit dem Verlust des neugeborenen Gottesbildes [im Märchen ist es das Kind]. Sein moralisch unanfechtbares Denken, Fühlen und Handeln schließt keineswegs aus, daß mehr und mehr das Böse, das Destruktive und Leere sich einschleichen [die böse Mutter]. Diese Invasion des Bösen bedeutet eine Verwandlung des vorher Guten in eine Schädlichkeit. Damit drückt Spitteler aus, daß das bisherige moralische Prinzip zwar zuerst durchaus trefflich ist, mit der Zeit aber den Zusammenhang mit dem Leben verliert, indem es die Fülle der Lebenerscheinungen nicht in sich fassen kann. Das rational Richtige ist ein zu enger Begriff, als daß es das Leben im ganzen und auf die Dauer genügend erfassen und ausdrücken könnte. Das irrationale Geschehen der Gottesgeburt aber steht außerhalb der rationalen Geschehnisschranken. Die Gottesgeburt will psychologisch sagen, daß ein neues Symbol, ein neuer Ausdruck der höchsten Lebensintensität geschaffen sei. Alles Epimetheische im Menschen und alle epimetheischen Menschen erweisen sich als unfähig, dieses Ereignis zu fassen.» (2)

Für die autoritäre Moral – in diesem Märchen die böse Mutter – ist das Neugeborene eine gefährliche Konkurrenz, denn das Kind bedeutet ja Selbstverwirklichung, Entwicklung, Produktivität, kurz die Dynamik des Selbst.

«Der Mensch vergißt nämlich immer wieder, daß etwas, das einstmals gut war, nicht immer und ewig gut bleibt. Er geht aber die alten Wege, die einstmals gut waren, noch lange, wenn sie schon schlecht geworden sind, und er kann sich nur mit den größten Opfern und unter unerhörten Mühen damit abfinden, daß das einstmals Gute heute vielleicht alt geworden und nicht mehr gut ist.» (3)

Im Märchen gibt es in diesem Sinne deshalb die böse Alte, aber in anderem, positivem Sinne auch die weise alte Frau oder den alten

Weisen, die die ewige Weisheit des kollektiven Unbewußten vertreten.

Warum müssen die drei Kinder der jungen Königin verschwinden? Oft muß im Märchen etwas zweimal mißlingen, um beim dritten Mal endlich zu gelingen. Hier entpuppt sich die böse Königin nicht nur als veraltete kollektive Moral, sondern auch als verschlingender Aspekt des unerlösten Unbewußten. Die beiden arbeiten häufig Hand in Hand. Das Kind erscheint hier als das erlösende Symbol, eine Erfahrung oder Ahnung von Ganzheit, die aber noch nicht stabil genug ist, um nicht wieder von Resten des Unbewußten verschlungen zu werden. (Diesen Kindesraub durch die böse Alte finden wir in anderer Form auch im Märchen von *«Brüderchen und Schwesterchen»* und in dem von den *«Drei Männlein im Walde».)* Jung beschreibt einen ähnlichen Vorgang im Zusammenhang mit der Entstehung des vereinigenden Symbols in Spittelers «Prometheus und Epimetheus»:

> «Dieser Gedanke ist eine mythologische Projektion der unbewußten Wahrnehmung, daß die Erlöserwirkung immer wieder vereitelt wird durch die Gegenwart eines unerlösten Stückes im Unbewußten ... So wurde es [das Symbol] in seiner reinen Gestalt nicht angenommen, sondern es wurde von den archaischen und undifferenzierten Mächten verschlungen, wobei die bewußte Moralität und Ästhetik noch kräftig mithalfen.» (4)

Erst beim dritten Male ist Elisa (*Die wilden Schwäne*) so weit, daß auch der Rest erlöst werden kann. Drei steht für die Synthese, die Vereinigung der Gegensätze. Erst wenn auch der letzte Rest von Unwissenheit oder Unbewußtheit beseitigt, der letzte der Tierbrüder erlöst ist, ist die verschlingende Macht des Unbewußten beseitigt.

Am Ziel steht die Ganzheit. Doch warum muß einer der Schwäne, genauer gesagt der jüngste Bruder, seinen Schwanenflügel behalten? Das kollektive Unbewußte reicht ins Unendliche und kann deshalb nie ganz ausgeschöpft, nie vollständig bewußt gemacht werden. Und warum wird die böse Schwiegermutter am Ende verbrannt? Ist es eine der Grausamkeiten der Märchen, die so viele Mütter ihren Kindern gerne vorenthalten möchten, weil sie den symbolischen Sinn nicht verstanden haben? Wenn die Natur ihre ursprüngliche Reinheit zurückerhält, dann verbrennen die Schlacken, dann schmilzt der Panzer, dann hat die emotionale Pest ihr Ende gefunden, und dann wird die Schikanierung durch das autoritäre Gewissen und die Beschreibung der Welt durchschaut und findet ebenfalls ihr Ende. Jetzt werden im Grimmschen Märchen die drei Kinder der Königin zurückgebracht. Jetzt findet eine Kettenreaktion statt. Jetzt wird alles, was der Unbewußtheit verfallen war, auf einmal hochgespült ins Bewußtsein. Alle Energie, die in diesem Prozeß scheinbar verlorenging, weil sie ins Unbewußte fließen mußte, erhält das Bewußtsein jetzt auf einmal zurück. Die drei Kinder stehen für die Ganzheit der Heldin, genau wie die sechs erlösten Brüder. Noch deutlicher wird die Ganzheit des Selbst und ihre Auswirkungen in Andersens Märchen geschildert, wo die Einheit in der Psyche auch Synchronizitäten in der Natur bewirkt. Und das bedeutet: Nicht nur Bewußtsein und Unbewußtes, sondern Mensch und Umwelt haben zu einer neuen Einheit und Harmonie gefunden.

Die wilden Schwäne

Weit von hier, da wo die Schwalben hinfliegen, wenn wir Winter haben, wohnte ein König, der elf Söhne und eine Tochter Elisa hatte. Die elf Brüder waren Prinzen, gingen mit dem Stern auf der Brust und dem Säbel an der Seite in die Schule; sie schrieben mit Diamantgriffeln auf Goldtafeln und lernten ebensogut auswendig, als sie lasen; man konnte gleich hören, daß sie Prinzen waren. Die Schwester Elisa saß auf einem kleinen Schemel von Spiegelglas und hatte ein Bilderbuch, welches für das halbe Königreich erkauft war.

O, die Kinder hatten es so gut, aber so sollte es nicht immer bleiben!

Ihr Vater, der König über das ganze Land war, verheiratete sich mit einer bösen Königin, die den armen Kindern gar nicht gut war. Schon am ersten Tage konnten sie es merken; auf dem ganzen Schlosse war große Pracht, und da spielten die Kinder: es kommt Besuch; aber statt daß sie wie sonst allen Kuchen und alle gebratenen Äpfel erhielten, die nur zu haben waren, gab sie ihnen nur Sand in einer Teetasse und sagte, sie könnten tun, als ob es etwas wäre.

Die Woche darauf brachte sie die kleine Schwester Elisa auf das Land zu einem Bauernpaare, und lange währte es nicht, da redete sie dem König so viel von den armen Prinzen vor, daß er sich gar nicht mehr um sie kümmerte. –

«Fliegt hinaus in die Welt und ernährt euch selbst!» sagte die böse Königin, «fliegt wie große Vögel, ohne Stimme!» Aber sie konnte es doch nicht so schlimm machen, wie sie gern wollte; sie wurden elf herrliche wilde Schwäne. Mit einem sonderbaren Schrei flogen sie aus den Schloßfenstern hinaus über den Park und Wald dahin.

Es war noch ganz früh am Morgen, als sie da vorbeikamen, wo die Schwester Elisa in der Stube des Landmanns lag und schlief. Hier schwebten sie über dem Dache, drehten ihre langen Hälse und schlugen dann mit den Flügeln, aber niemand hörte oder sah es; sie mußten wieder weiter, hoch gegen die Wolken empor, hinaus in die weite Welt, da flogen sie hin nach einem großen dunklen Wald, der sich bis an den Strand erstreckte.

Die arme kleine Elisa stand in der Stube des Landmannes und spielte mit einem grünen Blatte, anderes Spielzeug hatte sie nicht; und sie stach ein Loch in das Blatt, sah da hindurch gegen die Sonne empor, und da war es, als sähe sie ihrer Brüder klare Augen, und jedesmal, wenn die warmen Sonnenstrahlen auf ihre Wange schienen, gedachte sie aller ihrer Küsse.

Ein Tag verging ebenso wie der andere. Strich der Wind durch die großen Rosenhecken draußen vor dem Hause, so flüsterte er den Rosen zu: «Wer kann schöner sein als ihr?» Aber die Rosen schüttelten das Haupt und sagten: «Elisa ist es!» Und saß die alte Frau am Sonntage an der Tür und las in ihrem Gesangbuche, so wendete der Wind die Blätter um und sagte zum Buche: «Wer kann frömmer sein als du?» – «Elisa ist es!» sagte das Gesangbuch, und es war die reine Wahrheit, was die Rosen und das Gesangbuch sagten.

Als sie fünfzehn Jahr alt war, sollte sie nach Hause; und als die Königin sah, wie schön sie war, wurde sie ihr gram und voll Haß; gern hätte sie sie in einen wilden Schwan verwandelt, wie die Brüder, aber das wagte sie nicht gleich, weil ja der König seine Tochter sehen wollte.

Früh des Morgens ging die Königin in das Bad, welches von Marmor erbaut und mit weichen Kissen und den prächtigsten Decken geschmückt war, und sie nahm drei Kröten, küßte sie, und sagte zu der einen: «Setze dich auf Elisas Kopf, wenn sie in das Bad kommt, damit sie dumm wird wie du!» «Setze dich auf ihre Stirn», sagte sie zur andern, «damit sie häßlich wird, wie du, so daß ihr Vater sie nicht kennt!» «Ruhe an ihrem Herzen», flüsterte sie der dritten zu, «laß sie einen bösen Sinn erhalten, damit sie Schmerzen davon habe!» Dann setzte sie die Kröten in das klare Wasser, welches sogleich eine grüne Farbe erhielt, rief Elisa, zog sie aus und ließ sie in das Wasser hinabsteigen, und indem sie untertauchte, setzte sich die eine Kröte ihr in das Haar, die andere auf ihre Stirn und die dritte auf die Brust, aber Elisa schien es gar nicht zu merken; sobald sie sich emporrichtete schwammen drei rote Mohnblumen auf dem Wasser. Wären die Tiere nicht giftig gewesen und von der Hexe geküßt worden, so wären sie in rote Rosen verwandelt worden, aber Blumen wurden sie doch, weil sie auf ihrem Haupte und ihrem Herzen geruht hatten; sie war zu fromm und unschuldig, als daß die Zauberei Macht über sie haben konnte.

Als die böse Königin das sah, rieb sie sie mit Walnußsaft ein, so daß sie ganz schwarzbraun wurde, bestrich das hübsche Antlitz mit einer stinkenden Salbe und ließ das herrliche Haar sich verwirren; es war unmöglich, die schöne Elisa wiederzuerkennen.

Als der Vater sie sah, erschrak er sehr und sagte, es sei nicht seine Tochter. Niemand außer dem Kettenhunde und den Schwalben wollte sie erkennen, aber das waren arme Tiere, die nichts zu sagen hatten.

Da weinte die arme Elisa und dachte an ihre elf Brüder, die alle weg waren. Betrübt stahl sie sich aus dem Schlosse und ging den ganzen Tag über Feld und Moor bis in den großen Wald hinein. Sie wußte gar nicht, wohin sie wollte, aber sie fühlte sich so betrübt und sehnte sich nach ihren Brüdern; die waren sicher auch, gleich ihr, in die Welt hinausgejagt worden; die wollte sie suchen und finden.

Nur kurze Zeit war sie im Walde gewesen, ehe die Nacht einbrach; sie war ganz von Weg und Steg gekommen; da legte sie sich auf das weiche Moos nieder, betete ihr Abendgebet und lehnte ihr Haupt an einen Baumstumpf. Es war da so still, die Luft war so mild, und ringsumher im Grase und im Moose leuchteten, einem grünen Feuer gleich, Hunderte von Johanniswürmchen; als sie einen der Zweige leise mit der Hand berührte, fielen die leuchtenden Tierchen wie Sternschnuppen zu ihr nieder.

Die ganze Nacht träumte sie von ihren Brüdern; sie spielten

wieder als Kinder, schrieben mit dem Diamantgriffel auf die Goldtafeln und betrachteten das herrliche Bilderbuch, welches das halbe Reich gekostet hatte; aber auf die Tafel schrieben sie nicht, wie früher, Nullen und Striche, sondern die mutigen Taten, die sie vollführt hatten. Alles, was sie erlebt und gesehen hatten; und im Bilderbuche war alles lebendig, die Vögel sangen, und die Menschen gingen aus dem Buche heraus und sprachen mit Elisa und ihren Brüdern, aber wenn sie das Blatt umwandte, sprangen sie gleich wieder hinein, damit keine Unordnung hineinkäme.

Als sie erwachte, stand die Sonne schon hoch; sie konnte sie freilich nicht sehen, die hohen Bäume breiteten ihre Zweige dicht und fest aus, aber die Strahlen spielten dort oben gerade wie ein wehender Goldflor; da war ein Duft von dem Grünen, und die Vögel setzten sich fast auf ihre Schultern. Sie hörte das Wasser plätschern, das waren viele große Quellen, die alle in einen See flossen, in dem der herrlichste Sandboden war. Freilich wuchsen hier dichte Büsche ringsherum, aber an einer Stelle hatten die Hirsche eine große Öffnung gegraben, und hier ging Elisa zum Wasser hin, das war so klar, daß, hätte der Wind nicht die Zweige und Büsche berührt, so daß sie sich bewegten, sie hätte glauben müssen, sie wären auf dem Boden abgemalt gewesen, so deutlich spiegelte sich dort jedes Blatt, sowohl das, welches von der Sonne beschienen, als das, welches im Schatten war.

Sobald sie ihr eigenes Gesicht erblickte, erschrak sie, so braun und häßlich war es, doch als sie ihre kleine Hand benetzte und Augen und Stirne rieb, glänzte die weiße Haut wieder hervor; da entkleidete sie sich und ging in das frische Wasser hinein: ein schöneres Königskind, als sie war, wurde in dieser Welt nicht gefunden.

Als sie wieder angekleidet war und ihr langes Haar geflochten hatte, ging sie zur sprudelnden Quelle, trank aus der hohlen Hand und wanderte tiefer in den Wald hinein, ohne selbst zu wissen wohin. Sie dachte an ihre Brüder, dachte an den lieben Gott, der sie sicher nicht verlassen würde; er ließ die wilden Waldäpfel wachsen, um den Hungrigen zu sättigen; er zeigte ihr einen solchen Baum, die Zweige bogen sich unter der Last der Früchte, hier hielt sie ihre Mittagsmahlzeit, setzte Stützen unter dessen Zweige und ging dann in den dunkelsten Teil des Waldes hinein. Da war es so still, daß sie ihre eigenen Fußtritte hörte wie jedes kleine vertrocknete Blatt, welches sich unter ihrem Fuße bog; nicht ein Vogel war da zu sehen, nicht ein Sonnenstrahl konnte durch die großen dichten Baumzweige dringen; die hohen Stämme standen so nahe beisammen, daß, wenn sie sie gerade vor sich sah, es schien, als ob das eine Balkengitter, dicht bei dem anderen, sie umschlösse; oh, hier war eine Einsamkeit, wie sie solche früher nie gekannt!

Die Nacht wurde so dunkel; nicht ein einziger kleiner Johanniswurm leuchtete aus dem Moose. Betrübt legte sie sich nieder, um zu schlafen; da schien es ihr, als ob die Baumzweige über ihr sich zur Seite bewegten und der liebe Gott mit milden Augen auf sie niederblickte, und kleine Engel sahen über seinem Kopf und unter seinen Armen hervor.

Als sie am Morgen erwachte, wußte sie nicht, ob sie es geträumt habe oder ob es wirklich so gewesen.

Sie ging einige Schritte vorwärts, da begegnete sie einer alten Frau mit Beeren in ihrem Korbe; die Alte gab ihr einige davon. Elisa fragte, ob sie nicht elf Prinzen durch den Wald habe reiten sehen.

«Nein!» sagte die Alte, «aber ich sah gestern elf Schwäne mit Goldkronen auf dem Haupte den Fluß hier nahebei hinabschwimmen!»

Und sie führte Elisa ein Stück weiter vor zu einem Abhange; am Fuße desselben schlängelte sich ein Flüßchen; die Bäume an seinen Ufern streckten ihre langen blattreichen Zweige einander entgegen, und wo sie, ihrem natürlichen Wuchse nach, nicht zusammenreichen konnten, da hatten sie die Wurzeln aus der Erde losgerissen und hingen, mit den Zweigen ineinandergeflochten, über das Wasser hinaus.

Elisa sagte der Alten Lebewohl und ging längs des Flüßchens dorthin, wo dieses in den großen offenen Strand hinausfloß.

Das ganze herrliche Meer lag vor dem jungen Mädchen; aber nicht ein Segel zeigte sich darauf, nicht ein Boot war da zu sehen, wie sollte sie nun weiter fort kommen? Sie betrachtete die unzähligen kleinen Steine am Ufer; das Wasser hatte sie alle rund geschliffen. Glas, Eisen, Steine, alles, was da zusammengespült lag, hatte die Gestalt des Wassers angenommen, welches doch viel weicher war als ihre feine Hand. «Das rollet unermüdlich fort, und so ebnet sich das Harte, ich will ebenso unermüdlich sein. Dank für eure Lehre, ihr klaren rollenden Wogen; einst, das sagt mir mein Herz, werdet ihr mich zu meinen lieben Brüdern tragen!»

Auf dem angespülten Seegrase lagen elf weiße Schwanenfedern; sie sammelte sie in einen Strauß, es lagen Wassertropfen darauf; ob es Tau oder Tränen waren, konnte niemand sehen. Einsam war es dort am Strande, aber sie fühlte es nicht; denn das Meer bot eine ewige Abwechslung dar, ja, in einigen wenigen Stunden mehr, als die süßen Landseen in einem ganzen Jahre ausweisen können. Kam eine große schwarze Wolke, so war das, als ob die See sagen wollte: ich kann auch finster aussehen, und dann blies der Wind, und die Wogen kehrten das Weiße nach außen; schienen aber die Wolken rot und schliefen die Winde, so war das Meer einem Rosenblatte gleich; bald wurde es grün, bald weiß, aber wie still es auch ruhte, war doch am Ufer eine leise Bewegung; das Wasser hob sich schwach, wie die Brust eines schlafenden Kindes.

Als die Sonne im Begriff war unterzugehen, sah Elisa elf wilde Schwäne mit Goldkronen auf dem Kopfe dem Lande zufliegen, sie schwebten der eine hinter dem andern; es sah aus wie ein langes weißes Band; da stieg Elisa den Abhang hinauf und verbarg sich hinter einem Busch; die Schwäne ließen sich nahe bei ihr nieder und schlugen mit ihren großen, weißen Schwingen.

Sowie die Sonne unter dem Wasser war, fielen plötzlich die Schwanengefieder, und elf schöne Prinzen, Elisas Brüder, standen da. Sie stieß einen lauten Schrei aus; ungeachtet sie sich sehr verändert hatten, so wußte sie, daß sie es waren, fühlte, daß sie es sein müßten; und sie sprang in ihre Arme, nannte sie bei Namen, und sie fühlten sich so glücklich, als sie ihre kleine Schwester sahen, und erkannten sie, die nun so groß und schön war. Sie lachten und sie weinten, und bald hatten sie einander verstanden, wie böse ihre Stiefmutter gegen sie alle gewesen war.

«Wir Brüder», sagte der Älteste, «fliegen als wilde Schwäne, solange die Sonne am Himmel steht; sobald sie unter ist, erhalten wir unsere menschliche Gestalt wieder; deshalb müssen wir immer aufpassen, beim Sonnenuntergang eine Ruhestätte für die Füße zu haben; denn fliegen wir um diese Zeit gegen die Wolken an, so müssen wir als Menschen in die Tiefe hinunterstürzen. Hier wohnen wir nicht; es liegt ein ebenso schönes Land, wie dieses, jenseits der See; aber der Weg dahin ist weit, wir müssen über das große Meer, und es findet sich keine Insel auf unserm Wege, wo wir übernachten könnten, nur eine einsame kleine Klippe ragt in der Mitte daraus hervor; sie ist nicht größer, als daß wir dicht nebeneinander darauf ruhen können; ist die See stark bewegt, so spritzt das Wasser hoch über uns; aber doch danken wir Gott für sie. Da übernachten wir in unserer Menschengestalt, ohne diese könnten wir nie unser liebes Vaterland besuchen, denn zwei der längsten Tage des Jahres brauchen wir zu unserer Flucht. Nur einmal im Jahre ist es uns vergönnt, unsere Heimat zu besuchen, elf Tage können wir hierbleiben, über den großen Wald hinfliegen, von wo wir das Schloß erblicken können, wo wir geboren wurden und wo unser Vater wohnt, den hohen Kirchturm sehen, wo die Mutter begraben ist. – Hier kommt es uns vor, als wären Bäume und Büsche mit uns verwandt; hier laufen die wilden Pferde über die Steppen hin, wie wir es in unserer Kindheit gesehen; hier singt der Kohlenbrenner die alten Lieder, nach denen wir als Kinder tanzten, hier ist unser Vaterland; hierher fühlen wir uns gezogen, und hier haben wir dich, du liebe, kleine Schwester, gefunden! Zwei Tage können wir noch hierbleiben, dann müssen wir fort über das Meer nach einem herrlichen Lande, welches aber nicht unser Vaterland ist! Wie bringen wir dich fort? Wir haben weder Schiff noch Boot!»

«Auf welche Art kann ich euch erlösen?» sagte die Schwester.

Und sie unterhielten sich fast die ganze Nacht: es wurde nur einige Stunden geschlummert.

Elisa erwachte von dem Schall der Schwanenflügel, welche über ihr sausten. Die Brüder waren wieder verwandelt, und sie flogen in großen Kreisen und zuletzt weit weg, aber der eine von ihnen, der jüngste, blieb zurück; und der Schwan legte den Kopf in ihren Schoß, und sie streichelte seine Flügel; den ganzen Tag waren sie beisammen. Gegen Abend kamen die anderen zurück, und als die Sonne unter war, standen sie in ihrer natürlichen Gestalt da.

«Morgen fliegen wir von hier weg und können nicht vor Ablauf eines ganzen Jahres zurückkehren, aber dich können wir nicht so verlassen! Hast du Mut mitzukommen? Mein Arm ist stark genug, dich durch den Wald zu tragen, sollten wir da nicht alle so starke Flügel haben, um mit dir über das Meer zu fliegen.»

«Ja, nehmt mich mit!» sagte Elisa.

Die ganze Nacht brachten sie damit zu, ein Netz aus der geschmeidigen Weidenrinde und dem zähen Schilf zu flechten, und das wurde groß und stark. Auf dieses legte Elisa sich, und als die Sonne hervortrat und die Brüder in wilde Schwäne verwandelt wurden, ergriffen sie das Netz mit ihrem Schnabel und flogen mit ihrer lieben Schwester, die noch schlief, hoch gegen die Wolken an. Die Sonnenstrahlen fielen ihr gerade auf das Antlitz, deshalb flog einer der Schwäne über ihrem Kopf, damit seine breiten Schwingen sie beschatten möchten.

Sie waren weit vom Lande entfernt, als Elisa erwachte; sie glaubte noch zu träumen, so sonderbar kam es ihr vor, hoch durch die Luft, über das Meer getragen zu werden. An ihrer Seite lag ein Zweig mit herrlichen reifen Beeren und ein Bund wohlschmeckende Wurzeln; die hatte der jüngste der Brüder gesammelt und ihr hingelegt; sie lächelte ihn dankbar an, denn sie erkannte ihn, er war es, der über ihr flog und sie mit den Schwingen beschattete.

Sie waren so hoch, daß das größte Schiff, welches sie unter sich erblickten, eine weiße Möwe zu sein schien, die auf dem Wasser lag. Eine große Wolke stand hinter ihnen, das war ein ganzer Berg, und auf diesem sah Elisa ihren eigenen Schatten und den der elf Schwäne, so riesengroß flogen sie da; das war ein Gemälde, prächtiger als sie früher je eins gesehen; doch als die Sonne höherstieg und die Wolke weiter zurückblieb, verschwand das schwebende Schattenbild.

Den ganzen Tag flogen sie fort, gleich einem sausenden Pfeil durch die Luft, aber es ging doch langsamer als sonst, denn jetzt hatten sie die Schwester zu tragen. Es zog ein böses Wetter auf, der Abend näherte sich; ängstlich sah Elisa die Sonne sinken, und noch war die einsame Klippe im Meere nicht zu erblicken; es kam ihr vor, als machten die Schwäne stärkere Schläge mit den Flügeln. Ach! sie war Schuld daran, daß sie nicht rasch genug fortkamen; wenn die Sonne untergegangen war, so mußten sie Menschen werden, in das Meer stürzen und ertrinken. Da betete sie aus dem Innersten des Herzens ein Gebet zum lieben Gott; aber noch erblickte sie keine Klippe; die schwarze Wolke kam näher; die starken Windstöße verkündeten einen Sturm; die Wolken standen in einer einzigen großen drohenden Welle da, welche fast wie Blei vorwärtsschoß; Blitz leuchtete auf Blitz.

Jetzt war die Sonne gerade am Rande des Meeres. Elisas Herz bebte; da schossen die Schwäne hinab, so schnell, daß sie zu fallen glaubte; aber nun schwebten sie wieder. Die Sonne war halb unter dem Wasser; da erblickte sie erst die kleine Klippe unter sich, sie sah nicht größer aus, als ob es ein Seehund wäre, der den Kopf aus dem Wasser steckte. Die Sonne sank so schnell; jetzt erschien sie nur noch wie ein Stern, da berührte ihr Fuß den festen Grund, die Sonne erlosch gleich dem letzten Funken im brennenden Papier; Arm in Arm sah sie die Brüder um sich stehen; aber mehr Platz, als gerade für diese und für sie, war auch nicht da. Die See schlug gegen die Klippe und ging wie Staubregen über sie hin; der Himmel leuchtete in einem fortwährenden Feuer, und Schlag auf Schlag rollte der Donner; aber Schwester und Brüder faßten sich an den Händen und sangen Psalmen, aus denen sie Trost und Mut schöpften.

In der Morgendämmerung war die Luft rein und still; sobald die Sonne emporstieg, flogen die Schwäne mit Elisa von der Insel fort. Das Meer ging noch hoch, es sah aus, wie sie hoch in der Luft waren, als ob der weiße Schaum auf der schwarzgrünen See Millionen Schwäne wären, die auf dem Wasser schwammen.

Als die Sonne höherstieg, sah Elisa vor sich, halb in der Luft schwimmend, ein Bergland mit glänzenden Eismassen auf den Felsen, und mitten darauf erhob sich ein wohl meilenlanges

Schloß mit einem kühnen Säulengang über dem andern; unten wogten Palmenwälder und Prachtblumen, groß wie Mühlräder. Sie fragte, ob das das Land sei, wo sie hin wollten, aber die Schwäne schüttelten mit dem Kopfe, denn das, was sie sah, war der Fata Morgana herrliches, allezeit wechselndes Wolkenschloß; da durften sie keinen Menschen hineinbringen. Elisa starrte es an, da stürzten Berge, Wälder und Schloß zusammen, und zwanzig stolze Kirchen, alle einander gleich, mit hohen Türmen und spitzen Fenstern standen da. Sie glaubte die Orgel ertönen zu hören, aber es war das Meer, welches sie hörte. Nun war sie den Kirchen ganz nahe, da wurden diese zu einer ganzen Flotte, die unter ihr dahinsegelte; sie sah nieder, und es waren nur Meernebel, die über dem Wasser hinglitten. Ja, eine ewige Abwechslung hatte sie vor Augen, und nun sah sie das wirkliche Land, nach dem sie hin wollte; da erhoben sich die herrlichen blauen Berge, mit Zedernwäldern, Städten und Schlössern. Lange bevor die Sonne unterging, saß sie auf den Felsen vor einer großen Höhle, die mit feinen grünen Schlingpflanzen bewachsen war; es sah aus, als wären es gestickte Teppiche.

«Nun wollen wir sehen, was du diese Nacht hier träumst», sagte der jüngste Bruder und zeigte ihr ihre Schlafkammer.

«Gebe der Himmel, daß ich träumen möge, wie ich euch erretten kann», sagte sie; und dieser Gedanke beschäftigte sie lebhaft; sie betete recht inbrünstig zu Gott um seine Hilfe, ja selbst im Schlafe fuhr sie fort zu beten; da kam es ihr vor, als ob sie hoch in die Luft fliege, zu der Fata Morgana Wolkenschloß, und die Fee kam ihr entgegen, so schön und glänzend, und doch glich sie ganz der alten Frau, die ihr Beeren im Walde gegeben und ihr von den Schwänen mit Goldkronen auf dem Kopfe erzählt hatte.

«Deine Brüder können erlöst werden», sagte sie, «aber hast du Mut und Ausdauer? Wohl ist das Wasser weicher als deine feinen Hände, und doch formet es die Steine um, aber es fühlt nicht die Schmerzen, die deine Finger fühlen werden; es hat kein Herz, leidet nicht die Angst und Qual, die du aushalten mußt. Siehst du die Brennessel, die ich in meiner Hand halte? Von derselben Art wachsen viele rings um die Höhle, wo du schläfst; nur die dort und die, welche auf des Kirchhofes Gräbern wachsen, sind tauglich, merke dir das; die mußt du pflücken, obgleich sie deine Haut voll Blasen brennen werden; brich die Nesseln mit deinen Füßen, so erhältst du Flachs, mit diesem mußt du elf Panzerhemden mit langen Ärmeln flechten und binden, wirf diese über die elf Schwäne, so ist der Zauber gelöst. Aber bedenke wohl, daß du von dem Augenblick, wo du diese Arbeit beginnst, bis sie vollendet ist, wenn auch Jahre darüber vergehen werden, nicht sprechen darfst; das erste Wort, welches du sprichst, geht als tötender Dolch in deiner Brüder Herz! An deiner Zunge hängt ihr Leben. Merke dir das alles.»

Und sie berührte zugleich ihre Hand mit der Nessel; es war einem brennenden Feuer gleich, Elisa erwachte dadurch. Es war heller Tag, und dicht daneben, wo sie geschlafen hatte, lag eine Nessel wie die, welche sie im Traume gesehen hatte. Da fiel sie auf ihre Knie, dankte dem lieben Gott und ging aus der Höhle hinaus, um ihre Arbeit zu beginnen.

Mit den feinen Händen griff sie hinunter in die häßlichen Nesseln, sie waren wie Feuer; große Blasen brannten sie an ihren Händen und Armen, aber gern wollte sie es leiden, konnte sie nur die lieben Brüder befreien. Sie brach jede Nessel mit ihren bloßen Füßen und flocht den grünen Flachs.

Als die Sonne untergegangen war, kamen die Brüder, und sie erschraken, sie so stumm zu finden; sie glaubten, es wäre ein neuer Zauber der bösen Stiefmutter; aber als sie ihre Hände erblickten, begriffen sie, was sie ihrethalben tue. Und der jüngste Bruder weinte, und wohin seine Tränen fielen, da fühlte sie keine Schmerzen, da verschwanden die brennenden Blasen.

Die Nacht brachte sie bei ihrer Arbeit zu, denn sie hatte keine Ruhe, bevor sie die lieben Brüder erlöst hatte; den ganzen folgenden Tag, während die Schwäne fort waren, saß sie in ihrer Einsamkeit, aber noch nie war die Zeit so eilig entflohen. Ein Panzerhemd war schon fertig, nun fing sie das nächste an.

Da ertönte das Jagdhorn zwischen den Bergen; sie wurde von Furcht ergriffen; der Ton kam immer näher; sie hörte

Hunde bellen; erschrocken floh sie in die Höhle, band die Nesseln, die sie gesammelt und gehechelt hatte, in ein Bund zusammen und setzte sich darauf.

Zugleich kam ein großer Hund aus der Schlucht hervorgesprungen, und gleich darauf wieder einer und noch einer; sie bellten laut, liefen zurück und kamen wieder vor. Es währte nicht viele Minuten, so standen alle Jäger vor der Höhle, und der schönste unter ihnen war der König des Landes; er trat auf Elisa zu; nie hatte er ein schöneres Mädchen gesehen.

«Wie bist du hierhergekommen, du herrliches Kind?» fragte er. Elisa schüttelte das Haupt, sie durfte ja nicht sprechen, es galt ihrer Brüder Erlösung und Leben; und sie verbarg ihre Hände unter der Schürze, damit der König nicht sehen möge, was sie leiden müsse.

«Komm mit mir!» sagte er. «Hier darfst du nicht bleiben; bist du gut, wie du schön bist, so will ich dich in Seide und Sammet kleiden, die Goldkrone dir auf das Haupt setzen, und du sollst in meinem reichsten Schlosse wohnen und hausen!» – Und dann hob er sie auf sein Pferd. Sie weinte und rang die Hände, aber der König sagte: «Ich will nur dein Glück! Einst wirst du mir dafür danken!» Und dann jagte er fort durch die Berge und hielt sie vorn auf dem Pferde, und die Jäger jagten hinterher.

Als die Sonne unterging, lag die schöne Königsstadt mit Kirchen und Kuppeln vor ihnen, und der König führte sie in das Schloß, wo große Springbrunnen in den hohen Marmorsälen plätscherten, wo Wände und Decke mit Gemälden prangten, aber sie hatte keine Augen dafür, sie weinte und trauerte; willig ließ sie die Frauen ihr königliche Kleider anlegen, Perlen in ihre Haare flechten und feine Handschuhe über die verbrannten Finger ziehen.

Als sie in aller ihrer Pracht dastand, war sie so blendend schön, daß der Hof sich noch tiefer vor ihr verneigte, und der König erkor sie zu seiner Braut, obgleich der Erzbischof mit dem Kopf schüttelte und flüsterte, daß das schöne Waldmädchen sicher eine Hexe sei, sie blende die Augen und betöre das Herz des Königs.

Aber der König hörte nicht darauf, ließ die Musik ertönen, die köstlichsten Gerichte auftragen, die lieblichsten Mädchen um sie tanzen, und sie wurde durch duftende Gärten in prächtige Säle hineingeführt, aber nicht ein Lächeln kam auf ihre Lippen oder sprach aus ihren Augen, ein Bild der Trauer stand sie da. Nun öffnete der König eine kleine Kammer dicht daneben, wo sie schlafen sollte; sie war mit köstlichen grünen Teppichen geschmückt und glich ganz der Höhle, in der sie gewesen war; auf dem Fußboden lag das Bund Flachs, welches sie aus den Nesseln gesponnen hatte, und unter der Decke hing das Panzerhemd, welches fertiggestrickt war; alles dieses hatte einer der Jäger als Kuriosität mitgenommen.

«Hier kannst du dich in deine frühere Heimat zurückträumen!» sagte der König. «Hier ist die Arbeit, die dich dort beschäftigte; jetzt, mitten in aller deiner Pracht, wird es dich belustigen, an jene Zeit zurückzudenken.»

Als Elisa das sah, was ihrem Herzen so nahe lag, spielte ein Lächeln um ihren Mund, und das Blut kehrte in die Wangen zurück; sie dachte an die Erlösung ihrer Brüder, küßte des Königs Hand, und er drückte sie an sein Herz und ließ durch alle Kirchenglocken das Hochzeitsfest verkünden. Das schöne stumme Mädchen aus dem Walde war des Landes Königin.

Da flüsterte der Erzbischof böse Worte in des Königs Ohren, aber sie drangen nicht bis zu seinem Herzen; die Hochzeit sollte sein. Der Erzbischof selbst mußte ihr die Krone auf das Haupt setzen, und er drückte mit bösem Unwillen den engen Ring fest auf ihre Stirn nieder, so daß es weh tat; doch es lag ein schwererer Ring um ihr Herz, die Trauer um ihre Brüder; sie fühlte nicht die körperlichen Leiden. Ihr Mund war stumm, ein einziges Wort würde ja ihren Brüdern das Leben kosten, aber in ihren Augen sprach sich innige Liebe zu dem guten schönen König aus, der alles tat, um sie zu erfreuen. Mit ganzem Herzen gewann sie ihn von Tage zu Tage lieber; oh, daß sie sich nur ihm vertrauen, ihm ihre Leiden klagen dürfte! Doch stumm mußte sie sein, stumm mußte sie ihr Werk vollbringen. Deshalb schlich sie sich nachts von seiner Seite, ging in die kleine Kammer, welche wie die Höhle geschmückt war, und strickte ein Panzerhemd nach dem andern fertig; aber als sie das siebente begann, hatte sie keinen Flachs mehr.

Auf dem Kirchhof wußte sie, daß die Nesseln wuchsen, die

sie brauchte, aber selbst mußte sie sie pflücken; wie sollte sie da hinaus gelangen! –

«Oh, was ist der Schmerz in meinen Fingern gegen die Qual, die mein Herz erduldet!» dachte sie. «Ich muß es wagen! Der Herr wird seine Hand nicht von mir abziehen!» Mit einer Herzensangst, als sei es eine böse Tat, die sie vorhabe, schlich sie sich in der mondhellen Nacht in den Garten hinunter, ging durch die langen Alleen, in die einsamen Straßen, nach dem Kirchhof hinaus. Da sah sie auf einem der breitesten Leichensteine einen Kreis Lamien sitzen, häßliche Hexen; sie nahmen ihre Lumpen ab, als ob sie sich baden wollten, und dann gruben sie mit den langen mageren Fingern die frischen Gräber auf, nahmen die Leichen heraus und aßen ihr Fleisch. Elisa mußte an ihnen nahe vorbei, und sie hefteten ihre bösen Blicke auf sie, aber sie betete still, sammelte die brennenden Nesseln und trug sie nach dem Schlosse heim.

Nur ein einziger Mensch hatte sie gesehen, der Erzbischof; er war auf, wenn die andern schliefen; nun hatte er doch recht mit seiner Meinung, daß es mit der Königin nicht sei, wie es sein solle; sie war eine Hexe, deshalb hatte sie den König und das ganze Volk betört.

Im Beichtstuhl sagte er dem Könige, was er gesehen und was er fürchtete, und als die harten Worte seiner Zunge entströmten, schüttelten die Heiligenbilder die Köpfe, als wenn sie sagen wollten: es ist nicht so, Elisa ist unschuldig! Aber der Erzbischof legte es anders aus, meinte, daß sie gegen sie zeugten, daß sie über ihre Sünden die Köpfe schüttelten. Da rollten zwei schwere Tränen über des Königs Wangen herab, er ging nach Hause mit Zweifel in seinem Herzen und stellte sich, als ob er in der Nacht schliefe, aber es kam kein ruhiger Schlaf in seine Augen; er merkte, wie Elisa aufstand, und jede Nacht wiederholte sie dieses, und jedes Mal folgte er sachte nach und sah, wie sie in ihre Kammer verschwand.

Tag für Tag wurde seine Miene finsterer; Elisa sah es, begriff aber nicht weshalb, aber es ängstigte sie, und was litt sie nicht in ihrem Herzen für die Brüder! Auf den königlichen Sammet und Purpur flossen ihre heißen Tränen, sie lagen da wie schimmernde Diamanten, und alle, welche die reiche Pracht sahen, wünschten Königin zu sein. Inzwischen war sie bald mit ihrer Arbeit fertig, nur ein Panzerhemd fehlte noch; aber Flachs hatte sie auch nicht mehr und nicht eine einzige Nessel. Einmal, nur dieses letzte Mal, mußte sie deshalb nach dem Kirchhof und einige Hände voll pflücken. Sie dachte mit Angst an diese einsame Wanderung und an die schrecklichen Lamien; aber ihr Wille stand fest, so wie ihr Vertrauen auf den Herrn.

Elisa ging, aber der König und der Erzbischof folgten nach; sie sahen sie bei der Gitterpforte zum Kirchhof hinein verschwinden, und als sie sich ihr näherten, saßen die Lamien auf dem Grabsteine, wie Elisa sie gesehen hatte, und der König wendete sich ab; denn unter diesen dachte er sie sich, deren Haupt noch diesen Abend an seiner Brust geruht hatte.

«Das Volk muß sie verurteilen!» sagte er, und das Volk urteilte, sie solle in den roten Flammen verbrannt werden.

Aus den prächtigen Königssälen wurde sie in ein dunkles feuchtes Loch geführt, wo der Wind durch das Gitter hineinpfiff; statt Sammet und Seide gab man ihr das Bund Nesseln, welches sie gesammelt hatte, darauf konnte sie ihr Haupt legen, die harten brennenden Panzerhemden, die sie gestrickt hatte, sollten ihre Decke sein, aber nichts Lieberes konnten sie ihr geben, sie nahm wieder ihre Arbeit auf und betete zu ihrem Gott. Draußen sangen die Straßenbuben Spottlieder auf sie, keine Seele tröstete sie mit einem freundlichen Worte.

Da schwirrte gegen Abend dicht am Gitter ein Schwanenflügel, das war der jüngste der Brüder, er hatte die Schwester gefunden; und sie schluchzte laut vor Freude, obgleich sie wußte, daß die kommende Nacht wahrscheinlich die letzte sein würde, die sie zu leben hätte, aber nun war ja auch die Arbeit fast beendigt und ihre Brüder waren hier.

Der Erzbischof kam nun, um in der letzten Stunde bei ihr zu sein, das hatte er dem Könige versprochen, aber sie schüttelte das Haupt und bat mit Blick und Mienen, er möge gehen; in dieser Nacht mußte sie ja ihre Arbeit vollenden, sonst war alles unnütz – alles, Schmerz, Tränen und die schlaflosen Nächte. Der Erzbischof entfernte sich mit bösen Worten gegen sie, aber die arme Elisa wußte, daß sie unschuldig war, und fuhr in ihrer Arbeit fort.

Die kleinen Mäuse liefen auf dem Fußboden, sie schleppten Nesseln zu ihren Füßen hin, um doch etwas zu helfen, und die Drossel setzte sich an das Gitter des Fensters und sang die ganze Nacht, so munter wie sie konnte, damit sie nicht den Mut verlieren möchte.

Es dämmerte noch, erst nach einer Stunde ging die Sonne auf, da standen die elf Brüder an der Pforte des Schlosses und verlangten, vor den König geführt zu werden. Aber das könne nicht geschehen, wurde geantwortet, es wäre ja noch Nacht, der König schliefe und dürfe nicht geweckt werden. Sie baten, sie drohten, die Wache kam, ja, selbst der König trat heraus und frug, was das bedeute; da ging gerade die Sonne auf, und da waren keine Brüder zu sehen, aber über das Schloß flogen elf wilde Schwäne hin.

Aus dem Stadttor strömte das ganze Volk, es wollte die Hexe verbrennen sehen. Ein alter Gaul zog den Karren, auf dem sie saß; man hatte ihr einen Kittel von grobem Sackleinen angezogen; ihr herrliches Haar hing lose um das schöne Haupt; ihre Wangen waren totenbleich, ihre Lippen bewegten sich leise, während die Finger den grünen Flachs flochten; selbst auf dem Wege zu ihrem Tode unterbrach sie die angefangene Arbeit nicht, die zehn Panzerhemden lagen zu ihren Füßen, an dem elften strickte sie. Der Pöbel verhöhnte sie.

«Sieh die Hexe, wie sie murmelt! Kein Gesangbuch hat sie in der Hand, nein, mit ihrer häßlichen Gaukelei sitzt sie da, reißt sie von ihr in tausend Stücke!»

Und sie drangen alle auf sie ein und wollten diese zerreißen; da kamen elf weiße Schwäne geflogen, die setzten sich rings um sie auf den Karren und schlugen mit ihren großen Schwingen. Da wich der Haufen erschrocken zur Seite.

«Das ist ein Zeichen des Himmels! Sie ist sicher unschuldig!» flüsterten viele, aber sie wagten es nicht laut zu sagen.

Nun ergriff der Henker sie bei der Hand, da warf sie hastig die elf Panzerhemden über die Schwäne, und sogleich standen elf schöne Prinzen da, aber der jüngste hatte einen Schwanenflügel statt des eines Armes, denn es fehlte ein Ärmel in seinem Panzerhemde, den hatte sie nicht fertiggebracht.

«Nun darf ich sprechen!» sagte sie, «ich bin unschuldig.»

Und das Volk, welches sah, was geschehen war, neigte sich vor ihr wie vor einer Heiligen; aber sie sank leblos in der Brüder Arme, so hatten Spannung, Angst und Schmerz auf sie gewirkt.

«Ja, unschuldig ist sie!» sagte der älteste Bruder, und nun erzählte er alles, was geschehen war, und während er sprach, verbreitete sich ein Duft, wie von Millionen Rosen, denn jedes Stück Brennholz im Scheiterhaufen hatte Wurzel geschlagen und trieb Zweige; es stand eine duftende Hecke da, hoch und groß mit roten Rosen; ganz oben saß eine Blume, weiß und glänzend, sie leuchtete wie ein Stern, die pflückte der König und steckte sie an Elisas Busen, da erwachte sie mit Frieden und Glückseligkeit im Herzen.

Und alle Kirchenglocken läuteten von selbst, und die Vögel kamen in großen Zügen; es wurde ein Hochzeitszug zurück zum Schlosse, wie ihn noch kein König gesehen hatte.

Die wilden Schwäne
(Interpretation)

Auch in diesem Märchen verheiratet sich der König mit einer bösen Stiefmutter, die die anfängliche Ganzheit und Harmonie Elisas zerstört. Die elf Brüder werden in wilde Schwäne verwandelt, und Elisa wird fern von dem Reichtum des Königsschlosses, der ihr zusteht, bei einem Bauern großgezogen. Eines konnte die böse Königin aber nicht erreichen, die Schwäne sind nicht stumm! Mag die Beeinträchtigung des Menschen durch gesellschaftlichen Zwang, eine einseitige Kultur, autoritäre Erziehung, die Einseitigkeit des Bewußtseins, mit der der König (das kollektive Bewußtsein) sich verheiratete, auch noch so stark sein und die unsichtbare geistige Wirklichkeit durch die sichtbare Welt der Formen und die Beschreibung der Welt (die Hemden der Hexe) auch noch so verschüttet oder überlagert werden, sie ist nicht stumm für Menschen, die Ohren haben zu hören, wie die Heldin dieses Märchens. Wohl kann unsere ursprüngliche Schönheit vertuscht werden, der Reichtum unserer Seele und der Natur, die uns gehört, uns eine Zeitlang vorenthalten werden, Teile unserer Persönlichkeit tierisch, das heißt unbewußt und unerreichbar werden, doch im Laufe des Individuationsprozesses kommt der Held wieder zu seinem Reichtum und seiner Schönheit. Und schön und gut sind dasselbe im Märchen. Dem Bilde entsprechen, das die Natur für uns will, unserem Selbst, das ist gut und schön zugleich.

In Andersens Märchen konkurrieren immer wieder Gesellschaft und Natur. Während die Menschenwelt sich blenden läßt von Äußerlichkeiten, von Rang, Macht, Titel, Reichtum und dem Sichtbaren, weiß die stumme Natur immer die Wahrheit. Der Kettenhund und die Schwalben erkennen Elisa, der Vater erkennt sie nicht. Die Heiligenbilder schütteln die Köpfe über die Unwahrheit des Erzbischofs. «Wer kann frömmer sein als das Gesangbuch?» «Elisa», sagt der Wind. Schon hier konkurrieren echte, natürliche Religiosität des spontanen Menschen, der gar nicht anders kann, als gut sein, und äußerliche Konfession, wie später im Märchen, als die Menge raunt: «Kein Gesangbuch hat die Hexe, mit ihrem Zauberkram sitzt sie da!» Dieses Märchen, wie alle Märchen, steht auf seiten der natürlichen, spontanen Religiosität, die auf die Stimme in der eigenen Brust hört, die der Sehnsucht ihrer Seele folgt oder den Weg des Herzens geht, für die Individuation das erste Gebot ist – das also, was Fromm das humanistische Gewissen nennt –, und nicht auf seiten autoritär verstandener institutionalisierter Religion, die Macht ausübt und die Menschen mit Drohungen und Strafen zwingen muß, das vermeintlich Gute zu tun. Der «Zauberkram», der Elisa heiliger ist als ein Gesangbuch, ist ihr selbsterfahrener, durch Bewußtwerdung der inneren Wahrheit entstandener Glaube, das feine Gespinst ihrer Seele, das sie unter Schmerzen verwirklicht hat. Elisa in diesem Märchen steht so für alle Märtyrer der Kirchengeschichte, die vom autoritären Gewissen und von machthungrigen Institutionen für die innere Wahrheit, die sie verkündet oder vorgelebt haben, getötet wurden.

Alle wollen die Hexe brennen sehen. Der Pöpel verhöhnt sie, ein Zeitgeist also, der die innere Wahrheit verkennt und verhöhnt. Die Individuation wird zur strafbaren Handlung. Elisa ist es auf dem Gang zum Friedhof, als täte sie etwas Unrechtes. Weltliche Macht und göttliche oder natürliche Macht sind Konkurrenten geworden! Die Menge und das kollektive Bewußtsein lassen sich vom Schein blenden. Was war die Hexenverfolgung anderes als die Unterdrükkung von spiritueller Selbsterfahrung? «Kein Gesangbuch hat sie in der Hand!» Und immer wieder hilft die Natur: als Elisa den Erzbischof wegschickt, denn sie muß ja ihr Erlösungswerk vollenden, da helfen ihr die Mäuse und die Drossel.

Selbst das Schweigen Elisas ist Macht und ein Dorn im Auge derer, die die Wahrheit nicht kennen und die vorgeben, sie zu vertreten. Der Erzbischof erkennt die Wahrheit nicht, die Zeichen aus der Natur. Als die Heiligenbilder ihre Köpfe schütteln, deutet er es zu seinen Gunsten. Der Erzbischof kann die Wahrheit nicht kennen, denn für ihn ist die Welt von vornherein dualistisch eingeteilt in ein absolut Gutes und ein absolut Böses. Gott ist für ihn nicht die ursprüngliche Einheit, wie das Tao, die jenseits der Gegensätze steht und in der Natur wirkt, damit alles an seinen Platz kommt und es so gar nicht gut oder böse zu geben braucht, weil Kraut oder Unkraut erst vom Menschen eingeteilt wurden.

Das ist das Göttliche, wie es die Märchen kennen, das immer aus der Natur kommt und nicht aus der Kirche. Wenn Elisa nicht in die Kirche geht, wenn sie also ihre eigenen, geheimnisvollen, dem Erzbischof unverständlichen Wege geht, dann ist sie eine Hexe, ist sie eine von diesen Lamien, die für den Erzbischof das Weibliche repräsentieren, das nicht in sein Regime paßt, das er verdrängt, statt entwickelt hat und das sich ihm deshalb als so «teuflisch» offenbaren muß. Hier in diesem Märchen, wo Andersen bewußt den Erzbischof anstelle der bösen Schwiegermutter gestellt hat, konkurrieren nicht nur echte Religiosität, die die Individuation will, mit autoritärer Religion, die Gehorsam gegenüber den Mächtigen will, sondern auch die natürliche, ursprüngliche, ganzheitliche matriarchale Religion, wie wir sie aus dem Weltbild der Indianer kennen, und die spätere dualistische, autoritäre patriarchale Religion eines grausam-gerechten Vatergottes in Gestalt des Erzbischofs. (1)

Das Erz, wie es in dem Titel Erzbischof steht, symbolisiert hier, ähnlich wie an anderer Stelle die Stiefmutter – das heißt ja die steife Mutter –, nicht nur die Institution, sondern auch die Verhärtung des Bewußtseins, die Panzerung, das Zuzementierte, das dem schöpferischen Unbewußten keinen Einlaß mehr gewährt, und damit das entwicklungsfeindliche, steife, sterile Ego. Wie im Grimmschen Märchen die böse Schwiegermutter, steht hier der Erzbischof für das autoritäre Gewissen, das erstarrte Kollektivbewußtsein und gleichzeitig den Prototyp des gespaltenen Menschen, der sein Unbewußtes oder seine menschliche Natur nicht aufgreift und weiterentwickelt, sondern unterdrückt und darauf ein steriles Bewußtsein aufgepfropft hat, das nur den kollektiven Normen gerecht wird. Das Natürliche ist verkommen und dafür stehen die Lamien. Den Überbau bildet die autoritäre Kirche mit ihren entwicklungsfeindlichen Geboten. Nur darauf hören, was der Pfarrer oder das Gebetbuch sagen, aber ja keine Selbsterfahrung! Für letztere aber steht Elisa. Für sie gibt es keine Angst vor dem Teufel und seiner Verführung, den der gespaltene Mensch ja selbst erst geschaffen hat, indem er seine andere Hälfte verkommen ließ, bis sie «teuflisch» wurde. Sie weiß, daß sie in ihrer Seele ihren Tierbrüdern begegnet, die es zu erlösen gilt. Verführung kann für sie nur von außen kommen, in Gestalt der kirchlichen und weltlichen Autoritäten und deren Drohungen oder dem Vergessen ihrer Aufgabe. Nur dieser produktive ganze Mensch ist es dann aber auch, dessen Werk Synchronizitäten in der Naturumwelt hervorzubringen vermag, der, wenn er sein Werk vollendet hat (wie Christus selbst), nicht nur die eigene Seele, sondern das Ganze mit erlöst. Die Wahrheit Elisas ist nicht die, die auf dem Papier der Gelehrten geschrieben steht, sondern es ist die archetypische Wahrheit, die in solche Tiefen reicht (Heiligenbilder schütteln die Köpfe!), daß sie Bestätigung aus der Umwelt erhält, von der so viele Märchen zu erzählen haben.

Dem Erzbischof in diesem Märchen könnte man den indianischen Häuptling Seattle gegenüberstellen, der den Weißen sagte: «Eure Religion wurde auf steinerne Tafeln mit dem eisernen Finger eines Gottes geschrieben. Der Rote Mann konnte sie weder erfahren noch verstehen. Unsere Religion wurde in die Herzen unseres Volkes geschrieben.» (2)

Oder wie es ein für seine Wahrheit als Ketzer verbrannter Philosoph, Giordano Bruno, zu sagen wagte:

> «Hier werden wir den wahren Weg zur wahren Sittlichkeit finden, werden lernen hochherzige Verächter aller Dinge zu sein, welche kindisches Denken hoch schätzt, und werden größer sein als selbst jene, die der blinde Pöbel als Götter verehrt, als wahrhafte Forscher der Geschichte der Natur, die in uns selber geschrieben steht, und als gehorsame Befolger der göttlichen Gesetze, welche dem Zentrum unseres Herzens eingemeißelt sind.» (3)

Elisa steht hier für den revolutionären Charakter, von dem Erich Fromm sagt, daß ihn die Propheten hatten, die Mut zum Ungehorsam hatten. In seiner Ethik ist es nämlich gerade dieser Mut zum Neinsagen, zum Ungehorsam gegenüber den äußeren Autoritäten, auf den es ankommt, um Ja sagen zu können gegenüber der Stimme des humanistischen Gewissens, das uns zur Entfaltung unserer Eigenkräfte mahnt:

> «Wenn ein Atomkrieg in zwei oder drei Jahren die Hälfte der Menschheit vernichten und eine Periode völliger Barbarei einleiten sollte – oder wenn dies in zehn Jahren geschieht und möglicherweise alles Leben auf der Erde zerstört –, so wird das auf einen Akt des Gehorsams zurückzuführen sein. Ich meine den Gehorsam von Menschen, die auf den Knopf drücken, gegenüber denen, die die Befehle erteilen, und den Gehorsam gegenüber Vorstellungen, die es ermöglichen, wahnsinnige Ideen zu verfolgen.» (4)

Elisa ist diejenige, die durch ihren Ungehorsam gegenüber dem Erzbischof und allem, wofür er symbolisch steht, das Paradies wiederherstellt, die neue, jetzt bewußte Ganzheit des Selbst, den *unus mundus,* die eine ganze Welt, die auch Ziel der Alchemisten war und die das Ergebnis der Entwicklung des Schamanen ist. Heil, heilig und ganz sind dasselbe, und nur der kann andere heilen, der vorher selbst heil, das heißt ganz geworden ist.

Doch begleiten wir nun Elisa auf ihrem Individuationsprozeß, der sie zu diesem Ziel führen wird. Als sie größer wird, zieht sie aus, die verlorenen Brüder wiederzufinden. Sie ist noch braun, von Schmutz bedeckt, das heißt beeinträchtigt durch das die Wahrheit vergessen machende Kollektivbewußtsein, aber im tiefen stillen Wald, im klaren Wasser ihrer Seele, erfährt sie Selbsterkenntnis und Reinigung.

Allerdings trifft sie hier auch auf eine «Einsamkeit, die sie vorher nie gekannt», wie es der Individuationsprozeß der Märchenhelden mit sich bringt. Alle müssen sie durch die Einsamkeit, um zu sich selbst zu finden.

Auch Elisa muß in die dunkle Nacht ihrer Seele. Aber «Gott läßt die wilden Waldäpfel wachsen», heißt es. Sie erfährt die Fürsorge aus der Natur und die Hilfestellung, die das Schicksal dem Menschen, der voll Vertrauen seinen Weg geht, immer wieder bietet, denn es will ja die Ganzwerdung.

Der Mensch, der diesen Weg geht, lebt in Einklang mit der Natur, gerade wenn er sich so einsam und verlassen und fern vom großen Strom der Gesellschaft vorkommt im tiefen Wald seiner Seele.

Immer wieder stellt Andersen hier die Freude der Heldin am Einfachen, ihre Zufriedenheit und Naturverbundenheit heraus. Sie gleicht darin ganz dem Schneider in *«Die beiden Wanderer»*. Während aber die männlichen Märchenhelden oft als leichtsinnig und schlau hingestellt werden, ist Elisa, wie auch viele andere Heldinnen der Märchen, immer ernst und traurig. Hier ist es nicht die Schwermut des Schusters, der sich selbst am Frohsinn hindert durch seine falsche Einstellung zum Leben, sondern ihre Traurigkeit rührt gerade von der Bindung an ihre Aufgabe her, ganz zu werden, und ihrer Sehnsucht danach.

Die Trauer über das, was uns die Erziehung genommen hat und was uns die Eltern damit angetan haben, ist es nach Alice Miller (5) auch, die uns der Heilung der Spaltung näher bringen kann und schließlich zu echter Liebe fähig macht. Und das ist es ja, was Elisa sucht. Die Unfähigkeit zu trauern dagegen, meinte Mitscherlich, habe auch politische Konsequenzen. Wo die Fähigkeit zu dieser fruchtbaren Trauer fehle, könnten nur unfruchtbarer Haß und Projektionen der Schuld ihren Platz einnehmen. (6)

Über die Traurigkeit, die mit dem schöpferischen Prozeß verbunden ist, sagte auch Jesus beim Abschied von seinen Jüngern:

> «Ihr werdet traurig sein, doch eure Traurigkeit wird zur Freude werden. Wenn die Frau gebiert, hat sie Traurigkeit, weil ihre Stunde gekommen ist; wenn sie aber das Kind geboren hat, denkt sie nicht mehr an die Angst um der Freude willen, daß ein Mensch zur Welt geboren ist. Auch ihr habt jetzt Traurigkeit; ich werde euch aber wiedersehen, und euer Herz wird sich freuen, und eure Freude nimmt niemand von euch.» (Jh. 16,20–22)

Noch etwas zeichnet die Traurigkeit der Märchenheldin aus: Elisa trauert nie der Vergangenheit nach, was einer Regression gleichkäme, sondern ihre Sehnsucht ist immer in die Zukunft gerichtet, gilt dem Wunsch, die Brüder wieder zu finden. Auch Laotse gleicht Elisa. Dieser sagt im Tao Te King im Abschnitt «Abseits von der Menge»:

> «Die Menschen der Welt sind hell, so hell: Ich allein bin trübe! Die Menschen der Welt sind so wißbegierig: Ich allein bin traurig, so traurig! Unruhig, ach, als das Meer! Umhergetrieben, ach, als einer, der nirgends weilt!» (7)

Und an anderer Stelle:

> «Wer viel redet, weiß nichts, und wer weiß, redet nicht.»

Auch Andersens Elisa muß stumm sein. Warum? Die Seele bedient sich der Bildersprache. Diese sagt mehr, als Worte jemals ausdrükken könnten. Sie ist das Ursprüngliche, das dem Denken in Worten vorausgeht, gehört einer tieferen Bewußtseinsschicht an. Sie ist paradox. Ein Bild kann die Gegensätze in sich vereinigen und so vieles gleichzeitig ausdrücken, daß die lineare Sprache es unmöglich findet ihm gerecht zu werden. Es ist einfach zu ganzheitlich. Wir wissen von den Beschreibungen mystischer Erfahrungen, daß nur der sie verstehen kann, der ähnliches selbst schon erfahren hat. Man muß sich mit Symbolen verständigen. Dies ist die Sprache, die das Märchen spricht. Und noch etwas kommt hinzu: Der Mensch, der an einer Stufe seiner Individuation schwanger geht und sie erleidet, weiß oft selbst nicht genau, was da in ihm vor sich geht und wohin es will. Wie sollte er es den anderen erklären? Er weiß selbst nicht, wie lange es dauern wird: «Und wenn Jahre darüber vergehen ...» Das ist das stumme Leiden der Seele und Elisas. Vielleicht kann jeder Künstler mit Elisa fühlen und verstehen, warum sie nicht sprechen darf.

Die oberflächlichen Menschen, die nur im Außen leben dagegen und für die nur wahr und wirklich ist, was sichtbar ist, die kein Gefühl für das Kommende noch Unsichtbare oder Unaussprechliche haben, sie können Elisa nicht verstehen. Es ist ein Erleiden, das Erfahren des Ursprünglichen, das man nicht wollen oder machen, bestellen, abbestellen oder planen könnte, und deshalb kann man auch nichts darüber sagen. Es ist das, was Giordano Bruno «heroische Leidenschaften» nannte; Leidenschaften, weil es erlitten wird, heroisch, weil es das ursprüngliche, objektiv oder existentiell Menschliche ist, das zwar alle Menschen in sich tragen, wohin aber nur der Heros vorzudringen wagt, den es in die Einsamkeit treibt. Die normale Alltagssprache kennt überhaupt keine Worte dafür. Wie leicht wird einer, der es trotzdem wagt, für verrückt erklärt. Wie viele wunderbare, aber unverstandene Mythen drücken sich auch in den Schizophrenien aus. Ich mußte gerade in diesem Zusammenhang schon immer an Elisa und das Märchen von den sechs oder elf Schwänen denken. Jeder organische, schöpferische Prozeß braucht im Unterschied zu mechanischen, planbaren, überschaubaren Vorgängen eine Haltung des Abwartenkönnens, des Verstehens und der Toleranz. Mit den geistigen Wahrheiten ist es dabei wie mit den Vorgängen in der Natur.

Wie und wo findet Elisa schließlich ihre Brüder? Sie folgt dem Lauf des Wassers! Dem Lauf des Wassers folgen ist im Taoismus ein Symbol des «Gehens mit dem Lauf des Tao», des kosmischen Gesetzes, des Lebens in Einklang mit dem Strom der Natur innerhalb und außerhalb von uns. Die Natur selbst ist uns ein Vorbild dafür. Das Wasser erreicht immer sein Ziel, weil es vor keinem Hindernis haltmacht. Es findet immer seinen Weg. Wenn es an einen Abgrund kommt, macht es nicht halt, sondern füllt ihn aus und kann dann ungehindert weiterfließen. Die Beharrlichkeit des Wassers nimmt sich Elisa zum Vorbild. Es ist die Macht der Gewaltlosigkeit, des Sanften, Geduldigen. Das Wasser steht hier auch für den Fluß der Libido, der psychischen Energie. Die Kunst des Lebens besteht darin, zu erkennen, wohin sie fließen will, und dann mitzugehen. Hier folgt Elisa dem Fluß, bis er sich ins große Meer ergießt. Sie folgt dem Fluß der Libido nach innen, ins Unbewußte, bis ins kollektive Unbewußte (Meer), und dort ist es, wo sie ihre Brüder trifft. Wenn die Ganzheit des Selbst das Ziel ist, dann genügt es nicht nur, das persönliche Unbewußte bewußt zu machen, sondern auch das kollektive Unbewußte muß in seinem bewußtseinsfähigen Teil bewußt werden. Der Animus führt die Frau (bei Elisa die Schwäne), die Anima den Mann über diese Brücke. Die Schwäne wohnen jenseits des Meeres, also im kollektiven Unbewußten, und sie tragen Elisa mit sich dort hin. Ganz bewußt kann es aber nie werden, denn es reicht ja in das Unendliche, weshalb der jüngste Bruder später auch den Schwanenflügel behalten wird.

Woher rührt die Weisheit der Heldin? Wer verrät ihr den Weg? Eine alte Frau ist es, dieselbe, die ihr auch später im Traum erscheint. Die Urweisheit aus dem Unbewußten rät ihr weiter, als sie an den eigenen Grenzen des Bewußtseins angekommen ist – dieselbe Situation, in der auch der alte Weise, der Archetyp des Geistes, im Märchen auftritt und Rat und Hilfe gibt, oder die hilfreichen Tiere. Aber erarbeiten muß Elisa die Erlösung selbst.

Und wie erlöst sie die Brüder? Was bedeuten die Hemden, die Elisa herstellen muß, um die Brüder zu erlösen? Die böse Königin, heißt es im Grimmschen Märchen, verwandelte die Brüder, indem sie ihnen Zauberhemden überwarf. Gleiches kann gleiches heilen! Elisa muß ebenfalls Hemden stricken. Hemden sind die Form, das Gewand, das die Beschreibung der Welt und die emotionalen Projektionen über die wirkliche Welt gebreitet haben. Somit haben sie die Wirklichkeit unbewußt werden lassen. Alles, was wir sehen, sagt der Buddhismus, die Welt der gesonderten Formen ist nicht die Wirklichkeit, sondern es sind nur unsere Gedankenformen, Bilder und Vorstellungen, die wir mit der Wirklichkeit verwechseln. Auch der «Zauberkram», den Elisa unter Opfern herstellen muß, um den alten Zauber zu lösen, entspricht solchen Gedankenformen. Doch diese sind jetzt bewußt geschaffene – aktive Imagination könnte man sagen –, bewußt gewählte Gedankenformen, die den bösen Zauber der unfreiwillig und unbewußt erschaffenen Bilder aufzulösen helfen sollen. Die Parallele, die mir hierzu einfällt, sind die Visualisationen von Buddhaaspekten im tantrischen Buddhismus, die in der Meditation benutzt werden. Man ist sich dabei bewußt, daß diese Buddhas selbstgeschaffene Gedankenformen sind, die deshalb auch hinterher wieder aufgelöst werden. Es kommt eben darauf an, daß man solche Gedankenformen wählt, die der Entwicklung dienen. Sie bringen das Bewußtsein aber in Kontakt mit den archetypischen Bildern des kollektiven Unbewußten und verbinden uns somit mit deren Kraft und Weisheit – ähnlich wie bei Jungs Vorgang der aktiven Imagination. Sie entsprechen also den Hemden, die Elisa anfertigen muß, um die Hemden der bösen Königin unschädlich zu machen, also ihren Zauber wieder aufzuheben.

Jetzt wollen wir die andere Welt oder Wirklichkeit der Schwanenbrüder betrachten, in die sie Elisa führen. Während das Meer den gefährlichen, verschlingenden Aspekt des kollektiven Unbewußten demonstriert – sobald die Sonne untergeht, müssen sie Land erreichen, und sei es nur eine Klippe, denn nur auf dem Festland des Bewußtseins kann der Mensch überleben –, sind die Schwäne die archetypischen entwicklungsfreundlichen Kräfte des Unbewußten, die die Heldin führen. Tief im Unbewußten auf einer Klippe finden sie vorübergehend die Ganzheit des Selbst. Aber sie ist noch nicht bewußt, nicht stabil genug. Immer noch wird sie von der wilden See bedroht. Immer wieder erleben wir, wie rührend und liebevoll die Schwäne um ihre Schwester besorgt sind und sie unterstützen. Diese seelischen Kräfte helfen und brauchen doch selbst unsere Hilfe, erfuhren wir schon an anderer Stelle. Der jüngste der Schwanenbrüder fächelt Elisa Kühle zu, als sie im Kerker den letzten Teil ihrer Aufgabe vollbringt. Oft erscheint der Animus oder Seelenführer auch im Traum als ein kleiner Junge.

Auch das Wolkenschloß der Fata Morgana, die illusionsbildende Seite des Unbewußten, der man nicht trauen darf, kommt bei Andersen vor. Die Schwanenbrüder sind es aber auch hier wieder, die Elisa anweisen, wahr und unwahr zu unterscheiden. Aber so schön die andere Wirklichkeit auch ist, Elisa muß zurück in die Menschenwelt, wie alle Märchenhelden schließlich die Welt ihrer Seele, in die sie einmal eingetaucht waren, verlassen müssen. Wo bliebe sonst die Ganzheit! Ein Träumer hat nur die andere Hälfte der Wirklichkeit. Die Wechselbeziehung zwischen dem Bewußtsein und dem Unbewußten ist es, worauf es ankommt. Jetzt, nachdem Elisa ihre Aufgabe erhalten und ihrer Ganzheit angesichtig wurde und die Brüder verlassen hat, erfolgt die mühsame bewußte Arbeit der Individuation – die bewußte Arbeit am Traummaterial und die Verwirklichung. Unbewußtes muß bewußt und Unsichtbares sichtbar werden, und Möglichkeiten wollen Wirklichkeit werden. Dieses Werden heißt Hemden strikken. Warum werden sie aus Brennesseln hergestellt? Die Seele brennt unter oder auf der Haut, denn die Haut ist ein Symbol für die Grenze, auch die Grenze zum Unbewußten, die Grenze des Ego. Nur das Kraut, das aus dem Unbewußten wächst, kann erlösen, aber es tut weh, denn es verbrennt die zarte Haut. Im Kraut kommt auch die Dynamik dieses Prozesses zum Ausdruck. Warum aber sind die Brennesseln Elisas nur in der Höhle oder auf den Gräbern zu finden? Die Höhle haben wir schon bei Aladin kennengelernt als Ort der Wandlung und der Wiedergeburt. Ähnlich verhält es sich mit dem Grab.

Elisa kämpft einen stummen Kampf mit dem Unverständnis ihrer Umwelt und mit der Zeit, das heißt mit dem Tod. Es scheint, als ob jeder Individuationsprozeß schon solch einen Wettlauf mit der Zeit und dem Tode sei, denn es geht ja darum, entweder vor dem Tode die Erleuchtung und damit das ewige Leben zu erreichen oder von der Unbewußtheit des Todes verschlungen zu werden.

Es gibt nur eines, weitermachen, selbst wenn das bittere Ende droht, ein Zurück gibt es im Märchen genausowenig wie in der Entwicklung des Menschen. Wenn eine Krankheit zum Beispiel das Symptom einer Entwicklungsstufe ist, dann ist die einzige Heilungschance dieser Krankheit das Weitermachen trotz alle dem, damit die Stufe überwunden wird. Würde man angesichts der Schwierigkeiten einhalten, gäbe es keine Heilung.

Und wieder: Kurz vor dem Ziel kommt die Krisis. Im Grimmschen Märchen beim dritten Kind. Bei Andersen gerade, als die erforderliche Anzahl der Hemden fertiggestellt ist. Auf dem Höhepunkt scheint alles plötzlich verloren oder zumindest sehr bedroht und in Frage gestellt zu sein. Wie oft im Leben steht vor der Erleuchtung, einer religiösen Erfahrung oder einem Höhepunkt der künstlerischen Leistung die Krisis. Jetzt gilt es durchzuhalten, auszuhalten, sich nicht irre machen zu lassen, dann hilft die Natur mit. «Trotz alledem» heißt jetzt das Gebot. Es ist paradox: Gerade das «Trotzdem-Tun» hilft, die Qual zu überwinden. Würde man ablassen, gäbe es überhaupt keine Rettung. Aber auf dem Höhepunkt versagt die Kraft des bewußten Ichs Elisas, die Kraft des Selbst übernimmt die Führung, der älteste Bruder springt ein. Und *er* kann sprechen. Der Animus, der symbolisch für das Wort steht und der erst entwickelt werden mußte, ist mündig geworden.

Jetzt kann Elisa sich verteidigen. Am Ende des Märchens ist es wieder ein Hochzeitszug, der zum Schloß zieht, wieder ein Symbol der Ganzheit, der mystischen Hochzeit. Auch der andere Aspekt von Elisas Animus, die äußere Schicht, derjenige, der nach außen zur Gesellschaft gerichtet und deshalb auch von dieser beeinflußt ist, kann die Wahrheit jetzt erkennen, ist gewandelt, also bewußt geworden. Er läßt sich vom Erzbischof, dem patriarchalischen Kollektivbewußtsein, bzw. der bösen Mutter, seinem autoritären Gewissen, nicht mehr beeinflussen. Und auch die Öffentlichkeit, das kollektive Bewußtsein, repräsentiert durch das Volk oder die Menge, ist belehrbar, zeigt das Märchen. Wenn die Heldin oder der Held die eigene Ganzheit gefunden hat, so hat dies Auswirkungen auch auf das kollektive Bewußtsein und auf die Natur. Der *unus mundus* ist hergestellt, die Spaltung ist überwunden. Das Brennholz im Scheiterhaufen wird zur duftenden Hecke! Geist und Materie, Psyche und Natur, Mensch und Natur sind wiedervereinigt. Totes wird lebendig, und Unfruchtbares wird fruchtbar.

Dies ist auch das Ziel der messianischen Zeit, von der Jesaia sagt:

> «Alsdann werden der Blinden Augen aufgetan werden, und der Tauben Ohren werden geöffnet werden; dann werden die Lahmen springen wie ein Hirsch, und der Stummen Zunge wird ‹Lot› sagen. Denn es werden Wasser in der Wüste hin und wieder fließen und Ströme im dürren Lande. Und wo es zuvor trocken gewesen ist, sollen Teiche stehen, und wo es dürr gewesen ist, sollen Brunnenquellen sein. Da zuvor die Schakale gelegen haben, soll Gras und Rohr und Schilf stehen. Und es wird daselbst eine Bahn sein und ein Weg, welcher der heilige Weg heißen wird, daß kein Unreiner darauf gehen darf; und derselbe wird für sie sein, daß man darauf gehe, daß auch die Toren nicht irren mögen.» (Jesaia 35,5ff.)

Und Jung interpretiert:

> «Das erlösende Symbol ist eine Bahn, ein Weg, auf dem sich das Leben vorwärts bewegen kann, ohne Qual und Zwang.» (8)

Geist und Materie wiedervereinigen kann aber nur derjenige, der sie auch in sich selbst wiedervereinigt hat, und dies bedeutet auch körperliche Leiden und braucht Zeit. Man denke an die Schamanenkrankheit! Nur er, der selber heil geworden ist, kann auch die anderen heilen. Aber dafür schafft er Wirklichkeit, Synchronizitäten, Wunder – anders als es mit einseitig intellektuellen Vorgängen ist, dem «Elend der Philosophie», dem die seelische Komponente fehlt. Nimmt man dieses Märchen Andersens ernst, dann kann man am Ende des Märchens dieses Erlösungswerk nicht mehr ins Jenseits oder auf die historisch ferne Zukunft projizieren, sondern das Wunder hat sich als machbar im Hier und Jetzt erwiesen und steht für das Ziel der Individuation eines jeden Menschen. Elisa steht für den Menschen, der die Weisheit seiner Seele, die ich als die Urreligion der Märchen bezeichnen möchte, verwirklicht hat.

Der Tiergatte oder Die Erlösung des inneren Partners

Die Alte im Wald

Es fuhr einmal ein armes Dienstmädchen mit seiner Herrschaft durch einen großen Wald, und als sie mitten darin waren, kamen Räuber aus dem Dickicht hervor und ermordeten, wen sie fanden. Da kamen alle miteinander um, bis auf das Mädchen, das war in der Angst aus dem Wagen gesprungen und hatte sich hinter einen Baum verborgen. Wie die Räuber mit ihrer Beute fort waren, trat es herbei und sah das große Unglück. Da fing es an bitterlich zu weinen und sagte: «Was soll ich armes Mädchen nun anfangen, ich weiß mich nicht aus dem Wald herauszufinden, keine Menschenseele wohnt darin; so muß ich gewiß verhungern.» Es ging herum, suchte einen Weg, konnte aber keinen finden. Als es Abend war, setzte es sich unter einen Baum, befahl sich Gott und wollte da sitzenbleiben und nicht weggehen, möchte geschehen, was immer wollte. Als es aber eine Weile dagesessen hatte, kam ein weißes Täubchen zu ihm geflogen und hatte ein kleines goldenes Schlüsselchen im Schnabel. Das Schlüsselchen legte es ihm in die Hand und sprach: «Siehst du dort den großen Baum, daran ist ein kleines Schloß, das schließ mit dem Schlüsselchen auf, so wirst du Speise genug finden und keinen Hunger mehr leiden.» Da ging es zu dem Baum und schloß ihn auf und fand Milch in einem kleinen Schüsselchen und Weißbrot zum Einbrocken dabei, daß es sich satt essen konnte. Als es satt war, sprach es: «Jetzt ist es Zeit, wo die Hühner daheim auffliegen, ich bin so müde, könnt ich mich doch auch in mein Bett legen.» Da kam das Täubchen wieder geflogen und brachte ein anderes goldenes Schlüsselchen im Schnabel und sagte: «Schließ dort den Baum auf, so wirst du ein Bett finden.» Da schloß es auf und fand ein schönes weiches Bettchen: da betete es zum lieben Gott, er möchte es behüten in der Nacht, legte sich und schlief ein. Am Morgen kam das Täubchen zum drittenmal, brachte wieder ein Schlüsselchen und sprach: «Schließ dort den Baum auf, da wirst du Kleider finden», und wie es aufschloß, fand es Kleider mit Gold und Edelsteinen besetzt, so herrlich, wie sie keine Königstochter hat. Also lebte es da eine Zeitlang, und kam das Täubchen alle Tage und sorgte für alles, was es bedurfte, und war das ein stilles, gutes Leben.

Einmal aber kam das Täubchen und sprach: «Willst du mir etwas zuliebe tun?» «Von Herzen gerne», sagte das Mädchen. Da sprach das Täubchen: «Ich will dich zu einem kleinen Häuschen führen, da geh hinein, mittendrein am Herd wird eine alte Frau sitzen und ‹guten Tag› sagen. Aber gib ihr beileibe keine Antwort, sie mag auch anfangen, was sie will, sondern geh zu ihrer rechten Hand weiter, da ist eine Türe, die mach auf, so wirst du in eine Stube kommen, wo eine Menge von Ringen allerlei Art auf dem Tisch liegt, darunter sind prächtige mit glitzerigen Steinen, die laß aber liegen und suche einen schlichten heraus, der auch darunter sein muß, und bring ihn zu mir her, so geschwind du kannst.» Das Mädchen ging zu dem Häuschen und trat zu der Türe ein: da saß eine Alte, die machte große Augen, wie sie es erblickte, und sprach: «Guten Tag, mein Kind.» Es gab ihr aber keine Antwort und ging auf die Türe zu. «Wo hinaus?» rief sie und faßte es beim Rock und wollte es festhalten. «Das ist mein Haus, da darf niemand herein, wenn ich's nicht haben will.» Aber das Mädchen schwieg still, machte sich von ihr los und ging gerade in die Stube hinein. Da lag nun auf dem Tisch eine übergroße Menge von Ringen, die glitzerten und glimmerten ihm vor den Augen: es warf sie herum und suchte nach dem schlichten, konnte ihn aber nicht finden. Wie es so suchte, sah es die Alte, wie sie daherschlich und einen Vogelkäfig in der Hand hatte und damit fortwollte. Da ging es auf sie zu und nahm ihr den Käfig aus der Hand, und wie es ihn aufhob und hineinsah, saß ein Vogel darin, der hatte den schlichten Ring im Schnabel. Da nahm es den Ring und lief ganz froh damit zum Haus hinaus und dachte, das weiße Täubchen würde kommen und den Ring holen, aber es kam nicht. Da lehnte es sich an einen Baum und wollte auf das Täubchen warten, und wie es so stand, da war es, als würde der Baum weich und biegsam und senkte seine Zweige herab. Und auf einmal schlangen sich die Zweige um es herum und waren zwei Arme, und wie es sich umsah, war der Baum ein schöner Mann, der es umfaßte und herzlich küßte und sagte: «Du hast mich erlöst und aus der Gewalt der Alten befreit, die eine böse Hexe ist. Sie hatte mich in einen Baum verwandelt, und alle Tage ein paar Stunden war ich eine weiße Taube, und solang sie den Ring besaß, konnte ich meine menschliche Gestalt nicht wieder erhalten.» Da waren auch seine Bedienten und Pferde von dem Zauber frei, die sie auch in Bäume verwandelt hatte, und standen neben ihm. Da fuhren sie fort in sein Reich; denn er war eines Königs Sohn, und sie heirateten sich und lebten glücklich.

Die Alte im Wald
(Interpretation)

Den Ring als ein erlösendes Symbol oder als einen Ausdruck der Transzendenz, der Ganzheit und der Vereinigung der Gegensätze haben wir schon im Märchen von Aladin kennengelernt. Oft tritt dieses Symbol, sei es als Ring, Wunderblume oder Kraut, zusammen mit der Erlösung des Tiergatten auf. Wer ist der Tiergatte? Er ist die innere Partnerin des Mannes oder der innere Partner der Frau, die andersgeschlechtliche Hälfte also, die es bewußt zu machen und zu verwirklichen gilt, damit die chymische Hochzeit am Ende des Märchens stattfinden kann, die Ganzheit des Selbst. Jung bezeichnete die weibliche Hälfte des Mannes als Anima und die männliche der Frau als Animus:

> «Wie die Anima durch die Integration zu einem Eros des Bewußtseins wird, so der Animus zu einem Logos, und wie jene dem männlichen Bewußtsein damit Beziehung und Bezogenheit verleiht, so dieser dem weiblichen Bewußtsein Nachdenklichkeit, Überlegung und Erkenntnis.» (1)

Esther Harding, die dem Animus ein ganzes Buch gewidmet hat (2), berichtet vom sogenannten «ghosty lover», einem Geistergeliebten, der im Traum und Wachtraum vieler Frauen auftritt. Elisabeth Hämmerling beschreibt in ihrem Buch «Orpheus' Wiederkehr» (3), wie ihr Animus ihr als Schwan und als Orpheus begegnete und sie dazu brachte, das erwähnte Buch zu schreiben, und nennt viele Synchronizitäten, die in diesem Zusammenhang auftraten.

Die Bewußtwerdung der Anima wie des Animus ist aber ein langer, opferreicher Prozeß. Eines der berühmtesten Märchenbeispiele zu diesem Thema stellt das französische Märchen *«Die Schöne und die Bestie»* dar:

Ein Vater fragt seine Töchter, wie im Märchen vom Aschenputtel, was er ihnen mitbringen solle. Die beiden ältesten wünschen sich schöne Kleider und Perlen, aber die jüngste wünscht sich nur eine weiße Rose vom Vater. Der Vater hat, als er sich auf dem Heimweg befindet, schöne Kleider und Perlen eingekauft, doch eine weiße Rose hat er nicht gefunden. Er stiehlt sie aus dem verzauberten Garten der Bestie, die über diesen Diebstahl sehr zornig wird und dem Mann befiehlt, nach drei Moanten wiederzukommen, um seine Strafe zu empfangen – wahrscheinlich den Tod. Der Vater kommt nach Hause und erzählt, was passiert ist. Die Heldin besteht darauf, die Strafe für den Vater auf sich zu nehmen. Nach drei Monaten geht sie zu dem verzauberten Schloß. Sie hat bei dem Tier ein angenehmes Leben, nur ab und zu kommt das Tier zu ihr und fragt sie, ob sie es heiraten wolle. Die Heldin weigert sich immer wieder. Eines Tages erfährt sie, daß ihr Vater krank sei, und bittet die Bestie um eine Woche Urlaub, um nach Hause zum Vater zu gehen und ihn zu pflegen. Das Tier sagt ihr, es würde sterben, wenn sie es verließe und nicht wiederkomme. Der Vater freut sich sehr über die Heimkehr der Tochter und wird gesund. Die eifersüchtigen Schwestern aber, die von ihrem angenehmen Leben bei dem Tier hören, möchten sie zurückhalten und möchten, daß sie ihr Versprechen gegenüber dem Tier bricht.

Eines Tages aber träumt die Heldin, das Tier liege vor Verzweiflung im Sterben. Daraufhin kehrt sie zu ihm zurück. Jetzt vergißt das Mädchen aus Mitleid mit dem sterbenden Tier dessen ganze Häßlichkeit. Das Tier erklärt ihr, daß es jetzt, nachdem sie zu ihm zurückgekehrt sei, glücklich sterben könne. Das Mädchen erkennt, daß das Tier es liebt und nicht ohne es leben kann. Jetzt verspricht es dem Tier, dessen Frau zu werden, wenn es nur nicht sterben würde. In diesem Moment wird das Schloß von einem Donnerschlag erschüttert und von strahlendem Licht und Musik erfüllt. Das Tier ist verschwunden, an seiner Stelle steht ein schöner Prinz, der dem Mädchen erzählt, daß ihn eine böse Hexe in ein wildes Tier verzaubert hätte. Er konnte nur erlöst werden, indem das schöne Mädchen das wilde Tier nur um seiner Güte willen liebte.

Kunstmärchen haben auch negative Beispiele geliefert, in denen es dem Helden nicht gelang, seine Anima, die Undine zum Beispiel oder die Schwanenfrau in Tschaikowskys Schwanensee, zu erlösen. Die Nixe ist übrigens eine typische Animafigur. Ebenso drückt der Schwan als Luft- und Wassertier den unbewußten Geist oder die Seele aus. Der Prinz in Tschaikowskys Ballett wurde der Schwanenfrau, die genau wie ihre Gespielinnen in einen Schwan verwandelt worden war, untreu. Diese Schwanenfrauen legen in diesem Ballett wie die sechs Schwäne nachts ihr gefiedertes Kleid am Strand ab. Der Prinz vergißt aber seine Anima, indem er im Trubel der äußeren Welt aufgeht, nimmt eine Frau, die ihm seine Mutter aussucht, und verliert dafür sein Leben in den Wogen der wilden See, also im Wahnsinn.

Das Märchen von der *«Alten im Wald»* stellt ein Vorbild dar für die Erlösung des inneren Partners mit Hilfe des erlösenden Symbols. Wie ist dies möglich? Es geschieht, indem der Vorgang des Transzendierens uns mit der unbewußten Hälfte verbindet, die so erlöst oder bewußt werden kann. Voller Vertrauen in den Individuationsprozeß und auf die Hilfe, die aus unserer inneren Natur kommt, ist die Stimmung dieses Märchens. Welche Geborgenheit erfährt das hilflose Dienstmädchen nach dem grauenvollen Schicksalsschlag im tiefen Wald! Es hat den Wald nicht aufgesucht, wie die anderen Helden, sondern das Märchen zeigt, daß die Individuation schicksalsmäßig auf uns zukommt. Plötzlich geht das Leben nach dem alten Muster nicht mehr weiter. Die neue Entwicklungsstufe wird zuerst als ein Verlust des Alten erlebt, als wäre uns alles, was uns lieb und teuer war, plötzlich vom Schicksal geraubt worden. Der tiefe, dunkle Wald könnte eine Depression, die tiefe Nacht der Seele, bedeuten, in die die Heldin nun geraten ist. Doch da beginnt schon ihr positives Beispiel. Wenn das Ego nicht mehr weiterkommt, wenn das Bewußtsein an seinen Grenzen angekommen ist, dann gilt es, auf eine Macht zu vertrauen, die mehr weiß als das Ego. Das Dienstmädchen betet und vertraut auf Gott, wie all die anderen Märchenhelden. Obwohl es nach menschlichem Ermessen keinen Ausweg mehr gibt, gibt sie die Hoffnung nicht auf. Das ist ihr Glauben und Vertrauen. Sie wartet ab. Und jetzt erst verwandelt sich die dunkle Nacht der Seele in einen Zustand unbekannter Fruchtbarkeit. Welche vorher nie geahnten Geheimnisse und Schätze in diesem Wald, dem Unbewußten, doch vorhanden sind! Als hätten sie gerade darauf gewartet, daß die Heldin sich ihrer bedient. Welche ungeahnten Möglichkeiten offenbart die Seele, wenn von außen keine Hilfe mehr zu erwarten ist. Das goldene Schlüsselchen aber, um diese verborgenen Türen zu diesen verborgenen Tiefen ihrer Seele und dem ungekannten inneren Reichtum zu öffnen, hat das Täubchen im Schnabel – ihr Animus. Ein Helfer wieder, der mit uns zusammenarbeiten will, der aber unserer Hilfe bedarf. Er tritt in zweifacher Gestalt auf: als Täubchen und als Baum. Als Täubchen ist er ein geeignetes Symbol, um die Kommunikation, die Vermittlerrolle zwischen dem Bewußtsein und dem Unbewußten auszudrücken. Ich denke an die Brieftaube. Jung nannte ja auch den Animus einen Brückenbauer zum Unbewußten. Als Vogel steht er für den Geist. Der Baum dagegen drückt Wachstum, Dynamik, Zielgerichtetheit und Lebenskraft aus. Fest muß ein Baum stehen. Seine Wurzeln dringen tief in die Erde vor, und seine Zweige ragen hoch in den Himmel. Der Baum ist nicht nur ein Ausdruck der Dynamik des Individuationsprozesses, sondern auch der Ganzheit des Selbst. Als Lebensbaum ist er Träger der verschiedenen Bewußtseinszentren, in der Kabbala der Sephiroth, der Türen, die das Mädchen nun nacheinander aufschließen muß. Die Eigenschaften, die ihr Animus in diesem Märchen verkörpert, sind Rat und Hilfe in der ausweglosen Situation, der Auftrag zur Ganzwerdung und die Hilfe und Weisheit dazu. Im Leben könnte die Hilfe in der schöpferischen Intuition oder einem Traum bestehen, in der Entwicklung der notwendigen Fähigkeiten, um sich im Leben durchzusetzen, und zugleich in den hilfreichen Zufällen oder Synchronizitäten auf dem Weg.

Und die Alte? Es ist dieselbe, wie wir sie schon bei Jorinde und Joringel kennengelernt haben. Hier ist sie es aber, die den Ring verbirgt. Er muß ihr entwendet werden. Der Seelenkern muß dem Unbewußten entrungen werden. Das erlösende Symbol muß bewußt werden. Warum muß die Heldin schweigen? Man könnte auch hier wieder wie im Märchen von den wilden Schwänen auf einen meditativen Zustand schließen. Jetzt gilt es, nicht vom Ziel abzuirren oder sich verführen zu lassen. Das Ziel ist hier der einfache Ring; man darf sich also nicht vom Glanz und Äußerlichkeiten blenden lassen. Auch diese Situation erinnert wieder an den Auftrag im tibetanischen Totenbuch, immer das reine Licht im

Auge zu behalten und sich weder von zornigen noch friedvollen Gottheiten ablenken zu lassen. Die Alte verkörpert auch alle die Einflüsterungen und Verführungen von außen, die uns davon abhalten wollen, unsere Berufung zu leben. Die Alte ist der Zweifel, daß alles, was uns geschieht, zu unserem Besten ist. Nicht dabei einhalten, ist das Gebot, das der Animus der Heldin hier erteilt. Dieser Ring kommt auch der Macht des Glaubens gleich, der an seinem Ziel festhält und weitergeht, ohne beim Zweifel einzuhalten. Die Alte ist die Trauer und Einsamkeit, die uns nicht davon abhalten dürfen, den eingeschlagenen Weg weiterzugehen. Sie ist der Zweifel und die Reue als Versuchung. So gesehen ist sie eine Hüterin der Schwelle. Man darf wie in Kafkas Parabel vom Mann vor dem Gesetz nicht nach Erlaubnis fragen, sondern man muß durch die Tür durchgehen.* Das Täubchen verhilft der Heldin hier so gesehen zu Tat- und Willenskraft: weitergehen, durchgehen, trotz alledem! Der Animus rät ihr, wie die Alte zu besiegen ist. Er ist ein Seelenführer, und er rät der Heldin, wie er selber zu erlösen ist. Er führt sie durch die Einsamkeit und über den Ungehorsam (das sind typische Funktionen des Animus) schließlich hin zum Selbst. Zentral ist in diesem Märchen das Vertrauen der Heldin auf diese innere Stimme.

Nachdem der Ring gefunden ist, können die Gegensätze vereinigt werden. Jetzt kann Unbewußtes bewußt werden, und eine Kettenreaktion findet statt. Die Heldin hat am Ende ihre Ganzheit erreicht. Die mystische Hochzeit findet statt. Und jetzt wird der dunkle Wald verlassen. Der neue Tag folgt auf die finstere Nacht der Seele.

---

*In Kafkas Parabel vom Mann vor dem Gesetz kommt ein Mann an die Tür, die zum Himmel führt, und begehrt Einlaß, doch der Türhüter sagt, er müsse auf Erlaubnis warten, er könne noch nicht eingelassen werden. Darauf wartet der Mann sein Leben lang, bis er alt und grau geworden ist. Da geht der Türhüter hin und schließt die Tür, die die ganze Zeit offengestanden hatte, und sagt: «Diese Tür war nur für dich bestimmt. Ich gehe jetzt und schließe sie.»

König Drosselbart

Ein König hatte eine Tochter, die war über alle Maßen schön, aber dabei so stolz und übermütig, daß ihr kein Freier gut genug war. Sie wies einen nach dem andern ab und trieb noch dazu Spott mit ihnen. Einmal ließ der König ein großes Fest anstellen und ladete dazu aus der Nähe und Ferne die heiratslustigen Männer ein. Sie wurden alle in eine Reihe nach Rang und Stand geordnet; erst kamen die Könige, dann die Herzöge, die Fürsten, Grafen und Freiherrn, zuletzt die Edelleute. Nun ward die Königstochter durch die Reihen geführt, aber an jedem hatte sie etwas auszusetzen. Der eine war ihr zu dick, «das Weinfaß!» sprach sie. Der andere zu lang, «lang und schwank hat keinen Gang». Der dritte zu kurz, «kurz und dick hat kein Geschick». Der vierte zu blaß, «der bleiche Tod!», der fünfte zu rot, «der Zinshahn!», der sechste war nicht gerad genug, «grünes Holz, hinterm Ofen getrocknet!» Und so hatte sie an einem jeden etwas auszusetzen, besonders aber machte sie sich über einen guten König lustig, der ganz oben stand und dem das Kinn ein wenig krumm gewachsen war. «Ei», rief sie und lachte, «der hat ein Kinn wie die Drossel einen Schnabel», und seit der Zeit bekam der den Namen Drosselbart. Der alte König aber, als er sah, daß seine Tochter nichts tat, als über die Leute spotten, und alle Freier, die da versammelt waren, verschmähte, ward er zornig und schwur, sie sollte den ersten besten Bettler zum Manne nehmen, der vor seine Türe käme.

Ein paar Tage darauf hub ein Spielmann an unter dem Fenster zu singen, um damit ein geringes Almosen zu verdienen. Als es der König hörte, sprach er: «Laßt ihn heraufkommen.» Da trat der Spielmann in seinen schmutzigen verlumpten Kleidern herein, sang vor dem König und seiner Tochter und bat, als er fertig war, um eine milde Gabe. Der König sprach: «Dein Gesang hat mir so wohl gefallen, daß ich dir meine Tochter da zur Frau geben will.» Die Königstochter erschrak, aber der König sagte: «Ich habe den Eid getan, dich dem ersten besten Bettelmann zu geben, den will ich auch halten.» Es half keine Einrede, der Pfarrer ward geholt, und sie mußte sich gleich mit dem Spielmann trauen lassen. Als das geschehen war, sprach der König: «Nun schickt sich's nicht, daß du als ein Bettelweib noch länger in meinem Schloß bleibst, du kannst nur mit deinem Manne fortziehen.»

Der Bettelmann führte sie an der Hand hinaus, und sie mußte mit ihm zu Fuß fortgehen. Als sie in einen großen Wald kamen, da fragte sie:

«Ach, wem gehört der schöne Wald?»
«Der gehört dem König Drosselbart;
hättst du'n genommen, so wär er dein.»
«Ich arme Jungfer zart,
ach, hätt' ich genommen den König Drosselbart!»

Darauf kamen sie über eine Wiese; da fragte sie wieder:

«Wem gehört die schöne grüne Wiese?»
«Sie gehört dem König Drosselbart;
hättst du'n genommen, so wär sie dein.»
«Ich arme Jungfer zart,
ach, hätt' ich genommen den König Drosselbart!»

Dann kamen sie durch eine große Stadt; da fragte sie wieder:

«Wem gehört diese schöne große Stadt?»
«Sie gehört dem König Drosselbart;
hättst du'n genommen, so wär sie dein.»
«Ich arme Jungfer zart,
ach, hätt' ich genommen den König Drosselbart!»

«Es gefällt mir gar nicht», sprach der Spielmann, «daß du dir immer einen andern zum Mann wünschest: bin ich dir nicht gut genug?» Endlich kamen sie an ein ganz kleines Häuschen, da sprach sie:

«Ach, Gott, was ist das Haus so klein!
Wem mag das elende winzige Häuschen sein?»

Der Spielmann antwortete: «Das ist mein und dein Haus, wo wir zusammen wohnen.» Sie mußte sich bücken, damit sie zu der niedrigen Tür hineinkam. «Wo sind die Diener?» sprach die Königstochter. «Was Diener!» antwortete der Bettelmann, «du mußt selber tun, was du willst getan haben. Mach nur gleich Feuer an und stell Wasser auf, daß du mir mein Essen kochst; ich bin ganz müde.» Die Königstochter verstand aber nichts vom Feueranmachen und Kochen, und der Bettelmann mußte selber mit Hand anlegen, daß es noch so leidlich ging. Als sie die schmale Kost verzehrt hatten, legten sie sich zu Bett: aber am Morgen trieb er sie schon ganz früh heraus, weil sie das Haus besorgen sollte. Ein paar Tage lebten sie auf diese Art schlecht und recht und zehrten ihren Vorrat auf. Da sprach der Mann: «Frau, so geht's nicht länger, daß wir hier zehren und nichts verdienen. Du sollst Körbe flechten.» Er ging aus, schnitt Weiden und brachte sie heim: da fing sie an zu flechten, aber die harten Weiden stachen ihr die zarten Hände wund. «Ich sehe, das geht nicht», sprach der Mann, «spinn lieber, vielleicht kannst du das besser.» Sie setzte sich hin und versuchte zu spinnen, aber der harte Faden schnitt ihr bald in die weichen Finger, daß das Blut daran herunterlief. «Siehst du», sprach der Mann, «du taugst zu keiner Arbeit, mit dir bin ich schlimm angekommen. Nun will ich's versuchen und einen Handel mit Töpfen und irdenem Geschirr anfangen: du sollst dich auf den Markt setzen und die Ware feilhalten.» – «Ach», dachte sie, «wenn auf den Markt Leute aus meines Vaters Reich kommen und sehen mich dasitzen und feilhalten, wie werden sie mich verspotten!» Aber es half nichts, sie mußte sich fügen, wenn sie nicht Hungers sterben wollten. Das erste Mal ging's gut; denn die Leute kauften der Frau, weil sie schön war, gern ihre Ware ab und bezahlten, was sie forderte: ja, viele gaben ihr das Geld und ließen ihr die Töpfe noch dazu. Nun lebten sie von dem Erworbenen, solang es dauerte; da handelte der Mann wieder eine Menge neues Geschirr ein. Sie setzte sich damit an eine Ecke des Marktes und stellte es um sich her und hielt feil. Da kam plötzlich ein trunkener Husar dahergefegt und ritt geradezu in die Töpfe hinein, daß alles in tausend Scherben zersprang. Sie fing an zu weinen und wußte vor Angst nicht, was sie anfangen sollte. «Ach, wie wird mir's ergehen!» rief sie, «was wird mein Mann dazu sagen!» Sie lief heim und erzählte ihm das Unglück. «Wer setzt sich auch an die Ecke des Marktes mit irdenem Geschirr!» sprach der Mann, «laß nur das Weinen, ich sehe wohl, du bist zu keiner ordentlichen Arbeit zu gebrauchen. Da bin ich in unseres Königs Schloß gewesen und habe gefragt, ob sie nicht eine Küchenmagd brauchen könnten, und sie haben mir versprochen, sie wollten dich dazu nehmen; dafür bekommst du freies Essen.»

Nun ward die Königstochter eine Küchenmagd, mußte dem Koch zur Hand gehen und die sauerste Arbeit tun. Sie machte sich in beiden Taschen ein Töpfchen fest, darin brachte sie nach Haus, was ihr von dem Übriggebliebenen zuteil ward, und davon nährten sie sich. Es trug sich zu, daß die Hochzeit des ältesten Königssohnes sollte gefeiert werden, da ging die arme Frau hinauf, stellte sich vor die Saaltüre und wollte zusehen. Als nun die Lichter angezündet waren und immer einer schöner als der andere hereintrat und alles voll Pracht und Herrlichkeit war, da dachte sie mit betrübtem Herzen an ihr Schicksal und verwünschte ihren Stolz und Übermut, der sie erniedrigt und in so große Armut gestürzt hatte. Von den köstlichen Speisen, die da ein- und ausgetragen wurden und von welchen der Geruch zu ihr aufstieg, warfen ihr Diener manchmal ein paar Brocken zu, die tat sie in ihr Töpfchen und wollte es heimtragen. Auf einmal trat der Königssohn herein, war in Samt und Seide gekleidet und hatte goldene Ketten um den Hals. Und als er die schöne Frau in der Türe stehen sah, ergriff er sie bei der Hand und wollte mit ihr tanzen, aber sie weigerte sich und erschrak; denn sie sah, daß es der König Drosselbart war, der um sie gefreit und den sie mit Spott abgewiesen hatte. Ihr Sträuben half nichts, er zog sie in den Saal: da zerriß das Band, an welchem die Taschen hingen, und die Töpfe fielen heraus, daß die Suppe floß und die Brocken umhersprangen. Und wie das die Leute sahen, entstand ein allgemeines Gelächter und Spotten, und sie war so beschämt, daß sie sich lieber tausend Klafter unter die Erde gewünscht hätte. Sie sprang zur Türe hinaus und wollte entfliehen, aber auf der Treppe holte sie ein Mann ein und brachte sie zurück:

und wie sie ihn ansah, war es wieder der König Drosselbart. Er sprach ihr freundlich zu: «Fürchte dich nicht, ich und der Spielmann, der mit dir in dem elenden Häuschen gewohnt hat, sind eins: dir zuliebe habe ich mich so verstellt, und der Husar, der dir die Töpfe entzweigeritten hat, bin ich auch gewesen. Das alles ist geschehen, um deinen stolzen Sinn zu beugen und dich für deinen Hochmut zu strafen, womit du mich verspottet hast.» Da weinte sie bitterlich und sagte: «Ich habe großes Unrecht gehabt und bin nicht wert, deine Frau zu sein.» Er aber sprach: «Tröste dich, die bösen Tage sind vorüber, jetzt wollen wir unsere Hochzeit feiern.» Da kamen die Kammerfrauen und taten ihr die prächtigsten Kleider an, und ihr Vater kam und der ganze Hof und wünschten ihr Glück zu ihrer Vermählung mit dem König Drosselbart, und die rechte Freude fing jetzt erst an. Ich wollte, du und ich, wir wären auch dabeigewesen.

König Drosselbart
(Interpretation)

Wer ist König Drosselbart? König Drosselbart spielt Schicksal in diesem Märchen. Er ist das Schicksal – wenigstens für diese Heldin. Das ist die Eigenschaft eines Archetypus.

> «Erst wenn wir in die dunkle Tiefe hineinleuchten und die seltsam verschlungenen Wege menschlichen Schicksals psychologisch erkunden, wird es allmählich offenbar, wie groß der Einfluß dieser beiden Bewußtseinskomplemente [Anima bzw. Animus] ist.» (1)

Ein und derselbe Mann tritt in verschiedenen Gestalten und vielen Rollen auf. Er ist König, Spielmann, Husar – alles bekannte Animusfiguren. Als Spielmann ist er der Künstler, als Husar drückt er Mut und Willenskraft aus und als König Bewußtsein und Ernsthaftigkeit. Der König steht am Anfang und am Ende. Sein Spitzbart repräsentiert ebenfalls einen Typ des Animus: der Intellekt tritt gern als Spitzbart auf. (2) Daß er hier krumm ist wie der Schnabel einer Drossel, zeigt, daß er noch aus der Unbewußtheit erlöst werden muß. Der unbewußte Geist hat etwas Vogelähnliches und Krummes an sich. Er ist noch nicht zurechtgebogen. Dazu bedarf es der Hilfe des Bewußtseins der Heldin. Aber sie weist ihn ab. Es ist der Stolz des Ego, das Herr im eigenen Hause sein will und sich vom Unbewußten nicht in seine Pläne pfuschen lassen will und in seine genauen Ansichten davon, was schön und häßlich ist usw. Es ist ja immer so ambivalent, so ungestaltet und sieht so unvollkommen und minderwertig aus, was da hochkommt: im Traum, in der Phantasie, als Herausforderungen aus der Umwelt, die das Leben stellt. Aber um so verächtlicher und ignoranter man sich ihm gegenüber verhält, um so aufdringlicher und unangenehmer muß der Partner aus dem Unbewußten werden. Statt eines Königs erhält sie jetzt einen Spielmann. Im Laufe des Lebens merkt die Heldin sogar, daß sie etwas Wertvolles verloren hat: «Wem gehört die Wiese?» usw. «König Drosselbart», heißt jedesmal die Antwort. Immer wenn wir an einer Stelle im Leben angekommen sind, an der wir mit der Kraft und Fähigkeit des Ego nicht mehr weiterkommen, mögen wir bedauern, daß wir bestimmte Hilfestellungen zur Entwicklung, bestimmte Fähigkeiten nicht angenommen haben. Das ist die Reue der Heldin dieses Märchens.

Doch da es im Leben keinen Stillstand gibt, da das Selbst auch gegen den Willen des bewußten Ego immer an der Individuation weiterarbeitet, ist sie ja gerade in diesen Momenten schon dabei, sich den zurückgewiesenen und verloren geglaubten König Drosselbart zu erarbeiten. Die Prinzessin konnte gar nicht anders: der Animus muß ja entwickelt werden – stufenweise. Das Ego wird im Laufe dieses Prozesses immer demütiger, denn es muß ja die ganze Verantwortung für die Taten des Animus übernehmen. Und er brockt der Heldin so allerhand ein. Er führt sie hinein in den Schlamassel, aber er erlöst sie auch wieder daraus und führt sie weiter, hin zur Bewußtheit und Ganzheit. Aufs Leben übertragen könnte man dies so verstehen, daß alle Situationen, Zufälle und Herausforderungen, die uns gerade zustoßen, etwas mit der Entwicklung des Archetypus zu tun haben und durch diesen herausgefordert werden.

König Drosselbart führt die Heldin (die sich übrigens unbewußt schon von Anfang an für ihre Individuation und gegen ein behütetes, bürgerliches Leben im gewohnten Rahmen entschieden hat, indem sie alle Verehrer abweist) weg vom Vater und der Geborgenheit und Sicherheit und hin in die Fremde, die Einsamkeit, Entbehrung, Unsicherheit und die Sorgen des täglichen Lebens. Sie muß lernen, selbst ihren Unterhalt zu verdienen, selbständig zu sein. Daß der Husar das Porzellan zerschlägt, kann man auch so verstehen, daß während der Entwicklung des Animus man sich tollpatschig anstellt, aber auch daß die Seite, die der Husar verkörpert (Willenskraft und Mut) noch zu wild und ungebändigt sind und so die eigenen Erwerbungen wieder zerstören. Immer wieder ist ihre Schönheit aber ein Anlaß für Milde. Warum? Schönheit bedeutet im Märchen soviel wie Wahrheit. Immer dann, wenn wir die Aufgabe leben, die uns das Schicksal zugedacht hat, also unser Selbst, dann werden wir auch von der Natur unterstützt.

Was die Heldin schließlich am Ende des Märchens (wieder) erhält, hat sie sich selbst erworben. Was zuerst wie ein Fehler oder Verlust aussah, den die Heldin bereut, war ein notwendiger Entwicklungsschritt, wie so oft im Leben und im Märchen. Alle Helden müssen «Fehler» begehen, weil in dieser Welt immer nur eins nach dem anderen getan werden kann. Tun wir das eine, haben wir nur die Hälfte und die andere fehlt uns, tun wir das andere, sind wir auch nicht besser dran. Dies ist der Moment, an dem man anfängt zu bereuen, was man getan hat, oder in Konflikt zu geraten. Die Lösung besteht aber in der Einsicht, daß man in jedem Fall nur die Hälfte haben kann, die Verantwortung für die Entscheidungen zu übernehmen und die Trauer nicht zu verdrängen, daß man des anderen ermangeln muß. Das heißt es: das eine zu tun, ohne das andere zu lassen, das eine tun auf materieller zeitlicher Ebene, ohne das andere zu lassen im Bewußtsein. Das ist die Heilung der Neurose, die darin bestand, daß man die Trauer oder Reue oder den Wunsch nach dem Gegenteil verdrängte. Das heißt es: das Opfer jetzt bewußt zu bringen! Das ist die Paradoxie des Lebens und des Individuationsprozesses, hinter die man manchmal erst nach langem Leiden kommt. Jetzt hat man beides – im anderen Falle hatte man keines von beidem.

Dieses Märchen sagt uns, immer wenn mir etwas bewußt werden soll, muß ich es zuerst verlieren. Und mit diesem Gesetz hat auch die Entwicklung der Menschheit im Symbol des verlorenen Paradieses etwas zu tun. Und dieses Gesetz wendet das Leben an im Laufe des Individuationsprozesses. Wolfgang Borchert hat dieses Problem in seiner Kurzgeschichte von der alten Küchenuhr dargestellt. Erst nachdem er die Geborgenheit bei der Mutter verloren hatte, konnte er sie bewußt schätzen lernen. Ein Problem, das uns traurig machen könnte, doch wie wir in diesem Märchen sehen, geht der Prozeß noch weiter. Auch Parzival mußte bei der ersten Begegnung mit dem Gralskönig einen Fehler begehen. Erst danach wurde ihm die Bedeutung des Gralskönigs erklärt. Erst bei der zweiten bewußt gesuchten Begegnung wußte er die Chance zu nutzen. Doch inzwischen war aus Parzival auch ein anderer geworden. Es hatte ein Entwicklungsprozeß stattgefunden.

Und dies ist die Geschichte von König Drosselbart. Hätte die Heldin ihn nicht abgewiesen, wäre er ihr unbewußt geblieben. Sie hätte mit ihm in einer unbewußten Einheit gelebt. Gerade weil sie ihn verliert und um den Verlust trauert, gewinnt sie ihn wieder; aber auf einer höheren, bewußten Ebene. Auch die Prinzessin im *«Froschkönig»* muß den Frosch abweisen, d. h. den Konflikt durchstehen, mit ihm kämpfen, um ihn zu erlösen. Wer ein Kind bleibt, kann nicht werden wie die Kinder. Der Naturmensch ist ganz, aber unbewußt. Erst der Mensch, der an seiner Spaltung gelitten hat und sie überwunden hat, weiß, was es heißt, ein ganzer Mensch zu sein. Es ist das Gesetz des Kreises: Was ich verloren oder hinter mir gelassen habe, gewinne ich, gerade indem ich weitergehe, wieder zurück. Das ist der Weg der Heldin in König Drosselbart. Und diese Einsicht kann helfen, manchen Konflikt, der nur das «Entweder-Oder» kennt, zu überwinden. Sie mußte König Drosselbart verlieren, weil sie ihn gewinnen sollte – wie paradox!

Etwas Ähnliches erlebte ich im Traum: Über Jahre tauchte immer wieder ein Traum auf, in dem ich am Bahnsteig stand, der Zug rollte ein, doch ich konnte nicht rechtzeitig meinen Koffer finden und mußte ohne Koffer abfahren. Im Laufe der Handlung fuhr ich immer wieder zurück, um den Koffer zu holen. Dann tauchte eines Nachts ein Traum auf, in dem dieser Konflikt gelöst wurde: Ich stand wieder am Bahnsteig, der Zug rollte ein. Ich konnte den Koffer nicht finden, ich entschied mich ohne Koffer abzufahren, und ich kehrte nicht wieder zurück. Ich hatte eine bewußte Entscheidung getroffen und den Koffer geopfert. Ich kam im Traum zu Hause an, und bald darauf klingelte es an der Haustür. Ein Mann von der Bahnspedition stand draußen und brachte mir meinen Koffer. Am Nachmittag kam im Traum meine Freundin und brachte mir als Geschenk einen neuen roten Koffer mit, während der alte schwarz war. Jetzt hatte ich also beides, und noch etwas drittes dazugewonnen.

Das Märchen hilft, diese Paradoxie zu erfahren, um – wenn man in diesem Prozeß steckt – nicht zu verzweifeln! Aber dazu muß man der Weisheit der Märchen auch Vertrauen schenken und sie nicht als Illusion und Scheintrost auffassen. Das Unmögliche ist die

Regel im Märchen. Nur unser Verstand kann die Ganzheit des Lebens, die paradox ist, nicht begreifen, indem er immer nur «entweder-oder» kennt. Egal was passiert, so lehren uns die Märchen, es ist gut, denn in einem Kreislauf kann gar nichts verlorengehen.

Auf dem Höhepunkt des Märchens kommt es zum Konflikt. Der König zwingt die Heldin zum Tanz: Unbewußtes wird bewußt, alles wird durcheinander gewirbelt, Scham, Verborgenes kommt hervor, absichtlich Verstecktes, aber auch die tiefe Wahrheit. Die Wiedervereinigung ist geglückt. Was zuerst wie ein Unglück aussah, entpuppt sich als das große Glück. Wie es über diese Situation in einem esoterischen Buch heißt:

> «Je tiefer des Leidens Wogen reichen, desto näher schwingen sie dem Gottgrund deiner Seele, und desto eher naht die Wende der Not, die Lösung des Leids, die Leitung und Weitung ins Licht.»

Wer hat schließlich wen erlöst? Wieder haben zwei Hälften zusammengearbeitet. Die Seele spielt Schicksal, das Bewußtsein muß reagieren.

Rumpelstilzchen

Es war einmal ein Müller, der war arm, aber er hatte eine schöne Tochter. Nun traf es sich, daß er mit dem König zu sprechen kam, und um sich ein Ansehen zu geben, sagte er zu ihm: «Ich habe eine Tochter, die kann Stroh zu Gold spinnen.» Der König sprach zum Müller: «Das ist eine Kunst, die mir wohl gefällt! Wenn deine Tochter so geschickt ist, wie du sagst, so bring sie morgen in mein Schloß: da will ich sie auf die Probe stellen.» Als nun das Mädchen zu ihm gebracht ward, führte er es in eine Kammer, die ganz voll Stroh lag, gab ihr Rad und Haspel und sprach: «Jetzt mache dich an die Arbeit, und wenn du diese Nacht durch bis morgen früh dieses Stroh nicht zu Gold versponnen hast, so mußt du sterben.» Darauf schloß er die Kammer selbst zu, und sie blieb allein darin.

Da saß nun die arme Müllerstochter und wußte um ihr Leben keinen Rat: sie verstand gar nichts davon, wie man Stroh zu Gold spinnen konnte, und ihre Angst ward immer größer, daß sie endlich zu weinen anfing. Da ging auf einmal die Türe auf, und trat ein kleines Männchen herein und sprach: «Guten Abend, Jungfer Müllerin, warum weint Sie so sehr?» – «Ach», antwortete das Mädchen, «ich soll Stroh zu Gold spinnen und verstehe das nicht.» Sprach das Männchen: «Was gibst du mir, wenn ich dir's spinne?» – «Mein Halsband», sagte das Mädchen. Das Männchen nahm das Halsband, setzte sich vor das Rädchen, und schnurr, schnurr, schnurr, dreimal gezogen, war die Spule voll. Dann steckte es eine andere auf, und schnurr, schnurr, schnurr, dreimal gezogen, war auch die zweite voll: und so ging's fort bis zum Morgen, da war alles Stroh versponnen, und alle Spulen waren voll Gold. Bei Sonnenaufgang kam schon der König, und als er das Gold erblickte, erstaunte er und freute sich, aber sein Herz ward nur noch goldgieriger. Er ließ die Müllerstochter in eine andere Kammer voll Stroh bringen, die noch viel größer war, und befahl ihr, das auch in einer Nacht zu spinnen, wenn ihr das Leben lieb wäre. Das Mädchen wußte sich nicht zu helfen und weinte; da ging abermals die Türe auf, und das kleine Männchen erschien und sprach: «Was gibst du mir, wenn ich dir das Stroh zu Gold spinne?» – «Meinen Ring von dem Finger», antwortete das Mädchen. Das Männchen nahm den Ring, fing wieder an zu schnurren mit dem Rade und hatte bis zum Morgen alles Stroh zu glänzendem Gold gesponnen. Der König freute sich über die Maßen bei dem Anblick, war aber noch immer nicht Goldes satt, sondern ließ die Müllerstochter in eine noch größere Kammer voll Stroh bringen und sprach: «Die mußt du noch in dieser Nacht verspinnen: gelingt dir's aber, so sollst du meine Gemahlin werden. – Wenn's auch eine Müllerstochter ist», dachte er, «eine reichere Frau finde ich in der ganzen Welt nicht.» Als das Mädchen allein war, kam das Männlein zum drittenmal wieder und sprach: «Was gibst du mir, wenn ich dir noch diesmal das Stroh spinne?» – «Ich habe nichts mehr, das ich geben könnte», antwortete das Mädchen. «So versprich mir, wenn du Königin wirst, dein erstes Kind.» – «Wer weiß, wie das noch geht», dachte die Müllerstochter und wußte sich auch in der Not nicht anders zu helfen; sie versprach also dem Männchen, was es verlangte, und das Männchen spann dafür noch einmal das Stroh zu Gold. Und als am Morgen der König kam und alles fand, wie er gewünscht hatte, so hielt er Hochzeit mit ihr, und die schöne Müllerstochter ward eine Königin.

Über ein Jahr brachte sie ein schönes Kind zur Welt und dachte gar nicht mehr an das Männchen; da trat es plötzlich in ihre Kammer und sprach: «Nun gib mir, was du versprochen hast.» Die Königin erschrak und bot dem Männchen alle Reichtümer des Königreichs an, wenn es ihr das Kind lassen wollte, aber das Männchen sprach: «Nein, etwas Lebendes ist mir lieber als alle Schätze der Welt.» Da fing die Königin so an zu jammern und zu weinen, daß das Männchen Mitleiden mit ihr hatte: «Drei Tage will ich dir Zeit lassen», sprach er, «wenn du bis dahin meinen Namen weißt, so sollst du dein Kind behalten.»

Nun besann sich die Königin die ganze Nacht über auf alle Namen, die sie jemals gehört hatte, und schickte einen Boten über Land, der sollte sich erkundigen weit und breit, was es sonst noch für Namen gäbe. Als am andern Tag das Männchen kam, fing sie an mit Kaspar, Melchior, Balzer und sagte alle Namen, die sie wußte, nach der Reihe her, aber bei jedem sprach das Männlein: «So heiß' ich nicht.» Den zweiten Tag ließ sie in der Nachbarschaft herumfragen, wie die Leute da genannt würden, und sagte dem Männlein die ungewöhnlichsten und seltsamsten Namen vor: «Heißt du vielleicht Rippenbiest oder Hammelswade oder Schnürbein?», aber es antwortete immer: «So heiß' ich nicht.» Den dritten Tag kam der Bote wieder zurück und erzählte: «Neue Namen habe ich keinen einzigen finden können, aber wie ich an einen hohen Berg um die Waldecke kam, wo Fuchs und Has sich gute Nacht sagen, so sah ich da ein kleines Haus, und vor dem Haus brannte ein Feuer, und um das Feuer sprang ein gar zu lächerliches Männchen, hüpfte auf einem Bein und schrie:

«Heute back' ich, morgen brau' ich,
übermorgen hol' ich der Königin ihr Kind;
ach, wie gut ist, daß niemand weiß,
daß ich Rumpelstilzchen heiß'!»

Da könnt ihr denken, wie die Königin froh war, als sie den Namen hörte, und als bald hernach das Männlein hereintrat und fragte: «Nun, Frau Königin, wie heiß' ich?», fragte sie erst: «Heißest du Kunz?» – «Nein.» – «Heißest du Heinz?» – «Nein.» – «Heißt du etwa Rumpelstilzchen?»

«Das hat dir der Teufel gesagt, das hat dir der Teufel gesagt», schrie das Männlein und stieß mit dem rechten Fuß vor Zorn so tief in die Erde, daß es bis an den Leib hineinfuhr; dann packte es in seiner Wut den linken Fuß mit beiden Händen und riß sich selbst mitten entzwei.

Rumpelstilzchen
(Interpretation)

Daß der Animus nicht nur gute Seiten aufzuweisen hat, sondern ambivalent ist und sogar zu einer Gefahr für die Ganzheit werden kann, zeigt das Märchen vom *«Rumpelstilzchen»*. Die Entwicklung der Heldin wird herausgefordert durch die Überforderung des Vaters und später des Königs. Was sonst die böse Stiefmutter fertigbringt, schaffen hier die beiden Vertreter der äußeren patriarchalen Männlichkeit. Sie treiben die Heldin an die Grenzen ihres Bewußtseins. Man könnte den Vater entweder wörtlich verstehen oder aber als äußere Schicht des Animus der Heldin. Diese repräsentiert nämlich das Bild vom Manne, wie es die Trägerin vom Vater oder aus ihrer Gesellschaft kennt. (1) Ein großer Gegensatz zwischen ihrer Herkunft und dem ehrgeizigen Vater führt sie in die Grenzsituation. Sie wird vor eine Aufgabe gestellt, die sie mit den Kräften ihres Ego nicht mehr lösen kann. Wie unmöglich: Stroh zu Gold spinnen! Doch was ist das für eine Kraft, die auftaucht, wenn das Unmögliche möglich werden muß, wenn das bewußte Ich am Ende der Sackgasse angekommen ist? Rumpelstilzchen springt ein. Woher kommt Rumpelstilzchen? Es gehört offensichtlich nicht zur bekannten Menschenwelt, sondern kommt von jenseits ihrer Grenzen. Es entpuppt sich als eine Kraft, die transformieren, die wandeln kann. Stroh zu Gold spinnen heißt, Unedles in Edles verwandeln. Zu einem Dummkopf sagt man, er habe Stroh im Kopf. Gold steht immer als Belohnung der Helden am Ende des Märchens. Es geht hier darum, die psychische Energie zu transformieren, und das geschieht immer dann, wenn das Leben in den alten Bahnen nicht mehr weiterfließen kann.

Transformation bedeutet auch einen Triebverzicht. Hier opfert die Heldin dem inneren Helfer ihren äußeren Reichtum – ihren Schmuck –, aber auch das, was sie äußerlich schön und reich erscheinen läßt – ein Stück Erotik. Rumpelstilzchen als innerer Helfer und Transformator des Stofflichen in Geist oder ein geläutertes Bewußtsein – oder doch zumindest in eines, das den Anforderungen genügt –, ist ein Vertreter des Animus der Heldin. So erscheint er ihr auch etwas fremd und unheimlich. Er ermöglicht ihr Leistung und die Überwindung der Trägheit, die Umwandlung der Libido in zielgerichtete Arbeitskraft. Jedoch nicht umsonst.

Die Heldin kommt durch ihn zu großem Ansehen und zur höchsten Stellung in der Gesellschaft, doch man sollte meinen, die Anforderungen des Königs wären zu hoch gewesen. Hätte er es beim zweiten Mal bewenden lassen, hätte Rumpelstilzchen verschwinden können und wäre nie mehr zu einer Herausforderung geworden. Doch das Schicksal der Heldin will mehr als nur die Entwicklung dieser Seite ihres Animus. Sie soll auch seiner Ambivalenz bewußt werden, damit sie seine negative Seite ablegen kann. Ist dies vielleicht gemeint, als Rumpelstilzchen sich vor Zorn über seine Entlarvung in der Mitte auseinanderreißt?

Und worin besteht die negative Seite des Geistes? Er will ihr Kind holen, genauso wie die böse Alte oder die böse Stiefmutter es oft im Märchen zu tun pflegt. Aber im Unterschied zur Alten stiehlt er es nicht heimlich; er fordert es zuerst von der Königin als freiwilliges Opfer. Er appelliert zuerst an ihren Verstand, an ihre Logik: was man versprochen hat, muß man halten! Er pocht auf sein Recht. Wie vernünftig es klingt! Doch ein anderer Teil des Menschen weicht bei dem Gedanken entsetzt zurück: das Gefühl. Dafür hat Rumpelstilzchen als das unintegrierte Männliche keinen Sinn. Er kennt nur den Logos, nicht den Eros. Das Kind aber steht für die Ganzheit der Heldin, für ihr Selbst, ja das Leben, und zu ihrer Ganzheit gehört auch ihre Weiblichkeit. Was hat sie falsch gemacht? Ehrgeiz und Leistung, Anpassung an die gesellschaftliche Anforderung hat sie gelernt. Aber am Sinn des Lebens ist sie bisher vorbeigegangen. Sie weiß gar nicht, was es heißt, zu leben. Das wird ihr durch die erneute Herausforderung, durch Rumpelstilzchen, jetzt klar. Der ursprüngliche Helfer hat sich verselbständigt und wird ihr zum Feind, der ihre Weiterentwicklung bedroht. Da hat sich etwas in ihrer Psyche verselbständigt und wurde zur

Gefahr. Eine schwere Krise im Leben der Heldin! Entweder sie errät die Ursache ihres Leidens, oder ihre seelische Gesundheit ist gefährdet. Jetzt fängt sie an zu analysieren. Im Märchen schickt sie ihren Diener aus. Er dient ihr, er fordert nicht. Dieser ist eine andere Seite ihres Animus, die sie erst später erworben hat, die ihr aber treu zu Diensten ist und auf die sie sich verlassen kann. Dieser Diener gehört ihr, d.h. er ist in ihre Ganzheit integriert – ein Animustyp, wie ihn auch der Förster als Aufseher und Heger und Ordner des Waldes im *«Rotkäppchen»* verkörpert und dieses aus dem Bauch des verschlingenden, negativen, weil relativ unbewußten, Animusvertreters (Wolf) befreit.

Betrachten wir die Eigenschaften dieses «Boten» einmal näher: Er wird von der Königin zuerst zweimal ausgeschickt, um alle möglichen Namen zu sammeln. Das Benennen ist eine typisch männliche Eigenschaft. Der Animus ist ein Vertreter des Wortes. Nicht ihr weibliches Ego kann Rumpelstilzchen parieren, sondern der positive Anteil des Animus muß ihn in seinem negativen Aspekt überwinden helfen, wie der Förster den Wolf. Aber das Benennen, das Wort oder der Logos genügt nicht. Er errät Rumpelstilzchens Geheimnis nicht. Beim dritten Mal geht der Bote einen Schritt weiter – in den Wald, in dem das Rumpelstilzchen haust. Er wird so zu einem Brückenbauer ins Unbewußte. Das ist der schöpferische Aspekt der inneren Schicht des Animus. Und wie verhält sich der Diener? Er hört zu. Es ist ein Akt der Wahrnehmung über das Unbewußte, ein «Sich-leer-Machen» für einen Einfall. Er repräsentiert die Intuition. Bisher hat er nur geraten. Er hat auf das zurückgegriffen, was im Bewußtsein schon vorhanden war und erworben wurde aus der äußeren Welt. Jetzt aber wird Unbewußtes bewußt gemacht. Das ist die Brückenbauerfunktion des schöpferischen Animus. Und jetzt geht es dem Rumpelstilzchen an den Kragen, der verselbständigte Komplex wird entlarvt. Die Ambivalenz des Animus wird bewußt, Rumpelstilzchen teilt sich, der gute Teil darf bleiben in Gestalt des Dieners, der negative Aspekt wird überwunden. Das Kind, die Entwicklungsfähigkeit und neugefundene Ganzheit der Heldin, das Symbol der Integration und Vereinigung der Gegensätze und nach Jung Symbol des stärksten Triebes im Menschen nach Selbstverwirklichung, ist gerettet. Rumpelstilzchen hat sich als ein Teil von jener Kraft erwiesen, die stets das Böse will und stets das Gute schafft. Eine Herausforderung, die der Individuation oder der Bewußtwerdung diente, aber nur durch sorgsames Im-Auge-Behalten, durch sorgsames Beobachten *(religere!)* in seiner Ambivalenz erkannt wurde und so am Bösen gehindert wurde und das Gute schaffen durfte. Rumpelstilzchen – ein aktuelles Problem nicht nur für die Frau, sondern für den Menschen in unserer heutigen Gesellschaft?

Ein Frauenmysterium

Die kleine Seejungfrau

Weit draußen im Meere ist das Wasser so blau wie die Blätter der schönsten Kornblume und so klar wie das reinste Glas, aber es ist sehr tief, tiefer als irgendein Ankertau reicht, viele Kirchtürme müßten aufeinandergestellt werden, um vom Boden bis über das Wasser zu reichen. Dort unten wohnt das Meervolk.

Nun muß man aber nicht glauben, daß da nur der nackte weiße Sandboden sei; nein, da wachsen die sonderbarsten Bäume und Pflanzen, die so geschmeidig im Stiel und in den Blättern sind, daß sie sich bei der geringsten Bewegung des Wassers rühren, gerade als ob sie lebten. Alle Fische, kleine und große, schlüpfen zwischen den Zweigen hindurch, ebenso wie hier oben die Vögel durch die Bäume. An der allertiefsten Stelle liegt des Meerkönigs Schloß; die Mauern sind von Korallen und die langen spitzen Fenster vom allerklarsten Bernstein; aber das Dach bilden Muschelschalen, die sich öffnen und schließen, je nachdem das Wasser strömt; es sieht herrlich aus; denn in jeder liegen strahlende Perlen, eine einzige würde großen Staat in der Krone einer Königin machen.

Der Meerkönig dort unten war seit vielen Jahren Witwer, während seine alte Mutter bei ihm wirtschaftete; sie war eine kluge Frau, aber stolz auf ihren Adel, deshalb trug sie zwölf Austern auf dem Schwanze, die andern Vornehmen durften nur sechs tragen. – Sonst verdiente sie großes Lob, besonders weil sie viel von den kleinen Meerprinzessinnen, ihren Enkelinnen, hielt. Es waren sechs schöne Kinder, aber die jüngste war die schönste von allen; ihre Haut war so klar und fein wie ein Rosenblatt, ihre Augen so blau wie die tiefste See, aber ebenso wie alle die anderen hatte sie keine Füße, der Körper endete in einen Fischschwanz.

Den ganzen Tag konnten sie unten im Schlosse, in den großen Sälen, wo lebendige Blumen aus den Wänden hervorwuchsen, spielen. Die großen Bernsteinfenster wurden aufgemacht, und dann schwammen die Fische zu ihnen herein, ebenso wie bei uns die Schwalben hereinfliegen, wenn wir aufmachen; doch die Fische schwammen gerade zu den Prinzessinnen hin, fraßen aus ihren Händen und ließen sich streicheln.

Draußen vor dem Schlosse war ein großer Garten mit feuerroten und dunkelblauen Bäumen, die Früchte strahlten wie Gold und die Blumen wie brennendes Feuer, indem sie fortwährend Stengel und Blätter bewegten. Die Erde selbst war der feinste Sand, aber blau wie die Schwefelflamme. Über dem Ganzen dort unten lag ein eigentümlich blauer Schein; man hätte eher glauben mögen, daß man hoch in der Luft stehe und nur Himmel über und unter sich habe, als daß man auf dem Grunde des Meeres sei. Während der Windstille konnte man die Sonne erblicken, sie erschien wie eine Purpurblume, aus deren Kelch alles Licht ausströmte.

Eine jede der kleinen Prinzessinnen hatte ihren kleinen Fleck im Garten, wo sie graben und pflanzen konnte, wie es ihr gefiel; die eine gab ihrem Blumenfleck die Gestalt eines Walfisches, einer andern gefiel es besser, daß der ihrige einem kleinen Meerweibe gleiche, aber die jüngste machte den ihrigen ganz rund, der Sonne gleich, und hatte nur Blumen, die rot wie diese schienen. Sie war ein sonderbares Kind, still und nachdenkend, und wenn die anderen Schwestern mit den sonderbarsten Sachen, welche sie von gestrandeten Schiffen erhalten hatten, Staat machten, wollte sie außer den rosenroten Blumen, die der Sonne dort oben glichen, nur eine hübsche Marmorstatue haben; es war ein herrlicher Knabe, aus weißem, klarem Stein gehauen, der beim Stranden auf den Meeresgrund gekommen war. Sie pflanzte bei der Statue eine rosenrote Trauerweide, die wuchs herrlich und hing mit ihren frischen Zweigen über derselben, gegen den blauen Sandboden hinunter, wo der

Schatten sich violett zeigte und gleich den Zweigen in Bewegung war; es sah aus, als ob die Spitze und die Wurzeln miteinander spielten, als wollten sie sich küssen.

Es gab keine größere Freude für sie, als von der Menschenwelt dort oben zu hören; die alte Großmutter mußte alles, was sie von Schiffen und Städten, Menschen und Tieren wußte, erzählen; hauptsächlich erschien ihr ganz besonders schön, daß oben auf der Erde die Blumen dufteten, denn das taten sie auf dem Grunde des Meeres nicht, und daß die Wälder grün wären, und daß die Fische, die man dort zwischen den Bäumen erblickte, so laut und herrlich singen konnten, daß es eine Lust sei; das waren die kleinen Vögel, welche die Großmutter Fische nannte, denn sonst konnten sie sie nicht verstehen, da sie noch keinen Vogel erblickt hatten.

«Wenn ihr euer fünfzehntes Jahr erreicht habt», sagte die Großmutter, «dann sollt ihr die Erlaubnis erhalten, aus dem Meere emporzutauchen, im Mondschein auf der Klippe zu sitzen und die großen Schiffe, die vorbeisegeln, zu sehen; Wälder und Städte werdet ihr dann erblicken!» In dem kommenden Jahre war die eine der Schwestern fünfzehn Jahr, aber von den andern war eine immer ein Jahr jünger als die andere, die jüngste von ihnen hatte demnach noch volle fünf Jahre, bevor sie aus dem Grunde des Meeres hinaufkommen und sehen konnte, wie es bei uns aussah. Aber die eine versprach der andern zu erzählen, was sie erblickt, was sie am ersten Tage am schönsten gefunden habe; denn ihre Großmutter erzählte ihnen nicht genug; da war so vieles, worüber sie Auskunft haben wollten.

Keine war so sehnsüchtig als die Jüngste, gerade sie, die noch die längste Zeit zu warten hatte und die so still und gedankenvoll war. Manche Nacht stand sie am offenen Fenster und sah durch das dunkelblaue Wasser empor, wie die Fische mit ihren Flossen und Schweifen schlugen. Mond und Sterne konnte sie sehen, freilich schienen sie ganz bleich, aber durch das Wasser sahen sie weit größer aus als vor unsern Augen; zog dann etwas einer schwarzen Wolke gleich unter ihnen hin, so wußte sie, daß es entweder ein Walfisch, der über ihr schwamm, oder auch ein Schiff mit vielen Menschen sei; die dachten sicher nicht daran, daß eine liebliche kleine Seejungfrau unten stehe und ihre weißen Hände gegen den Kiel emporstrecke.

Nun war die älteste Prinzessin fünfzehn Jahr und durfte zu der Meeresfläche emporsteigen.

Als sie zurückkehrte, hatte sie hunderterlei zu erzählen, aber das Schönste, sagte sie, sei, im Mondenschein auf einer Sandbank in der ruhigen See zu liegen und nahebei die Küste mit der großen Stadt zu betrachten, wo die Lichter gleich hundert Sternen blinkten, die Musik und den Lärm und das Toben von Wagen und Menschen zu hören, die vielen Kirchtürme zu sehen und das Läuten der Glocken zu hören; gerade weil sie nicht da hinauf gelangen konnte, so sehnte sie sich am allermeisten nach allem diesem.

Oh! wie horchte nicht die jüngste Schwester auf, und wenn sie später des Abends am offenen Fenster stand und durch das dunkelblaue Wasser empor blickte, gedachte sie der großen Stadt mit all dem Lärm und Toben, und dann glaubte sie die Kirchenglocken bis zu sich herunter läuten hören zu können.

Im folgenden Jahre erhielt die zweite Schwester die Erlaubnis, aus dem Wasser emporzusteigen und zu schwimmen, wohin sie wolle. Sie tauchte auf, gerade als die Sonne unterging, und dieser Anblick, fand sie, sei das Schönste. Der ganze Himmel hatte wie Gold ausgesehen, sagte sie, und die Wolken, ja, deren Schönheit konnte sie nicht genug beschreiben! Rot und violett waren sie über ihr dahingesegelt, aber weit schneller als diese flog, einem langen weißen Schleier gleich, ein Schwarm wilder Schwäne über das Wasser hin, wo die Sonne stand; sie schwamm derselben entgegen, aber die Sonne sank, und der Rosenschein erlosch auf der Meeresfläche und den Wolken.

Das Jahr darauf kam die dritte Schwester hinauf, sie war die dreisteste von allen, deshalb schwamm sie einen breiten Fluß aufwärts, der in das Meer ausmündete. Herrlich grüne Hügel mit Weinranken erblickte sie, Schlösser und Burgen schimmerten durch prächtige Wälder hervor; sie hörte, wie alle Vögel sangen, und die Sonne schien so warm, daß sie oft unter das Wasser tauchen mußte, um ihr brennendes Antlitz abzukühlen. In einer kleinen Bucht traf sie einen ganzen Schwarm kleiner Menschenkinder! Ganz nackend liefen sie und plätscherten im Wasser, sie wollte mit ihnen spielen, aber sie flohen erschrocken davon, und es kam ein kleines schwarzes Tier, das war ein Hund, aber sie hatte nie einen Hund gesehen, der bellte sie so erschrecklich an, daß sie ängstlich wurde und die offene See zu erreichen suchte; doch nie konnte sie die prächtigen Wälder, die grünen Hügel und die niedlichen Kinder vergessen, die im Wasser schwimmen konnten, obleich sie keinen Fischschwanz hatten.

Die vierte Schwester war nicht so dreist, sie blieb draußen mitten im wilden Meere und erzählte, daß es gerade dort am schönsten sei! Man sehe rings umher viele Meilen weit, und der Himmel stehe wie eine Glasglocke darüber. Schiffe hatte sie gesehen, aber nur in weiter Ferne, sie sahen wie Möwen aus, und die possierlichen Delphine hatten Purzelbäume geschlagen und die großen Walfische aus ihren Nasenlöchern Wasser emporgespritzt, so daß es ausgesehen hatte wie Hunderte von Springbrunnen ringsumher.

Nun kam die Reihe an die fünfte Schwester; ihr Geburtstag war gerade im Winter und deshalb sah sie, was die andern das erste Mal nicht gesehen hatten. Die See nahm sich ganz grün aus, und ringsumher schwammen große Eisberge, ein jeder sah wie eine Perle aus, sagte sie, und war doch weit größer als die Kirchtürme, welche die Menschen bauen. Sie zeigten sich in den sonderbarsten Gestalten und glänzten wie Diamanten. Sie hatte sich auf einen der allergrößten gesetzt, und alle Segler kreuzten erschrocken draußen herum, wo sie saß und den Wind mit ihrem langen Haare spielen ließ; aber gegen Abend wurde der Himmel mit Wolken überzogen, es blitzte und donnerte, während die schwarze See die großen Eisblöcke hoch emporhob und sie im roten Blitze erglänzen ließ. Auf allen Schiffen reffte man die Segel ein, da war eine Angst und ein Grauen, aber sie saß ruhig auf ihrem schwimmenden Eisberge und sah die blauen Blitzstrahlen im Zickzack in die schimmernde See fahren.

Das erste Mal, wenn eine der Schwestern über das Wasser emporkam, war eine jede entzückt über das Neue und Schöne, was sie erblickte, aber da sie nun, als erwachsene Mädchen, die Erlaubnis hatten hinaufzusteigen, wann sie wollten, wurde es ihnen gleichgültig, sie sehnten sich wieder zurück, und nach

Verlauf eines Monats sagten sie, daß es da unten bei ihnen am allerschönsten sei, da wäre man so hübsch zu Hause.

In mancher Abendstunde faßten die fünf Schwestern einander an den Armen und stiegen in einer Reihe über das Wasser auf; herrliche Stimmen hatten sie, schöner denn irgendein Mensch, und wenn dann ein Sturm im Anzuge war, so daß sie vermuten konnten, es würden Schiffe untergehen, schwammen sie vor den Schiffen her und besangen so lieblich, wie schön es auf dem Grunde des Meeres sei, und baten die Seeleute, sich nicht zu fürchten, da hinunter zu kommen; aber diese konnten die Worte nicht verstehen und glaubten, es sei der Sturm, und sie bekamen auch die Herrlichkeit dort unten nicht zu sehen, denn wenn das Schiff sank, ertranken die Menschen und kamen als Leichen zu des Meerkönigs Schloß.

Wenn die Schwestern so des Abends, Arm in Arm, hoch durch das Wasser hinaufstiegen, dann stand die kleine Schwester ganz allein und sah ihnen nach, und es war ihr, als ob sie weinen müßte, aber die Seejungfrau hat keine Tränen, und darum leidet sie weit mehr.

«Ach, wäre ich doch fünfzehn Jahre alt!» sagte sie. «Ich weiß, daß ich die Welt dort oben und die Menschen, die darauf wohnen und hausen, recht lieben werde.»

Endlich war sie denn fünfzehn Jahre alt.

«Sieh, nun bist du erwachsen», sagte die Großmutter, die alte Königswitwe. «Komm nun, laß mich dich schmücken, gleich deinen andern Schwestern!», und sie setzte ihr einen Kranz weißer Lilien auf das Haar, aber jedes Blatt in der Blume war die Hälfte einer Perle, und die Alte ließ acht große Austern sich im Schweife der Prinzessin festklemmen, um ihren hohen Rang zu zeigen.

«Das tut so weh!» sagte die kleine Seejungfrau.

«Ja, Hoffart muß Zwang leiden!» sagte die Alte.

Oh! sie hätte so gern alle diese Pracht abschütteln und den schweren Kranz ablegen mögen, ihre roten Blumen im Garten kleideten sie besser, aber sie konnte es nun nicht ändern. «Lebt wohl!» sprach sie und stieg so leicht und klar, gleich einer Blase, aus dem Wasser auf.

Die Sonne war gerade untergegangen, wie sie den Kopf über

das Wasser erhob, aber alle Wolken glänzten noch wie Rosen und Gold, und inmitten der rosaroten Luft strahlte der Abendstern so hell und schön, die Luft war mild und frisch und das Meer ganz ruhig. Da lag ein großes Schiff mit drei Masten, ein einziges Segel war nur aufgezogen, denn es rührte sich kein Lüftchen, und ringsumher im Tauwerk und auf den Rahen saßen Matrosen. Da war Musik und Gesang, und wie der Abend dunkler ward, wurden Hunderte von bunten Laternen angezündet; sie sahen aus, als ob aller Nationen Flaggen in der Luft weheten. Die kleine Seejungfrau schwamm gerade bis zum Kajütenfenster hin, und jedes Mal, wenn das Wasser sie emporhob, konnte sie durch die spiegelhellen Fensterscheiben hineinblicken, wo so viele geputzte Menschen standen, aber der schönste war doch der junge Prinz mit den großen schwarzen Augen, er war sicher nicht viel über sechzehn Jahre alt, es war sein Geburtstag, und deshalb herrschte all diese Pracht. Die Matrosen tanzten auf dem Verdecke; und als der junge Prinz hinaustrat, stiegen über hundert Raketen in die Luft, die leuchteten wie der helle Tag, so daß die kleine Seejungfrau sehr erschrak und unter das Wasser tauchte, aber sie steckte bald den Kopf wieder hervor, und da war es gerade, als ob alle Sterne des Himmels zu ihr herunterfielen. Nie hatte sie solche Feuerkünste gesehen. Große Sonnen sprühten herum, prächtige Feuerfische flogen in die blaue Luft, und alles glänzte in der klaren, stillen See wieder. Auf dem Schiffe selbst war es so hell, daß man jedes kleine Tau und wieviel mehr die Menschen sehen konnte. Oh, wie war doch der junge Prinz schön, und er drückte den Leuten die Hände und lächelte, während die Musik in der herrlichen Nacht erklang.

Es wurde spät, aber die kleine Seejungfrau konnte ihre Augen nicht von dem Schiffe und dem schönen Prinzen wegwenden. Die bunten Laternen wurden ausgelöscht, Raketen stiegen nicht mehr in die Höhe, es ertönten auch keine Kanonenschüsse mehr, aber tief unten im Meere summte und brummte es; inzwischen saß sie auf dem Wasser und schaukelte auf und nieder, so daß sie in die Kajüte hineinblicken konnte; aber das Schiff bekam mehr Fahrt, ein Segel nach dem andern breitete sich aus, nun gingen die Wogen stärker, große Wolken zogen auf, es blitzte in der Ferne. Oh, es wird ein erschrecklich böses Wetter werden! Deshalb rafften die Matrosen die Segel. Das große Schiff schaukelte in fliegender Fahrt auf der wilden See, das Wasser erhob sich, gleich großen schwarzen Bergen, die über die Maste wälzen wollten, aber das Schiff tauchte, einem Schwane gleich, zwischen den hohen Wogen nieder und ließ sich wieder auf die aufgetürmten Wasser heben. Der kleinen Seejungfrau dünkte es gerade eine recht lustige Fahrt zu sein, aber so erschien es den Seeleuten nicht, das Schiff knackte und krachte, die dicken Planken bogen sich bei den starken Stößen, die See drang in das Schiff hinein, der Mast brach mitten durch, gerade als ob es ein Rohr wäre, und das Schiff schleuderte auf die Seite, während das Wasser in den Raum eindrang. Nun sah die kleine Seejungfrau, daß sie in Gefahr waren, sie mußte sich selbst vor Balken und Stücken vom Schiffe, die auf dem Wasser trieben, in acht nehmen. Einen Augenblick war es so pechfinster, daß sie nicht das mindeste wahrnehmen konnte, aber wenn es dann blitzte, wurde es wieder so hell, daß sie alle auf dem Schiffe erkennen konnte; besonders suchte sie den jungen Prinzen, und sie sah ihn, als das Schiff sich teilte, in das tiefe Meer versinken. Sogleich wurde sie ganz vergnügt, denn nun kam er zu ihr hinunter, aber da gedachte sie, daß die Menschen nicht im Wasser leben können und daß er nicht anders als tot zum Schlosse ihres Vaters hinuntergelangen konnte. Nein, sterben, das durfte er nicht; deshalb schwamm sie hin zwischen Balken und Planken, die auf der See trieben, und vergaß völlig, daß diese sie hätten zerquetschen können. Sie tauchte tief unter das Wasser und stieg wieder hoch zwischen den Wogen empor und gelangte am Ende so zu dem jungen Prinzen hin, der fast nicht länger in der stürmenden See schwimmen konnte, seine Arme und Beine begannen zu ermatten, die schönen Augen schlossen sich, er hätte sterben müssen, wäre die kleine Seejungfrau nicht hinzugekommen. Sie hielt seinen Kopf über dem Wasser empor und ließ sich dann mit ihm von den Wogen treiben, wohin sie wollten.

Am Morgen war das böse Wetter vorüber; von dem Schiffe war kein Span zu erblicken, die Sonne stieg so rot und glänzend aus dem Wasser empor, es war, als ob des Prinzen

Wangen Leben dadurch erhielten, aber die Augen blieben geschlossen; die Seejungfrau küßte seine hohe schöne Stirn und strich sein nasses Haar zurück; es kam ihr vor, als gleiche er der Marmorstatue in ihrem kleinen Garten, sie küßte ihn wieder und wünschte, daß er doch leben möchte.

Nun erblickte sie vor sich das feste Land, hohe blaue Berge, auf deren Gipfel der weiße Schnee erglänzte, als wären es Schwäne, die dort lägen; unten an der Küste waren herrliche grüne Wälder, und vorn lag eine Kirche oder ein Kloster, das wußte sie nicht recht, aber ein Gebäude war es. Zitronen- und Apfelsinenbäume wuchsen im Garten, und vor dem Tore standen hohe Palmbäume. Die See bildete hier eine kleine Bucht, da war es ganz still, aber sehr tief, gerade bis zur Klippe hin, wo der weiße feine Sand aufgespült war, da schwamm sie mit dem schönen Prinzen hin, legte ihn in den Sand, sorgte aber besonders dafür, daß der Kopf hoch im warmen Sonnenschein lag.

Nun läuteten die Glocken in dem großen weißen Gebäude, und es kamen viele junge Mädchen durch den Garten. Da schwamm die kleine Seejungfrau weiter hinaus hinter einige hohe Steine, die aus dem Wasser emporragten, legte Seeschaum auf ihr Haar und ihre Brust, so daß niemand ihr kleines Antlitz sehen konnte, und dann paßte sie auf, wer zu dem armen Prinzen kommen würde.

Es währte nicht lange, bis ein junges Mädchen dorthin kam, sie schien sehr zu erschrecken, aber nur einen Augenblick, dann holte sie mehrere Menschen, und die Seejungfrau sah, daß der Prinz zum Leben zurückkehrte und daß er alle ringsherum anlächelte, aber zu ihr hinaus lächelte er nicht, er wußte ja auch nicht, daß sie ihn gerettet hatte, sie fühlte sich so betrübt, und als er in das große Gebäude hineingeführt wurde, tauchte sie traurig unter das Wasser und kehrte zum Schlosse ihres Vaters zurück.

Immer war sie still und nachdenkend gewesen, aber nun wurde sie es weit mehr. Die Schwestern fragten sie, was sie das erste Mal dort oben gesehen hatte, aber sie erzählte nichts.

Manchen Abend und Morgen stieg sie da hinauf, wo sie den Prinzen verlassen hatte. Sie sah, wie die Früchte des Gartens reiften und abgepflückt wurden, sie sah, wie der Schnee auf den hohen Bergen schmolz, aber den Prinzen erblickte sie nicht, und deshalb kehrte sie immer betrübter heim. Da war es ihr einziger Trost, in ihrem kleinen Garten zu sitzen und ihre Arme um die schöne Marmorstatue zu schlingen, die dem Prinzen glich, aber ihre Blumen pflegte sie nicht, die wuchsen, wie in einer Wildnis, über die Gänge hinaus und flochten ihre langen Stiele und Blätter in die Zweige der Bäume hinein, so daß es dort ganz dunkel war.

Zuletzt konnte sie es nicht länger aushalten, sondern sagte es einer ihrer Schwestern, und da erfuhren es gleich alle andern, aber auch niemand sonst als diese und ein paar andere Seejungfrauen, die es nicht weitersagten, außer ihren nächsten Freundinnen. Eine von ihnen wußte, wer der Prinz war, sie hatte auch das Fest auf dem Schiffe gesehen und gab an, woher er war und wo sein Königreich lag.

«Komm, kleine Schwester!» sagten die andern Prinzessinnen, und sich umschlungen haltend stiegen sie in einer langen Reihe aus dem Meere empor, wo sie wußten, daß des Prinzen Schloß lag.

Dieses war aus einer hellgelben glänzenden Steinart ausgeführt, mit großen Marmortreppen, deren eine gerade in das Meer hinunterreichte. Prächtige vergoldete Kuppeln erhoben sich über dem Dach, und zwischen den Säulen, die um das ganze Gebäude herumliefen, standen Marmorbilder, die sahen aus, als lebten sie. Durch das klare Glas in den hohen Fenstern blickte man in die prächtigsten Säle hinein, wo köstliche Seidengardinen und Teppiche aufgehängt und alle Wände mit großen Gemälden geziert waren, so daß es ein wahres Vergnügen war es zu betrachten. Mitten in dem größten Saale plätscherte ein großer Springbrunnen, seine Strahlen reichten hoch hinauf gegen die Glaskuppel in der Decke, durch welche die Sonne auf das Wasser und die schönen Pflanzen schien, die im großen Bassin wuchsen.

Nun wußte sie, wo er wohnte, und dort war sie manchen Abend und manche Nacht auf dem Wasser; sie schwamm dem Lande weit näher, als eine der andern es gewagt hatte, ja, sie schwamm den schmalen Kanal ganz hinauf, unter den prächtigen Marmoraltan, welcher einen langen Schatten über das

Wasser warf. Hier saß sie und betrachtete den jungen Prinzen, der da glaubte, er sei ganz allein in dem hellen Mondenschein.

Sie sah ihn manchen Abend mit Musik in seinem prächtigen Boote, wo die Flaggen wehten, segeln; sie lauschte durch das grüne Schilf hervor, und ergriff der Wind ihren langen silberweißen Schleier und jemand sah ihn, so glaubte er, es sei ein Schwan, der die Flügel ausbreite.

Sie hörte in mancher Nacht, wenn die Fischer mit Fackeln auf der See waren, daß sie so viel Gutes von dem jungen Prinzen erzählten, und es freute sie, daß sie sein Leben gerettet hatte, als er halb tot auf den Wogen umhertrieb, und sie dachte daran, wie fest sein Haupt an ihrem Busen geruht und wie herzlich sie ihn da geküßt hatte; er aber wußte gar nichts davon und konnte nicht einmal von ihr träumen.

Mehr und mehr fing sie an die Menschen zu lieben, mehr und mehr wünschte sie unter ihnen umherwandeln zu können, deren Welt ihr weit größer zu sein schien als die ihrige; sie konnten ja auf Schiffen über das Meer fliegen, auf den hohen Bergen hoch über die Wolken emporsteigen, und die Länder, die sie besaßen, erstreckten sich, mit Wäldern und Feldern, weiter, als ihre Blicke reichten. Da war so vieles, was sie zu wissen wünschte, aber die Schwestern wußten ihr nicht alles zu beantworten, deshalb fragte sie die alte Großmutter, und diese kannte die höhere Welt recht gut, die sie sehr richtig die Länder über dem Meere nannte.

«Wenn die Menschen nicht ertrinken», fragte die kleine Seejungfrau, «können sie dann ewig leben, sterben sie nicht, wie wir hier unten im Meere?»

«Ja!» sagte die Alte. «Sie müssen auch sterben, und ihre Lebenszeit ist sogar noch kürzer als die unsere. Wir können dreihundert Jahre alt werden, aber wenn wir dann aufhören hier zu sein, so werden wir nur in Schaum auf dem Wasser verwandelt, haben nicht einmal ein Grab hier unten unter unsern Lieben. Wir haben keine unsterbliche Seele, wir erhalten nie wieder Leben, wir sind gleich dem grünen Schilf, ist das einmal durchschnitten, so kann es nicht wieder grünen! Die Menschen hingegen haben eine Seele, die ewig lebt, die noch lebt, nachdem der Körper zu Erde geworden ist; sie steigt durch die klare Luft empor, hinauf zu allen den glänzenden Sternen! So wie wir aus dem Wasser auftauchen und die Länder der Menschen erblicken, so steigen sie zu unbekannten herrlichen Orten auf, die wir nie zu sehen bekommen.»

«Weshalb bekamen wir keine unsterbliche Seele?» fragte die kleine Seejungfrau betrübt. «Ich möchte alle meine hundert Jahre, die ich zu leben habe, dafür geben, um nur einen Tag ein Mensch zu sein und dann hoffen zu können, Anteil an der himmlischen Welt zu haben.»

«Daran mußt du nicht denken!» sagte die Alte. «Wir fühlen uns weit glücklicher und besser, als die Menschen dort oben!»

«Ich werde also sterben und als Schaum auf dem Meere treiben, nicht die Musik der Wogen hören, die schönen Blumen und die rote Sonne sehen? Kann ich denn gar nichts tun, um eine unsterbliche Seele zu gewinnen?»

«Nein!» sagte die Alte. «Nur wenn ein Mensch dich so lieben würde, daß du ihm mehr als Vater und Mutter wärest; wenn er mit all seinem Denken und all seiner Liebe an dir hinge und den Priester seine rechte Hand in die deinige, mit dem Versprechen der Treue hier und in alle Ewigkeit, legen ließe, dann flösse seine Seele in deinen Körper über, und auch du erhieltest Anteil an der Glückseligkeit der Menschen. Er gäbe dir Seele und behielte doch seine eigene. Aber das kann nie geschehen! Was hier im Meere gerade schön ist, dein Fischschwanz, finden sie dort auf der Erde häßlich, sie verstehen es eben nicht besser, man muß dort zwei plumpe Stützen haben, die sie Beine nennen, um schön zu sein!»

Da seufzte die kleine Seejungfrau und sah betrübt auf ihren Fischschwanz.

«Laß uns froh sein», sagte die Alte. «Hüpfen und springen wollen wir in den dreihundert Jahren, die wir zu leben haben, das ist wahrlich lange genug, später kann man sich um so besser ausruhen. Heute abend werden wir Hofball haben!»

Das war auch eine Pracht, wie man sie nie auf Erden erblickt. Die Wände und die Decke des großen Tanzsaals waren von dickem, aber durchsichtigem Glase. Mehrere hundert kolossale Muschelschalen, rosenrote und grasgrüne, standen zu jeder Seite in Reihen mit einem blau brennenden Feuer, welches den ganzen Saal beleuchtete und durch die Wände hinausschien, so daß die See draußen ganz beleuchtet war; man konnte all die unzähligen Fische sehen, große und kleine, die gegen die Glasmauern hinschwammen, auf einigen glänzten die Schuppen purpurrot, auf andern erschienen sie wie Silber und Gold. – Mitten durch den Saal floß ein breiter Strom, und auf diesem tanzten die Meermänner und Meerweibchen zu ihrem eigenen lieblichen Gesang. So schöne Stimmen haben die Menschen auf der Erde nicht. Die kleine Seejungfrau sang am schönsten von ihnen allen, und der ganze Hof applaudierte mit Händen und Schwänzen; und einen Augenblick fühlte sie eine Freude in ihrem Herzen, denn sie wußte, daß sie die schönste Stimme von allen auf der Erde und im Meere hatte! Aber bald gedachte sie wieder der Welt oben über sich; sie konnte den hübschen Prinzen und ihren Kummer, daß sie keine unsterbliche Seele wie er besitze, nicht vergessen. Deshalb schlich sie sich aus ihres Vaters Schloß hinaus, und während alles da drinnen Gesang und Frohsinn war, saß sie betrübt in ihrem kleinen Garten. Da hörte sie das Waldhorn durch das Wasser ertönen, und sie dachte, nun segelt er sicher dort oben, er, an dem meine Sinne hängen und in dessen Hand ich meines Lebens Glück legen möchte. Alles will ich wagen, um ihn und eine unsterbliche Seele zu gewinnen! Während meine Schwestern dort in meines Vaters Schloß tanzen, will ich zur Meerhexe gehen, vor der ich immer so bange gewesen bin, aber sie kann vielleicht raten und helfen!

Nun ging die kleine Seejungfrau aus ihrem Garten hinaus nach den brausenden Strudeln hin, hinter denen die Hexe wohnte. Den Weg hatte sie früher nie zurückgelegt, da wuchsen keine Blumen, kein Seegras, nur der nackte graue Sandboden erstreckte sich gegen die Strudel hin, wo das Wasser gleich brausenden Mühlrädern herumwirbelte und alles, was es erfaßte, mit sich in die Tiefe riß; mitten zwischen diesen zermalmenden Wirbeln mußte sie hindurch, um in den Bereich der Meerhexe zu gelangen, und hier war ein langes Stück kein anderer Weg als über warmen sprudelnden Schlamm, diesen nannte die Hexe ihren Torfmoor. Dahinter lag ihr Haus mitten in einem seltsamen Walde. Alle Bäume und Büsche waren

Polypen, halb Tier und halb Pflanze, sie sahen aus wie hundertköpfige Schlangen, die aus der Erde hervorwuchsen; alle Zweige waren lange schleimige Arme, mit Fingern wie geschmeidige Würmer, und Glied vor Glied bewegten sie sich von der Wurzel bis zur äußersten Spitze. Alles, was sie im Meere erfassen konnten, umschlangen sie fest und ließen es nie wieder fahren. Die kleine Seejungfrau blieb vor denselben ganz erschreckt stehen; ihr Herz pochte vor Furcht, fast wäre sie umgekehrt, aber da dachte sie an den Prinzen und an die Seele der Menschen, und da bekam sie Mut. Ihr langes fliegendes Haar band sie fest um das Haupt, damit die Polypen sie nicht daran ergreifen möchten, beide Hände legte sie über ihre Brust zusammen und schoß so davon, wie der Fisch durch das Wasser schießen kann, zwischen den häßlichen Polypen hindurch, die ihre geschmeidigen Arme und Finger hinter ihr her streckten. Sie sah, wie jeder von ihnen etwas, was er ergriffen hatte, mit Hunderten von kleinen Armen hielt, gleich starken Eisenbanden. Menschen, die auf der See umgekommen und tief hinunter gesunken waren, sahen als weiße Gerippe aus der Polypen Arme hervor. Schiffsruder und Kisten hielten sie fest, auch Skelette von Landtieren und ein kleines Meerweib, welches sie gefangen und erstickt hatten, das war ihr fast das Erschrecklichste.

Nun kam sie zu einem großen sumpfigen Platz im Walde, wo große, fette Wasserschlangen sich wälzten und ihren häßlichen weißgelben Bauch zeigten. Mitten auf dem Platze war ein Haus, von weißen Knochen gestrandeter Menschen errichtet, da saß die Meerhexe und ließ eine Kröte aus ihrem Munde fressen, gerade wie die Menschen einem kleinen Kanarienvogel Zucker zu essen geben. Die häßlichen fetten Wasserschlangen nannte sie ihre kleinen Küken und ließ sie sich auf ihrer großen schwammigen Brust wälzen.

«Ich weiß schon, was du willst!» sagte die Meerhexe. «Es ist zwar dumm von dir, doch sollst du deinen Willen haben, denn er wird dich ins Unglück stürzen, meine schöne Prinzessin. Du willst gern deinen Fischschwanz los sein und statt dessen zwei Stützen gleich wie die Menschen zum Gehen haben, damit der junge Prinz verliebt in dich werden möge und du ihn und eine unsterbliche Seele erhalten kannst!» Dabei lachte die Hexe laut und widerlich, so daß die Kröte und die Schlangen auf die Erde fielen, wo sie sich wälzten. «Du kommst gerade zur rechten Zeit», sagte die Hexe. «Morgen, wenn die Sonne aufgeht, könnte ich dir nicht helfen, bis wieder ein Jahr um wäre. Ich werde dir einen Trank bereiten, mit dem mußt du, bevor die Sonne aufgeht, nach dem Lande schwimmen, dich dort an das Ufer setzen und ihn trinken, dann verschwindet dein Schwanz und schrumpft zu dem, was die Menschen niedliche Beine nennen, ein, aber es tut weh, es ist als ob ein scharfes Schwert dich durchdränge. Alle, die dich sehen, werden sagen, du seiest das schönste Menschenkind, das sie gesehen haben! Du behältst deinen schwebenden Gang, keine Tänzerin kann schweben wie du, aber jeder Schritt, den du machst, ist, als ob du auf scharfe Messer trätest, als ob dein Blut fließen müßte. Willst du alles dieses leiden, so werde ich dir helfen!»

«Ja!» sagte die kleine Seejungfrau mit bebender Stimme und gedachte des Prinzen und der unsterblichen Seele.

«Aber bedenke», sagte die Hexe, «hast du erst menschliche Gestalt bekommen, so kannst du nie wieder eine Seejungfrau werden! Du kannst nie durch das Wasser zu deinen Schwestern und zum Schlosse deines Vaters zurückkehren, und gewinnst du des Prinzen Liebe nicht, so daß er um deinetwillen Vater und Mutter vergißt, an dir mit Leib und Seele hängt und den Priester eure Hände ineinander legen läßt, daß ihr Mann und Frau werdet, so bekommst du keine unsterbliche Seele! Am ersten Morgen, nachdem er mit einer andern verheiratet ist, wird dein Herz brechen, und du wirst zu Schaum auf dem Wasser.»

«Ich will es», sagte die kleine Seejungfrau und war bleich wie der Tod.

«Aber mich mußt du auch bezahlen!» sagte die Hexe. «Und es ist nicht wenig, was ich verlange. Du hast die schönste Stimme von allen hier auf dem Grunde des Meeres, damit glaubst du wohl ihn bezaubern zu können, aber diese Stimme mußt du mir geben. Das Beste, was du besitzest, will ich für meinen köstlichen Trank haben! Mein eigen Blut muß ich dir ja darin geben, damit der Trank scharf werde, wie ein zweischneidig Schwert!»

«Aber wenn du meine Stimme nimmst», sagte die kleine Seejungfrau, «was bleibt mir dann übrig?»

«Deine schöne Gestalt», sagte die Hexe, «dein schwebender Gang und deine sprechenden Augen, damit kannst du schon ein Menschenherz betören. Nun, hast du den Mut verloren? Strecke deine kleine Zunge hervor, dann schneide ich sie als Bezahlung ab, und du erhältst den kräftigen Trank!»

«Es geschehe», sagte die kleine Seejungfrau, und die Hexe setzte ihren Kessel auf, um den Zaubertrank zu kochen. «Reinlichkeit ist eine gute Sache!» sagte sie und scheuerte den Kessel mit den Schlangen ab, die sie in einen langen Knoten band; nun ritzte sie sich selbst die Brust und ließ ihr schwarzes Blut hineintröpfeln. Der Dampf bildete die sonderbarsten Gestalten, so daß einem angst und bange werden mußte. Jeden Augenblick warf die Hexe neue Sachen in den Kessel, und als er recht kochte, war es, als ob ein Krokodil weinte. Endlich war der Trank fertig, er sah wie das klarste Wasser aus!

«Da hast du ihn!» sagte die Hexe und schnitt der kleinen Seejungfrau die Zunge ab, die nun stumm war, weder singen noch sprechen konnte.

«Sollten die Polypen dich ergreifen, wenn du durch meinen Wald zurückkehrst», sagte die Hexe, «so wirf nur einen einzigen Tropfen dieses Getränkes auf sie, davon zerspringen ihre Arme und Finger in tausend Stücke!» Aber das brauchte die kleine Seejungfrau nicht zu tun, die Polypen zogen sich erschrocken vor ihr zurück, da sie den glänzenden Trank erblickten, der in ihrer Hand leuchtete, als sei es ein funkelnder Stern. So kam sie schnell durch den Wald, den Moor und die brausenden Strudel.

Sie konnte ihres Vaters Schloß sehen; die Fackeln waren in dem großen Tanzsaale erloschen; sie schliefen sicher alle drinnen, aber sie wagte doch nicht, sie aufzusuchen, nun da sie stumm war und sie auf immer verlassen wollte: es war, als ob ihr Herz vor Trauer zerspringen sollte. Sie schlich in den Garten, nahm eine Blume von jedem Blumenbeet ihrer Schwestern, warf Tausende von Kußhändchen dem Schlosse zu und stieg durch die dunkelblaue See hinauf. Die Sonne war noch nicht aufgegangen, als sie des Prinzen Schloß erblickte und die prächtige Marmortreppe bestieg. Der Mond schien herrlich klar. Die kleine Seejungfrau trank den brennenden scharfen Trank, und es war, als ginge ein zweischneidiges Schwert durch ihren feinen Körper, sie fiel dabei in Ohnmacht und lag wie tot da. Als die Sonne über die See schien, erwachte sie und fühlte einen schneidenden Schmerz, aber gerade vor ihr stand der schöne junge Prinz, er heftete seine kohlschwarzen Augen auf sie, so daß sie die ihrigen niederschlug und wahrnahm, daß ihr Fischschwanz fort war und sie die niedlichsten kleinen, weißen Beine hatte, die nur ein kleines Mädchen haben kann; aber sie war ganz nackt, deshalb hüllte sie sich in ihr großes, langes Haar ein. Der Prinz fragte, wer sie sei und wie sie dahin gekommen wäre, und sie sah ihn milde und doch so betrübt mit ihren dunkelblauen Augen an; sprechen konnte sie ja nicht. Da nahm er sie bei der Hand und führte sie in das Schloß hinein. Jeder Schritt, den sie tat, war, wie die Hexe ihr im voraus gesagt hatte, als trete sie auf spitze Nadeln und scharfe Messer, aber das ertrug sie gern; an des Prinzen Hand schritt sie so leicht einher wie eine Seifenblase, und er sowie alle wunderten sich über ihren lieblichen, schwebenden Gang.

Köstliche Kleider von Seide und Musselin bekam sie nun anzuziehen, im Schlosse war sie die schönste von allen; aber sie war stumm, konnte weder singen noch sprechen. Herrliche Sklavinnen, in Seide und Gold gekleidet, kamen hervor und sangen vor dem Prinzen und seinen königlichen Eltern; eine sang schöner als alle die andern, und der Prinz klatschte in die Hände und lächelte sie an; da wurde die kleine Seejungfrau betrübt, sie wußte, daß sie selbst weit schöner gesungen hatte; sie dachte: «Oh, er sollte nur wissen, daß ich, um bei ihm zu sein, meine Stimme für alle Ewigkeit hingegeben habe!»

Nun tanzten die Sklavinnen niedlich schwebende Tänze zur herrlichsten Musik, da erhob die kleine Seejungfrau ihre schönen weißen Arme, richtete sich auf den Fußspitzen auf und schwebte tanzend über den Fußboden hin, wie noch keine getanzt hatte; bei jeder Bewegung wurde ihre Schönheit noch sichtbarer, und ihre Augen sprachen tiefer zum Herzen, als der Gesang der Sklavinnen.

Alle waren entzückt davon, besonders der Prinz, der sie sein kleines Findelkind nannte, und sie tanzte mehr und mehr, obwohl es jedesmal, wenn ihr Fuß die Erde berührte, war, als ob sie auf scharfe Messer träte. Der Prinz sagte, daß sie immer bei ihm sein sollte, und sie erhielt die Erlaubnis, vor seiner Türe auf einem Sammetkissen zu schlafen.

Er ließ ihr eine Männertracht machen, damit sie ihn zu Pferde begleiten könne. Sie ritten durch die duftenden Wälder, wo die grünen Zweige ihre Schultern berührten und die kleinen Vögel hinter den frischen Blättern sangen. Sie kletterte mit dem Prinzen auf die hohen Berge hinauf, und obgleich ihre zarten Füße bluteten, so daß die andern es sehen konnten, lachte sie doch darüber und folgte ihm, bis sie die Wolken unter sich segeln sahen, als wäre es ein Schwarm Vögel, die nach fremden Ländern zogen.

Zu Hause in des Prinzen Schloß, wenn nachts die andern schliefen, ging sie auf die breite Marmortreppe hinaus, und es kühlte ihre brennenden Füße, im kalten Seewasser zu stehen, und dann gedachte sie derer dort unten in der Tiefe.

Einmal des Nachts kamen ihre Schwestern Arm in Arm, sie sangen so traurig, indem sie über dem Wasser schwammen, und sie winkte ihnen, und sie erkannten sie und erzählten, wie sehr sie sie alle betrübt habe. Darauf besuchten sie sie in jeder Nacht, und einmal erblickte sie weit draußen ihre alte Großmutter, die in vielen Jahren nicht über der Meeresfläche gewesen war, und den Meerkönig mit seiner Krone auf dem Haupte; sie streckten die Hände nach ihr aus, wagten sich aber dem Lande nicht so nahe wie die Schwestern.

Tag für Tag wurde sie dem Prinzen lieber; er liebte sie, wie man ein gutes, liebes Kind liebt, aber sie zu seiner Königin zu machen kam ihm nicht in den Sinn, und seine Frau mußte sie doch werden, sonst erhielt sie keine unsterbliche Seele und mußte an seinem Hochzeitsmorgen zu Schaum auf dem Meere werden.

«Liebst du mich nicht am meisten von ihnen allen?» schienen der kleinen Seejungfrau Augen zu sagen, wenn er sie in seine Arme nahm und ihre schöne Stirn küßte.

«Ja, du bist mir die liebste», sagte der Prinz, «denn du hast das beste Herz von allen, du bist mir am meisten ergeben, und du gleichst einem jungen Mädchen, das ich einmal sah, aber sicher nie wiederfinde. Ich war auf einem Schiffe, welches strandete, die Wellen warfen mich bei einem heiligen Tempel an das Land, wo mehrere junge Mädchen den Dienst verrichteten; die jüngste dort fand mich am Ufer und rettete mein Leben, ich sah sie nur zweimal; sie wäre die einzige, die ich in dieser Welt lieben könnte, aber du gleichst ihr, du verdrängst fast ihr Bild aus meiner Seele; sie gehört dem heiligen Tempel an, und deshalb hat mein gutes Glück dich mir gesendet, nie wollen wir uns trennen!» – «Ach, er weiß nicht, daß ich sein Leben gerettet habe!» dachte die kleine Seejungfrau. «Ich trug ihn über das Meer zum Walde hin, wo der Tempel steht, ich saß hinter dem Schaume und sah, ob keine Menschen kommen würden. Ich sah das hübsche Mädchen, das er mehr liebt als mich!», und die Seejungfrau seufzte tief, weinen konnte sie nicht. «Das Mädchen gehört dem heiligen Tempel an, hat er gesagt, sie kommt nie in die Welt hinaus, sie begegnen sich nicht mehr, ich bin bei ihm, sehe ihn jeden Tag, ich will ihn pflegen, lieben, ihm mein Leben opfern!»

Aber nun soll der Prinz sich verheiraten und des Nachbarkönigs schöne Tochter zur Frau bekommen, erzählte man, deshalb rüstet er ein so prächtiges Schiff aus. Der Prinz reist, um des Nachbarkönigs Länder zu besichtigen, so heißt es wohl, aber es geschieht, um des Nachbarkönigs Tochter zu sehen, ein großes Gefolge soll ihn begleiten. Die kleine Seejungfrau schüttelte das Haupt und lächelte; sie kannte des Prinzen Gedanken weit besser als alle die anderen. «Ich muß reisen!» hatte er zu ihr gesagt. «Ich muß die schöne Prinzessin sehen, meine Eltern verlangen es, aber sie wollen mich nicht zwingen, sie als meine Braut heimzuführen. Ich kann sie nicht lieben! Sie gleichet nicht dem schönen Mädchen im Tempel, der du ähnelst; sollte ich einst eine Braut wählen, so würdest du es eher sein, mein stummes Findelkind mit den sprechenden Augen!», und er küßte ihren roten Mund, spielte mit ihren langen Haaren und legte sein Haupt an ihr Herz, so daß dieses von Menschenglück und einer unsterblichen Seele träumte.

«Du fürchtest doch das Meer nicht, mein stummes Kind?» sagte er, als sie auf dem prächtigen Schiffe standen, welches ihn nach den Ländern des Nachbarkönigs führen sollte; und er erzählte ihr vom Sturm und von der Windstille, von seltsamen Fischen in der Tiefe und dem, was die Taucher dort gesehen, und sie lächelte bei seiner Erzählung; sie wußte ja besser als sonst jemand, was auf dem Grunde des Meeres vorging.

In der mondhellen Nacht, wenn alle schliefen, bis auf den Steuermann, der am Ruder stand, saß sie an dem Bord des Schiffes und starrte durch das klare Wasser hinunter; sie glaubte ihres Vaters Schloß zu erblicken, hoch oben stand die alte Großmutter mit der Silberkrone auf dem Haupte und starrte durch die reißenden Ströme zu des Schiffes Kiel empor. Da kamen ihre Schwestern über das Wasser hervor und schauten sie traurig an und rangen ihre weißen Hände; sie winkte ihnen, lächelte und wollte erzählen, daß es ihr gutginge und sie glücklich sei, aber der Schiffsjunge näherte sich ihr und die Schwestern tauchten unter, so daß er glaubte, das Weiße, was er gesehen, sei Schaum auf der See gewesen.

Am nächsten Morgen segelte das Schiff in den Hafen von des Nachbarkönigs prächtiger Stadt. Alle Kirchenglocken läuteten, und von den hohen Türmen wurden die Posaunen geblasen, während die Soldaten mit fliegenden Fahnen und blitzenden Bajonetten dastanden. Jeder Tag führte ein Fest mit sich. Ball und Gesellschaften folgten einander, aber die Prinzessin war noch nicht da, sie werde weit davon entfernt in einem heiligen Tempel erzogen, sagten sie, dort lerne sie alle königlichen Tugenden. Endlich traf sie ein.

Die kleine Seejungfrau war begierig, ihre Schönheit zu sehen, und sie mußte solche anerkennen, eine lieblichere Erscheinung hatte sie noch nie gesehen. Die Haut war so fein und klar, und hinter den langen dunklen Augenwimpern lächelten ein Paar schwarzblaue, treue Augen.

«Du bist es!» sagte der Prinz. «Du, die mich gerettet hat, als ich einer Leiche gleich an der Küste lag!», und er drückte seine errötende Braut in seine Arme. «Oh, ich bin allzu glücklich!»

sagte er zur kleinen Seejungfrau. «Das Beste, was ich je hoffen durfte, ist mir in Erfüllung gegangen. Du wirst dich über mein Glück freuen, denn du meinst es am besten mit mir von ihnen allen!» Und die kleine Seejungfrau küßte seine Hand, und es kam ihr schon vor, als fühle sie ihr Herz brechen. Sein Hochzeitsmorgen würde ihr ja den Tod bringen und sie in Schaum auf dem Meere verwandeln.

Alle Kirchenglocken läuteten, die Herolde ritten in den Straßen umher und verkündeten die Verlobung. Auf allen Altären brannte duftendes Öl in köstlichen Silberlampen. Die Priester schwangen die Rauchfässer, und Braut und Bräutigam reichten einander die Hand und erhielten den Segen des Bischofs. Die kleine Seejungfrau war in Seide und Gold gekleidet und hielt die Schleppe der Braut, aber ihre Ohren hörten die festliche Musik nicht, ihr Auge sah die heilige Zeremonie nicht, sie gedachte ihrer Todesnacht und allem, was sie in dieser Welt verloren hatte.

Noch an demselben Abend gingen die Braut und der Bräutigam an Bord des Schiffes, die Kanonen donnerten, alle Flaggen wehten, und mitten auf dem Schiffe war ein köstliches Zelt von Gold und Purpur und mit den schönsten Kissen errichtet, da sollte das Brautpaar in der stillen, kühlen Nacht schlafen.

Die Segel schwollen im Winde, und das Schiff glitt leicht und ohne große Bewegung über die klare See dahin.

Als es dunkelte, wurden bunte Lampen angezündet, und die Seeleute tanzten lustige Tänze auf dem Verdecke. Die kleine Seejungfrau mußte ihres ersten Auftauchens aus dem Meere gedenken, wo sie dieselbe Pracht und Freude erblickt hatte, und sie wirbelte sich mit im Tanze, schwebte, wie die Schwalbe schwebt, wenn sie verfolgt wird, und alle jubelten ihr Bewunderung zu, nie hatte sie so herrlich getanzt; es schnitt wie scharfe Messer in die zarten Füße, aber sie fühlte es nicht; es schnitt ihr noch schmerzlicher durch das Herz. Sie wußte, es war der letzte Abend, an dem sie ihn erblickte, für den sie ihre Verwandten und ihre Heimat verlassen, ihre schöne Stimme dahingegeben und täglich unendliche Qualen ertragen hatte, ohne daß er es mit einem Gedanken ahnte. Es war die letzte Nacht, daß sie dieselbe Luft mit ihm einatmete, das tiefe Meer und den sternhellen Himmel erblickte, eine ewige Nacht ohne Gedanken und Traum harrte ihrer, die keine Seele hatte, keine Seele gewinnen konnte. Und alles war Freude und Heiterkeit auf dem Schiffe bis weit über Mitternacht hinaus, sie lachte und tanzte mit Todesgedanken im Herzen. Der Prinz küßte seine schöne Braut, und sie spielte mit seinen schwarzen Haaren, und Arm in Arm gingen sie zur Ruhe in das prächtige Zelt.

Es wurde still auf dem Schiffe, nur der Steuermann stand am Ruder, die kleine Seejungfrau legte ihre weißen Arme auf den Schiffsbord und blickte gegen Osten nach der Morgenröte; der erste Sonnenstrahl, wußte sie, würde sie töten. Da sah sie ihre Schwestern der Flut entsteigen, sie waren bleich, wie sie; ihre langen schönen Haare wehten nicht mehr im Winde, sie waren abgeschnitten.

«Wir haben sie der Hexe gegeben, um dir Hilfe bringen zu können, damit du diese Nacht nicht stirbst! Sie hat uns ein Messer gegeben, hier ist es! Siehst du wie scharf? Bevor die Sonne aufgeht, mußt du es in das Herz des Prinzen stechen, und wenn dann das warme Blut auf deine Füße spritzt, so wachsen diese in einen Fischschwanz zusammen, und du wirst wieder eine Seejungfrau, kannst zu uns herabsteigen und lebst deine dreihundert Jahre, bevor du toter salziger Seeschaum wirst. Beeile dich! Er oder du mußt sterben, bevor die Sonne aufgeht! Unsere alte Großmutter trauert so, daß ihr weißes Haar gefallen ist, wie das unsrige, vor der Schere der Hexe. Töte den Prinzen und komm zurück! Beeile dich, siehst du den roten Streifen am Himmel? In wenigen Minuten steigt die Sonne auf, und dann mußt du sterben!» Und sie stießen einen tiefen Seufzer aus und versanken in die Wogen.

Die kleine Seejungfrau zog den Purpurteppich vom Zelte fort und sah die schöne Braut mit ihrem Haupte an des Prinzen Brust ruhen, und sie bog sich nieder, küßte ihn auf seine schöne Stirn, blickte gen Himmel auf, wo die Morgenröte mehr und mehr leuchtete, betrachtete das scharfe Messer und heftete die Augen wieder auf den Prinzen, der im Traum seine Braut beim Namen nannte, nur sie war in seinen Gedanken, und das Messer zitterte in der Seejungfrau Hand – aber da warf sie es weit hinaus in die Wogen, die glänzten rot, wo es hinfiel, es sah aus, als keimten Blutstropfen aus dem Wasser auf. Noch einmal sah sie mit halbgebrochenen Blicken auf den Prinzen, stürzte sich vom Schiffe in das Meer hinab und fühlte, wie ihr Körper sich in Schaum auflöste.

Nun stieg die Sonne aus dem Meere auf, die Strahlen fielen so mild und warm auf den kalten Meeresschaum, und die kleine Seejungfrau fühlte nichts vom Tode, sie sah die helle Sonne, und oben über ihr schwebten Hunderte von durchsichtigen, herrlichen Geschöpfen; sie konnte durch dieselben des Schiffes weiße Segel und des Himmels rote Wolken erblicken; die Sprache derselben war Melodie, aber so geistig, daß kein menschliches Ohr es vernehmen, ebenso wie kein irdisches Auge sie erblicken konnte; ohne Schwingen schwebten sie vermittelst ihrer eigenen Leichtigkeit durch die Luft. Die kleine Seejungfrau sah, daß sie einen Körper hatte wie diese, der sich mehr und mehr aus dem Schaume erhob.

«Wo komme ich hin?» fragte sie, und ihre Stimme klang wie die der andern Wesen, so geistig, daß keine irdische Musik sie wiederzugeben vermag.

«Zu den Töchtern der Luft!» erwiderten die andern. «Die Seejungfrau hat keine unsterbliche Seele, kann sie nie erhalten, wenn sie nicht eines Menschen Liebe gewinnt; von einer fremden Macht hängt ihr ewiges Dasein ab. Die Töchter der Luft haben auch keine ewige Seele, aber sie können durch gute Handlungen sich selbst eine schaffen. Wir fliegen nach den warmen Ländern, wo die schwüle Pestluft den Menschen tötet; dort fächeln wir Kühlung. Wir breiten den Duft der Blumen durch die Luft aus und senden Erquickung und Heilung. Wenn wir dreihundert Jahre lang gestrebt haben, alles Gute, was wir vermögen, zu vollbringen, so erhalten wir eine unsterbliche Seele und nehmen Teil am ewigen Glücke der Menschen. Du arme kleine Seejungfrau hast mit ganzem Herzen nach demselben, wie wir, gestrebt, du hast gelitten und geduldet, dich zur Luftgeisterwelt erhoben, nun kannst du dir selbst durch gute Werke nach drei Jahrhunderten eine unsterbliche Seele erschaffen.»

Und die kleine Seejungfrau erhob ihre verklärten Augen

gegen Gottes Sonne, und zum erstenmal fühlte sie Tränen in ihren Augen. – Auf dem Schiffe war wieder Lärm und Leben, sie sah den Prinzen mit seiner schönen Braut nach ihr suchen, wehmütig starrten sie den perlenden Schaum an, als ob sie wüßten, daß sie sich in die Fluten gestürzt habe. Unsichtbar küßte sie die Stirn der Braut, lächelte den Prinzen an und stieg mit den übrigen Kindern der Luft auf die rosenrote Wolke hinauf, welche am Himmel segelte.

«Nach dreihundert Jahren schweben wir so in das Reich Gottes hinein!»

«Auch können wir noch früher dahin gelangen!» flüsterte eine Tochter der Luft. «Unsichtbar schweben wir in die Häuser der Menschen hinein, wo Kinder sind, und für jeden Tag, an dem wir ein gutes Kind finden, welches seinen Eltern Freude bereitet und deren Liebe verdient, verkürzt Gott unsere Prüfungszeit. Das Kind weiß nicht, wann wir durch die Stube fliegen, und müssen wir aus Freude über dasselbe lächeln, so wird ein Jahr von den dreihundert abgerechnet, sehen wir aber ein unartiges und böses Kind, so müssen wir Tränen der Trauer vergießen, und jede Träne legt unserer Prüfungszeit einen Tag zu!»

Die kleine Seejungfrau
(Interpretation)

Es läge nahe, nach allem, was wir von der Erlösung des Tierpartners gehört haben, nun Andersens Märchen ebenfalls in diesem Sinne zu deuten. Vom Mann her gesehen wäre dann die kleine Seejungfrau seine Anima, die aus der Tiefe des Unbewußten zur Bewußtheit gelangt. Die Nixe ist ohnehin eines der typischsten Animabilder. Kein Wunder, denn sie kommt ja aus dem Meer, dem Unbewußten also, und sie ist halb Mensch und halb Fisch, halb bewußt und halb unbewußt. Die Parallele zum Undinemotiv bietet sich also an. Eine Verfilmung der kleinen Seejungfrau wählte auch wirklich dieses tragische Ende, an dem die Seejungfrau an der Untreue des Menschen untergeht und der Meereskönig den Königssohn dafür straft. Doch im Unterschied zu Tschaikowskys Schwanensee und zur Undine rächt sich die Untreue des Jünglings bei Andersen nicht. Die kleine Seejungfrau erlöst sich selbst, und der junge König darf mit seiner Ehefrau glücklich werden.

Noch ein anderer Grund veranlaßt mich, dieses Märchen aus einer anderen Perspektive, aus der Sicht der Frau, zu interpretieren. Mir fiel auf, wie viele Frauen diese Märchen als ihr Lieblingsmärchen bezeichnen und sich bewußt mit der kleinen Seejungfrau identifizieren. Eine junge Frau erzählte einmal, sie habe sich als Kind immer in der Rolle der kleinen Seejungfrau gesehen und ihren Vater als den Prinzen. Wie gut paßte die Geschichte auf ihre Situation! Das kleine Mädchen, das gerade erst aus der tiefen See des Unbewußten auf diese Welt gekommen war und dem das Laufen noch Schwierigkeiten verursachte. Es fühlte die Opfer, die die kleine Seejungfrau im Märchen bringen muß, besonders. Und es konnte ja noch nicht sprechen. Es war so stumm wie die kleine Seejungfrau und konnte seine Liebe dem Vater gar nicht mitteilen. Und da gab es eine Mutter, die ihm ähnlich sah, ganz wie die Braut des Königs im Märchen, und die ihr den Vater scheinbar wegnehmen wollte. Aus Liebe zum Vater, der für die Tochter aber den Ansporn für die Entwicklung ihres Geistes bedeutet, brachte sie, wie die kleine Seejungfrau dem Prinzen zuliebe, alle Opfer, die mit dem Erwachsenwerden verbunden sind (die Schmerzen der Instinktbewältigung, die Transformation der Triebenergie). Und als letzte Stufe – das war dem Mädchen natürlich nicht bewußt – das Loslassen des Vaters, um dafür ihr Selbst zu finden. Aber man könnte genausogut sagen, daß das Mädchen bereits ein Mysterium erahnte, das in der Natur des Menschen angelegt ist, und so seine Individuation vorausahnte.

Esther Harding hat in ihrem Buch «Frauenmysterien» einen Entwicklungsweg der Frau in den Mythen verschiedener Kulturen geschildert, der mit der Entwicklung der kleinen Seejungfrau große Ähnlichkeit hat. Andersens Märchen wird so gesehen vom individuellen zu einem kollektiven Frauenmysterium. Es sind Mysterien, die die Unsterblichkeit der Seele zum Ziel haben und mit der Mondgöttin, also dem weiblichen Prinzip, zusammenhängen.

Wie verläuft die Entwicklung der kleinen Seejungfrau? Vom Wasser zum Land und dann zur Luft. Von der Gefühlskälte des Fischleibes, dem Instinkthaften, in dem ihre Schwestern beharren, zur liebenden Frau, die sich an den Leiden der Liebe zu einem bestimmten Mann entwickelt, und schließlich die Alliebe, das große Mitleid (Mahakaruna) erreicht, das sie aus ihrem Ichdasein befreit und ihr die Chance der Unsterblichkeit verleiht. Die kaltblütige Nixe, der entwickelte Eros und die Heilige: das sind die Stufen ihres Individuationsprozesses.

Beginnen wir mit dem kindlichen Leben der kleinen Nixe unter Wasser. Dies ist die Welt des Unbewußten, des Instinktes. Dort regiert der Meereskönig. Er ist ein Teil der großen Mondgöttin. Das Nixenhafte, Kaltblütige, zeigt sich an den Schwestern, die mitleidlos zusehen, wenn Menschen ertrinken. Mitgefühl gibt es in dieser vormenschlichen Welt, die nur vom Instinkt beherrscht wird, noch nicht. Esther Harding schildert einen Frauentypus, der diesen Nixen- und Sirenentyp verkörpert. Die Nixe, von der viele

Dichter erzählen, ist eine Frau, die Männer mit der Macht ihres Instinktes anzieht, um die Macht über sie zu genießen und die persönlichen Vorteile – ohne Mitgefühl oder Verantwortung um ihr Schicksal –, und die dann entweder an der eigenen Liebesunfähigkeit verzweifelt oder ihre Macht verliert, indem sie sich selbst verliebt (Loreley). Die Schwestern der kleinen Seejungfrau bleiben auf dieser Stufe, sie werden weder menschlich noch unsterblich; sie wollen ihre Schwester, als sie ihr das Messer reichen, wieder auf diese Stufe hinunterziehen. Doch die kleine Seejungfrau spürt schon dort unten den Drang zur Individuation, die Sehnsucht nach Bewußtwerdung. So gern möchte sie menschlich, d. h. unsterblich werden. Die menschliche Existenz, die für die meisten Menschen gar keinen Wert mehr bedeutet, sondern eine Selbstverständlichkeit, wie hoch wird sie von ihr eingeschätzt! Ich muß in diesem Zusammenhang an die Meditation über die Wertschätzung der menschlichen Existenz denken, die im Mahayana-Buddhismus empfohlen wird. Die Chance, als Mensch geboren zu werden, sei so groß, heißt es da, wie die Chance, daß eine blinde Schildkröte ihren Kopf in ein Joch stecken könne, das auf dem Ozean hin und her treibt und nur alle hundert Jahre auftaucht. Deshalb sollten wir für unseren menschlichen Körper dankbar sein und die Chance dieses Lebens zur Entwicklung nutzen, denn nur ein Mensch kann Erleuchtung – für die kleine Seejungfrau ist es die Unsterblichkeit – erlangen. Die Sehnsucht der kleinen Seejungfrau ist so groß, daß sie bereit ist, die Schmerzen der Bewußtwerdung, die ihr vorausgesagt werden, auf sich zu nehmen. Unbewußt drückt die Sehnsucht in jedem Verliebtsein ja die Sehnsucht nach Ganzheit, nach der fehlenden Hälfte von uns, aus.

Was sind die Mühen, die sie freiwillig auf sich nimmt? Es ist erstens der Triebverzicht, der weh tut, aber notwendig ist, um Mensch zu werden, die Transformation. Dies ist notwendig, um den Eros, die Beziehung zu einem anderen Menschen, zu entwickeln. Die kaltblütige Erfüllung der eigenen egoistischen Wünsche um jeden Preis muß dabei geopfert werden. Das ist das Abschneiden des Fischschwanzes. Sie fühlt, und wer fühlt, kann leiden. Wessen untere Hälfte noch Fisch ist, kennt kein Mitgefühl, kein Leid, aber auch keine Liebe. Sie fühlt den Boden der Realität unter ihren Füßen, und jeder Schritt tut ihr weh. Jetzt kann sie sich nicht mehr in Illusionen flüchten. Sie geht bewußt das Risiko, das mit dem Verlieben verbunden ist, ein: nämlich nicht auf Gegenliebe zu stoßen oder später auf Untreue, und damit das Risiko, verletzt zu werden, Schmerzen zu erleiden. Mit ihrem Fischleib geht ihr allerdings auch eine gewisse Anziehung, eine Verlockung verloren, die ihr vorher unwiderstehliche Macht über die Männer verliehen hatte: die Macht der Nixe. Jetzt, als ganz menschliche Frau, muß sie diese Art tierische Schönheit zurückstellen, denn Macht und Liebe vertragen sich nicht. Es ist der Gesang der Sirene, die Verführung. Wenn sie diese Eigenschaft behält, die mit Verführung und Verantwortungslosigkeit zusammenhängt, kann sie nicht menschlich werden. Die Meerhexe spielt in diesem Zusammenhang eine wichtige Rolle für die Individuation der Heldin.

Aber die Heldin ist jetzt stumm! Genau wie Elisa. Und stumm muß sie mit ansehen, wie ihr Prinz sich in eine andere Frau verliebt, ohne daß sie eingreifen kann. Zuerst mußte sie sich der Liebe opfern, und jetzt muß sie auch noch das Objekt ihrer Liebe opfern. Aber es zeigt sich, daß ihre Unsterblichkeit – ihre Ganzwerdung – nicht von äußeren Umständen und der Erwiderung ihrer Liebe durch einen Mann abhängt. Im Gegenteil, gerade durch das Opfer des Loslassens des Geliebten und des Verzichtes um seiner willen erreicht sie die neue Entwicklungsstufe. Das ist die Liebe des Seins, nicht die des Habens. Indem sie die Grenzen ihres Ego überwindet, ist sie eins mit allem, und nicht nur mit einem Menschen, geworden. Das ist die Liebe, die sie jetzt allen Menschen entgegenbringen kann, und ihre Chance zur Unsterblichkeit. Das Ego mußte sie opfern, das Selbst wurde dafür geboren. In den Mysterien ist dies die Geburt der Jungfrau, die sich Gott vermählt. Sie gehört nicht einem Mann, sondern ist für alle da, und das göttliche Kind der Jungfrau ist ihr Selbst, das unsterblich ist. Der Weg zur Unsterblichkeit der Seele der kleinen Seejungfrau ist genau das Gegenteil der Auffassung, daß eine Frau nur als Gattin ihres Mannes einen Platz im Paradies erlangen könne (wie sie z. B. im Islam vertreten wird). So dachte die kleine Seejungfrau noch, als sie sich wünschte unsterblich zu werden. Die Frauenmysterien, die den finsteren, triebhaften Aspekt des Neumondes, den einen Aspekt der Mondgöttin über den Sichelmond bis zum Vollmond weiterentwickelt haben, zeigen den Weg zur Unsterblichkeit durch Selbsterlösung und gerade durch das Opfern der Sicherheit und einer irdischen Bindung und die Unabhängigkeit von einem bestimmten Mann.

Eine Parallele zum Mysterium der kleinen Seejungfrau finden wir auch in tantrischen Schriften. Esther Harding stellte fest:

> «Auch in tantrischen Schriften heißt es, daß die Entwicklung des Bewußtseins sich von der wäßrigen Region aus durch die Vermittlung des Sichelmondes zur feurigen Sonnenregion und von dort durch den Ort der Luft zum Vollmond hin ziehe. In diesen Texten heißt es, daß derjenige, der den Vollmond erreicht, ‹die drei Perioden schaut ... und lange lebt›, es ist das Tor zur ‹großen Befreiung›. Bei den drei Perioden handelt es sich um Vergangenheit, Gegenwart und Zukunft. Sie entsprechen den drei Welten der Mondmysterien, die die Unterwelt, die Erde und der Himmel genannt werden. Man glaubte von den Mondgottheiten, daß sie in jedem dieser drei Reiche herrschten, und nicht selten wurden Mondgott oder Mondgöttin in drei verschiedenen Aspekten oder Gestalten dargestellt, den Bereichen entsprechend, über die die Gottheit herrschte. Sin, zum Beispiel, der chaldäische Mondgott, wurde als dreieinig verehrt. Er war Anu, Gottheit der Wasser über der Erde und der himmlischen Sphären; er war auch Enlil oder Bel, Herr der Himmelserde, Vater des Mondes, König der Stürme und Herr des Windes; und auch Ea, der Urozean, die alte Schlange, der Fischgott oder Leviathan ... Psychologisch ausgedrückt hat also derjenige, der bis ins Reich des vollen oder vollkommenen Mondes vorgedrungen ist, Kenntnis des Unbewußten, der Vergangenheit, der Quelle des Ursprungs; er hat Macht in der gegenwärtigen Welt; und er hat Einsicht in das Reich der Zukunft. In gewissem Sinne ist er zeitlos geworden, er transzendiert die Begrenzungen der Zeit. Er ist unsterblich geworden.» (1)

Die Überwindung der bösen Stiefmutter

Viele Märchen *(Schneewittchen, Aschenputtel, die drei Männlein im Walde)* beginnen damit, daß die gute echte Mutter stirbt und die Heldin eine Stiefmutter erhält, die ihr feindlich gesinnt ist und ihr das Leben schwermacht. Oft hat sie mindestens eine eigene Tochter, die bevorzugt behandelt wird (im Märchen vom *Aschenputtel,* den *drei Männlein im Walde* und der *Frau Holle*). Was bedeutet diese böse Stiefmutter? Die Stiefmutter und die wahre Mutter sind nicht einfach die schlechte und die gute Seite des Mutterbildes, und es wäre auch falsch, die böse Stiefmutter mit dem Vorurteil zu verbinden, daß in den Märchen die Frau ohnehin schlecht wegkomme. Ich gehe sogar so weit, die Stiefmutter, was eigentlich die steife Mutter bedeutet, sowie die gute Mutter, die sterben muß, gar nicht als menschliche Wesen aufzufassen, sondern als psychische Tatsachen, als Zustände. Die Mutter oder das Weibliche hat in der Symbolik etwas mit der Natur zu tun. Was ist das für eine Natur, die (oft schon bei der Geburt der Heldin) sterben muß? Was ist das für eine steife Natur, die ihr nachfolgt, ihre eigenen Kinder bevorzugt, die Heldin aber als Stiefkind behandelt?

Unsere echte Mutter ist die unverdorbene, echte Natur, die der Mensch als Anlage und biologischen Kern in sich trägt, die aber sehr bald – schon in der Kindheit – durch eine zweite sekundäre Scheinnatur, die wir gezwungen werden anzunehmen, überlagert wird. Es sieht so aus, als sei die wahre, unschuldige Natur des Menschen gestorben. Aber wie wir in den Märchen sehen, gelingt es der Heldin, zu den Tiefen dieser verlorenen Wahrheit und Kraft wieder vorzudringen. Aschenputtel pflegt den Kontakt durch das Gebet und die Tränen am Grab ihrer Mutter. Sie weiß von diesem

Urzustand und der Möglichkeit des wahren Glücks und trauert um den Verlust. Die Goldmarie findet zu ihr, indem sie in ihrer Verzweiflung in den Brunnen springt, indem sie sich fallen läßt, der Libido in die Tiefen der Seele folgt. Und das Mädchen im Märchen von den drei Männlein im Walde erlebt sie in der Lebensgefahr als hilfreiche Wichtelmänner im verschneiten Winterwalde. Schneewittchen würde ich dagegen selbst als die verdrängte, reine Natur des Menschen betrachten, die wieder zur Herrschaft kommen will. Der Prinz erweckt sie zum Leben, weil er an sie glaubt, weil er sich von der Liebe zu ihr mehr leiten läßt als von dem Schein der Sinne und des Verstandes, denen sie als tot erscheinen muß.

Wenn die Märchen vom Tod der natürlichen ursprünglichen Mutter und der Herrschaft der Stiefmutter erzählen, dann schildern sie den Zustand der Bewußtseinsentwicklung, wie wir ihn beim Thema *«Erlösung der Tierbrüder»* kennengelernt haben. Die ursprüngliche Harmonie und Ganzheit wird zerstört. Mit der Entstehung des Ich-Bewußtseins wird der Mensch aus der Einheit herausgerissen. Er wird gespalten. Er leidet an der Kälte, Einsamkeit und Isolation des Zustandes wie die Heldin, oder er versucht ihn oberflächlich zu narkotisieren oder zu kompensieren durch entwicklungsfeindliche Lösungen, wie die Schwestern der Heldin. Doch es ist nicht nur so, daß Teile unseres Selbst, Teile der Ganzheit verlorengehen, unbewußt oder zu Tierbrüdern werden, sondern auch über die äußere Wirklichkeit breitet sich ein Schleier. Er besteht aus Illusionen und Projektionen und aus der Beschreibung der Welt, die wir in unserer Kultur und Erziehung erlernt haben. Diese Beschreibung ist ebenfalls wie eine steife Mutter im Vergleich mit der ursprünglichen wahren Mutter, der wahren unverfälschten Wirklichkeit. Diese kollektive Beschreibung kann zu einem Zeitgeist, einer Ideologie eines Zeitalters werden, die der Macht der Stiefmutter im Märchen gleichkommt. – Das steife, verengte Bewußtsein, das nicht durchlässig genug ist, um die Wirklichkeit hereinzulassen. Die Heldin ist der Mensch, der sie durchschaut, weil sie selber in die Tiefen der Wirklichkeit vordringt und so ihre Herrschaft überwindet.

Die wahre Mutter ist die natürliche, das Leben schenkende Mutter, die Stiefmutter dagegen ist sekundär. Sie hat nur eine soziale Funktion. Sie selbst ist steif und steril. Sie schafft oder gebärt nichts Neues, sondern verwaltet das schon Erschaffene. Das zeigt sich im Märchen, wenn ihre Kraft nicht auf der Produktivität, sondern auf materiellem Besitz und gesellschaftlicher Machtstellung beruht. Ihr Ausdruck ist Macht, Gewalt und Egoismus. Eigentlich hätte sie als soziale Stiefmutter gar keine unrechte Position, ihre rechtmäßige Aufgabe wäre es, das von der Natur Erschaffene zu pflegen, zu kultivieren, zu erziehen. Doch wie wir im Märchen sehen, mißbraucht sie in der Regel diesen Platz. Statt zur Pflegerin und Hegerin wird sie zur Beherrscherin der Heldin und verdrängt sie von dem ihr zustehenden Platz und Reichtum. Das erinnert mich an die Auffassung des Indianers Don Juan Matus (1) von den zwei Ringen der Kraft, den zwei Arten des menschlichen Bewußtseins. Er sagt, jeder Mensch sei bei seiner Geburt mit zwei Ringen der Kraft ausgestattet. Der erste Ring der Kraft ist unser Bewußtsein, das sich allmählich entwickelt und angefüllt wird mit der gelernten Beschreibung der Welt und das sich dann irgendwann einbildet, Alleinherrscher im eigenen Haus zu sein. Der zweite Ring der Kraft sei aber ebenso mächtig und könne vom Zauberer genutzt werden zu außergewöhnlichen Fähigkeiten. Die Aufgabe des ersten Kraftringes, unseres normalen Wachbewußtseins also (auch Tonal genannt), wäre es, ein sorgsamer Wächter zu sein, aber leider verwandle es sich bei den meisten von uns in einen despotischen Wärter. Was Don Juan Matus über das Bewußtsein sagt, trifft auf die Stiefmutter im Märchen zu, die den Platz, an den sie gestellt wird, mißbraucht. Sie steht für das sterile, verhärtete Bewußtsein, das Unbewußtes nicht bewußtwerden läßt und auch die äußere Wirklichkeit überlagert mit einer gelernten sterilen Beschreibung, statt sie hereinzulassen, wie sie ist. Der verlorene unbenutzte Ring aber wäre die verstorbene echte Mutter.

Vom kollektiven Standpunkt aus betrachtet, könnte man die wahre und verstorbene Mutter auch als einen ursprünglichen Gesellschaftszustand von natürlicher Gerechtigkeit, einen Urkommunismus, wie ihn das Matriarchat kannte, betrachten. Jeder erhält, was er seinen natürlichen Bedürfnissen entsprechend braucht und was ihm deshalb als Naturrecht zusteht. Gleichheit und Bedürfnisorientierung sind die Maßstäbe. Aber dieses «goldene Zeitalter» geht mit dem Auftreten der Stiefmutter, die Besitz, Egoismus und Macht repräsentiert, verloren. Jetzt müssen die

Unschuldigen leiden, und die Habgierigen gewinnen an Macht. Materialismus und Rationalismus drücken die Stiefmütter und ihre Töchter aus. Das ist ihre Steifheit. Sie sind nicht nur unschöpferisch, sie kennen nur das Sinnliche und haben für das Übersinnliche keinen Sinn, sie wertschätzen nur das tote Materielle, während die Heldin den Reichtum, der aus der Natur kommt, bevorzugt. Kollektiv gesehen könnte man die Stiefmutter auch gut als die Zivilisation verstehen, die im Gegensatz zur Kultur, die die Natur transformiert, die Natur ausrottet und an ihrer Stelle etwas Synthetisches setzt. Ihre Steifheit ist der Beton, der die Erde immer mehr zuzementiert. Ihr rotbackiger Apfel ist das Gift, das die Nahrung verseucht und oberflächlich für appetitliches Aussehen sorgt. Die Attraktivität ihrer Lieblingstöchter ist die Verführung der Technik und des Mechanischen, die wie in Andersens *«Nachtigall»* zuerst die Schönheit und das Können der Natur in den Schatten zu stellen scheint, sich aber letzten Endes als seelenlos und machtlos gegenüber dem Tod entpuppt und die Natur nicht ersetzen kann, die die Dynamik des sich immer wieder erneuernden Kreislaufs des Lebendigen repräsentiert. Die eine Seite dieser Stiefmutter ist die Welt des Habens, materielle Macht, die Macht des Toten, ihre andere Seite heißt Mangel. Mangel einerseits, weil sie selbst steif und unfruchtbar ist und den natürlichen Reichtum zerstört, Mangel andererseits, weil Mangel auch ein Problem der Verteilung der Güter ist, weil man Mangel künstlich erzeugen kann, um die Preise zu steigern, weil, wenn wenige vieles besitzen für den Rest nur noch wenig bleibt. Mangel, weil besitzen, vermarkten immer ein Ein- und Abgrenzen bedeutet.

Die natürliche Mutter ist die fruchtbare Mutter Natur, die in ständiger Erneuerung ihre Kinder ernährt und genug für alle hervorbringt, die Stiefmutter ist ein Wirtschaftssystem, das sich verselbständigt hat und nur noch für die Bedürfnisse des Systems, statt für die Bedürfnisse der Menschen produziert und immer mehr künstliche (steife) Dinge herstellt, die die Menschen gar nicht brauchen, sondern die die Stiefmutter ihnen aufschwätzen muß. Die Stiefmutter ist rationalistisch. Nur was sinnlich wahrnehmbar ist, nur das Grob-Materielle existiert für sie. Die steife Mutter ist der Positivismus. Nur was da ist, ist wahr. Für Imagination hat sie keine Begabung. Die Stiefmutter ist der kollektive Bewußtseinszustand der Menschen, die unter ihrer Herrschaft leben. Ihre Lieblingskinder sind wie sie und fühlen sich wohl, wenn sie viel kaufen und konsumieren, wenn sie Geld machen können. Ihre Stiefkinder aber sind die sensiblen, die den Kontakt zur wahren Mutter – zu ihrer Natur – nicht verloren haben, sich als deren Kinder betrachten und unter den ungerechten und unnatürlichen Verhältnissen leiden. Sie haben andere Bedürfnisse, die unter der Herrschaft der Stiefmutter zu kurz kommen, oder Eigenschaften und Fähigkeiten, die von ihrem Regime wenig gefragt oder unerwünscht sind: Kreativität und Spontaneität, Spiritualität und Sensibilität, Mitleid – auch mit den Tieren –, die Liebe zum Natürlichen, das nichts kostet. Sie wollen sich selbst entwickeln, statt die Prothesen.

Erich Fromms Charakterisierung der Nekrophilie, der Liebe zum Toten, als einem Gesellschaftszug paßt gut auf die kollektive Stiefmutter von heute. Ihre Werte heißen Geschwindigkeit, Quantität und Rentabilität (schneller, mehr und billiger), Naturbeherrschung, Verkrüppelung der Eigenkräfte und der Individualität, Automatisierung, Anpassung und Sachzwang. Sie flüstert selbst ihren Lieblingskindern ins Ohr wie Aschenputtels Stiefmutter: «Schneide dir den Zeh oder die Ferse ab, wenn der Schuh nicht paßt! Als Königin brauchst du nicht zu laufen!» Ihr Rat für ihre Lieblingskinder heißt: Imitiere die, die erfolgreich sind, heule mit den Wölfen, schwimme mit dem Strom! Die Stiefkinder sind die biophilen Menschen, die die Liebe zum Leben nicht verloren haben. Sie sagen: Ökologie vor Ökonomie! Sein, statt haben! Den eigenen Weg des Herzens gehen, statt Anpassung! Die Kehrseite der Stiefmutter ist die innere Leere, die Angst, die Projektion, die Abschreckung, das Hochschrauben der Rüstung, was sie zur Todesmutter macht. Die Frustration an ihrer schleichenden Lebensfeindlichkeit verschafft sich in auf den Beton gemalten Sprüchen Ausdruck, wie: «Man tötet nicht, man verhindert zu leben», «Lieber lebend sterben, als sterbend leben» oder «Daß der Tod uns lebend finde und das Leben uns nicht tot.»

Auf den Menschen übertragen paßt Wilhelm Reichs Begriff der «emotionalen Pest» als psychischer Zustand gut auf die steife Mutter, denn sie ist ja die verdorbene Natur des gepanzerten Menschen, die durch Unterdrückung und Verkrüppelung der ursprünglichen Natur im Menschen entstanden ist. Sie äußert sich als Pornographie, als Sentimentalität und Grausamkeit. Sie macht den moralischen Zwang notwendig, eine andere Seite der steifen Mutter, und beide bilden einen Teufelskreis, aus dem aber der Weg der Märchenheldinnen herausführt. Wenn am Ende des Märchens die böse Stiefmutter oft verbrannt wird, dann ist die emotionale Pest geläutert worden, der Panzer ist geschmolzen.

Wieso können die alten Volksmärchen einen Zustand beschreiben, der so gut auf die heutige Situation zutrifft? Sie beschreiben ganz einfach Naturgesetze. Das Prinzip heißt: wenn – dann. Sie beschreiben Gefahren und Möglichkeiten. Als im letzten Jahrhundert der indianische Häuptling Seattle den Weißen prophezeite, daß sie eines Tages in ihrem eigenen Dreck ersticken würden, wenn sie so weitermachten, die Erde zu verkaufen und die Flüsse zu vergiften, dann konnte er dies nicht deshalb tun, weil er Hellseher gewesen wäre, sondern weil er ein gesundes Gefühl für die Naturgesetze hatte und wußte, was passiert, wenn man sie verletzt. Diese Möglichkeiten oder Prinzipien kann man auf die verschiedensten Situationen und Zeiten anwenden.

Wenn die Märchen vom Tod der natürlichen Mutter und der Herrschaft der steifen Mutter erzählen, dann schildern sie oft einen Zustand der Bewußtseinsentwicklung, wie ihn der Buddhismus lehrt. Die Stiefmutter ist die samsarische Welt der Verdunkelungen und der Unwissenheit, in der wir leben. Die Welt der «zehntausend Dinge», die uns die Sicht für das Eine verstellen, die vermeintliche Zweiheit von Subjekt und Objekt. Die ursprüngliche gute Mutter dagegen ist die Buddhanatur, die in jedem Menschen existiert und bewußt werden kann. Die Heldin ist der Mensch, der sich auf den Weg zur Erleuchtung gemacht hat. Sie leidet am Samsara, während die Toren sich kurzfristig darin wohlfühlen. Verfolgen wir ihren Weg am Beispiel der folgenden Märchen genauer. Und wir werden dabei feststellen, daß die böse Stiefmutter so gesehen sogar hilfreich ist, denn letzten Endes bedeutet sie für die Heldin auch ihre Chance der Individuation und ihrer Bewußtseinsentwicklung. Sie ist die Herausforderung, die die Heldin zwingt, durch den Widerstand und den Konflikt, den dieser verursacht, die ursprüngliche Unbewußtheit zu überwinden.

Frau Holle

Eine Witwe hatte zwei Töchter, davon war die eine schön und fleißig, die andere häßlich und faul. Sie hatte aber die häßliche und faule, weil sie ihre rechte Tochter war, viel lieber, und die andere mußte alle Arbeit tun und der Aschenputtel im Hause sein. Das arme Mädchen mußte sich täglich auf die große Straße bei einem Brunnen setzen und mußte so viel spinnen, daß ihm das Blut aus den Fingern sprang. Nun trug es sich zu, daß die Spule einmal ganz blutig war; da bückte es sich damit in den Brunnen und wollte sie abwaschen: sie sprang ihm aber aus der Hand und fiel hinab. Es weinte, lief zur Stiefmutter und erzählte ihr das Unglück. Sie schalt es aber so heftig und war so unbarmherzig, daß sie sprach: «Hast du die Spule hinunterfallen lassen, so hol sie auch wieder herauf.» Da ging das Mädchen zu dem Brunnen zurück und wußte nicht, was es anfangen sollte: und in seiner Herzensangst sprang es in den Brunnen hinein, um die Spule zu holen. Es verlor die Besinnung, und als es erwachte und wieder zu sich selber kam, war es auf einer schönen Wiese, wo die Sonne schien und viel tausend Blumen standen. Auf dieser Wiese ging es fort und kam zu einem Backofen, der war voller Brot; das Brot aber rief: «Ach, zieh mich raus, zieh mich raus, sonst verbrenn' ich: ich bin schon längst ausgebacken.» Da trat es herzu und holte mit dem Brotschieber alles nacheinander heraus. Danach ging es weiter und kam zu einem Baum, der hing voll Äpfel und rief ihm zu: «Ach, schüttel mich, schüttel mich, wir Äpfel sind alle miteinander reif.» Da schüttelte es den Baum, daß die Äpfel fielen, als regneten sie, und schüttelte, bis keiner mehr oben war; und als es alle in einen Haufen zusammengelegt hatte, ging es wieder weiter. Endlich kam es zu einem kleinen Haus, daraus guckte eine alte Frau, weil sie aber so große Zähne hatte, ward ihm angst, und es wollte fortlaufen. Die alte Frau aber rief ihm nach: «Was fürchtest du dich, liebes Kind? Bleib bei mir, wenn du alle Arbeit im Hause ordentlich tun willst, so soll dir's gutgehn. Du mußt nur acht geben, daß du mein Bett gut machst und es fleißig aufschüttelst, daß die Federn fliegen. Dann schneit es in der Welt; ich bin die Frau Holle.» Weil die Alte ihm so gut zusprach, so faßte sich das Mädchen ein Herz, willigte ein und begab sich in ihren Dienst. Es besorgte auch alles nach ihrer Zufriedenheit und schüttelte ihr das Bett immer gewaltig auf, daß die Federn wie Schneeflocken umherflogen; dafür hatte es auch ein gut Leben bei ihr, kein böses Wort und alle Tage Gesottenes und Gebratenes. Nun war es eine Zeitlang bei der Frau Holle, da ward es traurig und wußte anfangs selbst nicht, was ihm fehlte, endlich merkte es, daß es Heimweh war; ob es ihm hier gleich viel tausendmal besser ging als zu Hause, so hatte es doch ein Verlangen dahin. Endlich sagte es zu ihr: «Ich habe den Jammer nach Haus kriegt, und wenn es mir auch noch so gut hier unten geht, so kann ich doch nicht länger bleiben, ich muß wieder hinauf zu den Meinigen.» Die Frau Holle sagte: «Es gefällt mir, daß du wieder nach Haus verlangst, und weil du mir so treu gedient hast, so will ich dich selbst wieder hinaufbringen.» Sie nahm es darauf bei der Hand und führte es vor ein großes Tor. Das Tor ward aufgetan, und wie das Mädchen gerade darunter stand, fiel ein gewaltiger Goldregen, und alles Gold blieb an ihm hängen, so daß es über und über davon bedeckt war. «Das sollst du haben, weil du so fleißig gewesen bist», sprach die Frau Holle und gab ihm auch die Spule wieder, die ihm in den Brunnen gefallen war. Darauf ward das Tor verschlossen, und das Mädchen befand sich oben auf der Welt, nicht weit von seiner Mutter Haus: und als es in den Hof kam, saß der Hahn auf dem Brunnen und rief:

«Kikeriki,
unsere goldene Jungfrau ist wieder hie.»

Da ging es hinein zu seiner Mutter, und weil es so gut mit

Gold bedeckt ankam, ward es von ihr und der Schwester gut aufgenommen.

Das Mädchen erzählte alles, was ihm begegnet war, und als die Mutter hörte, wie es zu dem großen Reichtum gekommen war, wollte sie der anderen häßlichen und faulen Tochter gerne dasselbe Glück verschaffen. Sie mußte sich an den Brunnen setzen und spinnen, und damit ihre Spule blutig ward, stach sie sich in die Finger und stieß sich die Hand in die Dornhecke. Dann warf sie die Spule in den Brunnen und sprang selber hinein. Sie kam wie die andere auf die schöne Wiese und ging auf demselben Pfade weiter. Als sie zu dem Backofen gelangte, schrie das Brot wieder: «Ach, zieh mich raus, zieh mich raus, sonst verbrenn' ich, ich bin schon längst ausgebacken.» Die Faule aber antwortete: «Da hätt' ich Lust, mich schmutzig zu machen» und ging fort. Bald kam sie zu dem Apfelbaum, der rief: «Ach, schüttel mich, schüttel mich, wir Äpfel sind alle miteinander reif.» Sie antwortete aber: «Du kommst mir recht, es könnte mir einer auf den Kopf fallen» und ging damit weiter. Als sie vor der Frau Holle Haus kam, fürchtete sie sich nicht, weil sie von ihren großen Zähnen schon gehört hatte, und verdingte sich gleich zu ihr. Am ersten Tag tat sie sich Gewalt an, war fleißig und folgte der Frau Holle, wenn sie ihr etwas sagte; denn sie dachte an das viele Gold, das sie ihr schenken würde; am zweiten Tag aber fing sie schon an zu faulenzen, am dritten noch mehr, da wollte sie morgens gar nicht aufstehen. Sie machte auch der Frau Holle das Bett nicht, wie sich's gebührte, und schüttelte es nicht, daß die Federn aufflogen. Das ward die Frau Holle bald müde und sagte ihr den Dienst auf. Die Faule war das wohl zufrieden und meinte, nun würde der Goldregen kommen; die Frau Holle führte sie auch zu dem Tor, als sie aber darunter stand, ward statt des Goldes ein großer Kessel voll Pech ausgeschüttet. «Das ist zur Belohnung deiner Dienste», sagte die Frau Holle und schloß das Tor zu. Da kam die Faule heim, aber sie war ganz mit Pech bedeckt, und der Hahn auf dem Brunnen, als er sie sah, rief:

«Kikeriki, unsere schmutzige Jungfrau ist wieder hie.»

Das Pech aber blieb fest an ihr hängen und wollte, solange sie lebte, nicht abgehen.

Frau Holle
(Interpretation)

Wer ist wohl das Mädchen, dem die Spule in den Brunnen gefallen ist? Auch dem Jungen im *«Eisenhans»* fiel der Ball in den Käfig des wilden Mannes. Der Königstochter in einem anderen Märchen fiel die goldene Kugel in den Brunnen des Froschkönigs. Hier fällt eine Spule in den Brunnen, in die Welt, in der Frau Holle herrscht. Während der Eisenhansjunge und die Königstochter im Froschkönig aber spielerisch mit ihrem Objekt des Verlustes umgingen – ihr goldenes Spielzeug ging verloren –, handelt es sich in diesem Märchen um alles andere als ein Spielzeug, sondern um ein Symbol für harte tägliche Arbeit, das dazu wegen der Überforderung noch blutig wurde. Es sind nicht nur die Königskinder, die zum Märchenhelden werden, sondern gerade die Stiefkinder der Gesellschaft. Das anfängliche Leid ist auch hier wieder der Ausgangspunkt für das große Glück. Wieder sind es die ungünstigen Umstände, die das Material abgeben, aus dem die Heldin ihr Glück schmiedet. Sie wandelt die ungünstigen Umstände um in solche, die ihrer Entwicklung dienen. Woran muß die Heldin in diesem Märchen leiden? Was bringt ihr den Nachteil gegenüber der Schwester, die es besser hat? Wir wissen, daß gerade kreative Kinder, die viel Begabung mitbringen, viel leichter unter der Erziehung leiden als andere, die leer sind und so nichts in ihnen sie hindert, sich anzupassen an die Ideale der Erzieher. Die Leeren und Unschöpferischen sind die idealen Kinder der Stiefmutter. Es fällt ihnen leicht sich anzupassen. Die begabten Kinder sind es, die bewußt oder unbewußt in Konflikt mit dem Zwang der Erzieher geraten und sich spalten müssen: die Neurose entsteht. Ihr eigenes unerwünschtes Wollen muß unbewußt werden. Mit den anerzogenen Idealen können sie aber auch nicht glücklich werden, denn sie bringen ihnen keine Identität. Was ihre Identität sein könnte, ist das, was sie verloren haben. Ihre gute Mutter ist tot. Sie fühlen sich als Stiefkinder der Gesellschaft.

In dem Märchen *«Die steinerne Blume»* des russischen Dichters Baschow (1) wird der Held, der später ein berühmter Steinschnitzer wird, in diesem Sinne geschildert. Er ist ein verträumtes Waisenkind, dem alle Arbeiten, für die es angestellt wird, mißlingen, weil seine Sensibilität und seine künstlerischen Begabungen es zu anderen Dingen antreiben. Während sich der Hirtenjunge eine Flöte schnitzt und so bezaubernd darauf spielt, daß alle Mädchen des Dorfes sich in ihn verlieben, laufen ihm die Schafe davon usw. Nachdem ihn der Dorfvorsteher für die vielen «Missetaten» hat halbtot peitschen lassen, kommt er zur Strafe bei einem berüchtigten Steinschnitzer in die Lehre – eine Arbeit, die seine Vorgänger schon das Leben gekostet hatte. Doch gerade hier wird das verachtete Waisenkind wegen seiner außerordentlichen Begabung zum Liebling des sonst so groben Meisters und schließlich zum weltberühmten Künstler.

Irgendwann kommt es im Leben dieser Menschen und der meisten Märchenhelden zu einem Punkt, an dem sie am Leben verzweifeln möchten, und dies ist die Stelle, an der die Heldin dieses Märchens ihre blutige Spule abwaschen soll und sie ihr in den Brunnen fällt. Beim Eisenhansjungen war es die goldene Kugel, die in den Käfig des wilden Mannes fiel; hier ist es die Spule, die in den Brunnen fällt. Bei dem Unfall oder der Herausforderung – je nachdem, von welcher Seite man es sieht –, bei dem die Libido plötzlich ins Unbewußte fließt, geht nicht nur die Lebensfreude (die goldene Kugel, das Spielzeug), sondern auch die Energie für die täglichen Pflichten und Anforderungen der Umwelt verloren. Die Anforderung war zu groß, das Routinerädchen dreht sich nicht mehr, es hat zu viel Blut und Tränen gekostet, es zu drehen. Was nun aber wie das Ende oder das große Unglück aussieht, kann in Wirklichkeit auch der Anfang zu einem neuen Leben sein. So lehrt uns das Märchen.

Der Brunnen ist tief. Tief wie die Trauer und Verzweiflung der Heldin. Die Stiefmutter hat das Unmögliche von ihr verlangt, und durch diese Paradoxie des Schicksals verursacht wie so oft der

Bösewicht selber die Wende. Wenn die Finsternis ihren Höhepunkt erreicht hat, dann kommt die Wendezeit und das Licht geht wieder auf, so erfahren wir es auch in der Wandlungssymbolik des I Ging. Die Goldmarie läßt sich in ihrer Verzweiflung fallen. Sie springt in den Brunnen des Todes. Die Herausforderung war so groß, daß sie ihre Grenzen, und das sind die Grenzen der bekannten Welt und des Ego, überspringen mußte. Doch was erwartet sie dort? In dem Moment, in dem die Heldin in den Brunnen springt, gleicht sie dem Menschen, den der Buddha in Brechts «Gleichnis des Buddha vom brennenden Haus» im Auge hat, wo er sagt: «Neulich sah ich ein Haus. Es brannte. Am Dache leckte die Flamme. Ich ging hinein und bemerkte, daß noch Menschen darin waren. Ich trat in die Tür und rief ihnen zu, daß Feuer im Dach sei, sie also auffordernd, schnell hinauszugehen. Aber die Leute schienen nicht eilig. Einer fragte mich, während ihm schon die Hitze die Brauen versengte, wie es draußen denn sei, ob es auch nicht regne, ob nicht doch Wind ginge, ob da ein anderes Haus sei. Und so noch einiges. Ohne zu antworten, ging ich wieder hinaus. Diese, dachte ich, müssen verbrennen, bevor sie zu fragen aufhören. Wirklich Freunde, wem der Boden noch nicht so heiß ist, daß er ihn lieber mit jedem anderen vertausche, als daß er da bliebe, dem habe ich nichts zu sagen.» (2)

Erst wenn das Alte so unerträglich geworden ist, daß nichts Neues schlimmer sein kann, dann ist man bereit, alles, koste es was es wolle, loszulassen, zu opfern. Vorher scheint die Zeit nicht reif zu sein für die große Umkehr. Und dieser Punkt ist der Punkt, an dem die böse Stiefmutter überwunden wird. Denn, wie der I Ging lehrt: Wenn die Finsternis ihren Höhepunkt erreicht hat, dann zerstört sie sich selbst. Und in diesem Märchen wird die Paradoxie dieses Tief- und Wendepunktes durch den Sprung in den Brunnen anschaulich dargestellt. Gerade dort unten befindet sich der Eingang zu einer anderen, besseren Welt. Höchstes und Tiefstes sind so nahe beisammen! Der Brunnen ist der Eingang zur Unterwelt, zur anderen Wirklichkeit, die in der Tiefe unserer Seele jetzt entdeckt wird. Doch man staune: die Unterwelt ist licht und schön und friedlich wie das Paradies. Da erwartet einer seinen Tod und erlebt seine Wiedergeburt. Daß es sich um die andere Wirklichkeit handelt, wird klar an dem paradoxen Beispiel dargestellt, daß Frau

Holle da unten die Betten schütteln muß, damit es auf der Erde schneit! Wie viele Kinder sich über diesen scheinbaren Widerspruch wohl schon gewundert haben! Es handelt sich hier aber um die Wirklichkeit, die jenseits von Zeit, Raum und auch den Grenzen der mechanistischen Kausalität beheimatet ist. Oben und unten gehören in die relative Welt. Hier gibt es kein Oben und Unten. Und hier in der Tiefe der Wirklichkeit herrscht Ordnung und Gerechtigkeit, denn hier wirkt das kosmische Gesetz, das die Guten und Fleißigen belohnt und die Faulen und Selbstsüchtigen die Frucht für ihre Taten ernten läßt.

Was bedeutet es, daß Frau Holle dafür zu sorgen hat, daß es auf der Erde schneit? Sie repräsentiert das Naturgesetz, das aus der Tiefe der Schöpfung heraus wirkt – von der Wurzel her. Zu dieser Wurzel muß die Heldin vordringen, um an die Quelle der Ordnung und Gerechtigkeit zu kommen. Das Verbindungsglied zwischen dem kosmischen Gesetz und der Menschenwelt herstellen heißt, dafür sorgen, daß dieses Gesetz in der Menschenwelt wirklich wirken kann, daß es gelebt wird. Dies kann jeder einzelne, indem er sich mit ihm verbindet und es lebt – das ist dann auch der unbegrenzte Reichtum, das Gold, das die Goldmarie mitbringt und das ihr Macht in der Gesellschaft, in die sie zurückkehrt, verleiht. Wenn ein Mensch einmal in diesen Brunnen der Wandlung oder des Todes und der Wiedergeburt gesprungen ist, weil er seine blutige Spule abwaschen mußte, dann kommt er mit einer Art von innerem Reichtum, geistiger Klarheit, Furchtlosigkeit und einer entsprechenden Ausstrahlung zurück, von der sich «normale» Menschen nichts träumen lassen. Das ist das Gold oder der Reichtum, wie ihn nur die Märchenhelden ernten. Das ist die Frucht der Individuation. Und Glück bedeutet das Geschenk von Frau Holle, weil die zurückkehrende Goldmarie jetzt in Einklang mit der Natur lebt, und das heißt nichts Geringeres, als daß das Gesetz der Synchronizität, die sinnvollen Zufälle, sie jetzt unterstützen werden – das Gegenteil der Pechmarie!

Doch betrachten wir nun genauer, wie sich die Heldin in der Unterwelt der Frau Holle benimmt. Man muß sich davor hüten, das Geheimnis des uneigennützigen Fleißes und des sorgsamen Beachtens der Bedürfnisse der Umwelt sowie den Dienst bei Frau Holle oberflächlich als bürgerliche Tugenden abzutun, die die

Menschen zur Arbeitsamkeit ermahnen und die Faulen abschrecken wollen. Was das Mädchen, das in den Brunnen springen mußte, um seine blutige Spule wiederzufinden, dort unten an Leistung vollbringt, ist das sorgsame Beachten und Eingehen auf die Forderungen ihrer Seele, die da plötzlich zu sprechen beginnt. Es ist das, was Jung als die Bedeutung der Religion erklärte. Er leitete nämlich Religion von *religere* ab (3), was sorgfältig beobachten bedeutet – ein sorgfältiges Beobachten des Numinosen, der Welt der Götter oder der Träume, kurz: der Archetypen. Im Traum können Tiere und vielleicht auch Gegenstände zu uns sprechen, um die Forderungen der Seele auszudrücken. Und dies ist die Welt, der sich unsere Heldin nach ihrem «Fall» zuwenden muß. Sie arbeitet an ihrer Natur, geht auf die schöpferischen Kräfte ihrer Seele ein, die gepflegt und entwickelt werden wollen. Wie oft muß sich eine Fähigkeit, die gerade reif ist, geachtet und benutzt zu werden, zuerst als Störung oder Krankheit bemerkbar machen. Was an psychischen Kräften oder Anlagen nicht entwickelt wird, das verkrüppelt und wird zur Krankheit. Die Arbeit, die die Heldin hier unten verrichten muß, gleicht also nicht der Arbeit Marthas, um das biblische Gleichnis von Martha und Maria zu benutzen, sondern der Arbeit Marias, die sich der Kontemplation und einem spirituellen Leben hingegeben hatte, was ihr ihre äußerlich arbeitsame Schwester vor Jesus vorgeworfen hatte.

Betrachten wir in diesem Sinne die Faulheit der Pechmarie: Diese würde somit den Menschen repräsentieren, dem die Entwicklung der Persönlichkeit (das Sein) nichts bedeutet, der sich statt dessen nur dem Erwerb von äußerem, materiellem Reichtum (dem Haben) hingegeben hat. Sie, die Pechmarie, die Lieblingstochter der Stiefmutter oder des verdorbenen kollektiven Bewußtseins, hört nicht auf die Forderungen, die aus dem Unbewußten kommen. Sie transzendiert nicht die Menschenwelt. Sie folgt den Rezepten, wie man schnell und mühelos reich wird. Was sie tut, das ist Handeln aus Berechnung – das Gegenteil der spontanen Aktivität des schöpferischen Menschen, der arbeitet um der Handlung selber willen oder weil er den Forderungen, die die Menschenwelt transzendieren – also der Natur, seiner Natur – gerecht wird. Er, der schöpferische Mensch, lebt die heroischen Leidenschaften, folgt dem Drängen, das aus seiner Seele kommt. «Pflück uns, denn wir sind reif», sagen die Äpfel. «Hole uns heraus, denn wir sind gebacken», sagen die Brotlaibe, die schöpferischen Taten, die vollbracht werden wollen – die Früchte am Baum des Lebens, die Chakren, die erweckt werden, die bewußt werden wollen.

Das Gegenstück zur Goldmarie stellt Ibsens «Peer Gynt» dar, eine kritische Analyse des modernen Menschen und seiner Unproduktivität. In diesem Theaterstück erscheinen dem sterbenden Helden alle Möglichkeiten, die er in seinem Leben nicht realisiert hat, und klagen ihn seiner Sünden an: die Knäuel am Boden als die Gedanken, die er nicht gedacht hat; welke Blätter für die Losungen, die er nicht gesprochen hat; ein Sausen in den Lüften für die Lieder, die er versäumte zu singen; Tautropfen für die Tränen, die er nicht vergossen, und gebrochene Halme für die Taten, die er nicht vollbracht hat.

Die Goldmarie hört rechtzeitig auf die Forderungen der Seele. Dieses Hinhören auf die Sprache der Seele kann Konflikte bedeuten, kann Opfer erfordern. Zu diesen ist aber keine Lieblingstochter der Stiefmutter bereit. Was das Pech oder den großen entscheidenden Fehler der Pechmarie ausmacht, ist dieser: sie geht nicht *ihren* Weg. Das ist die größte Sünde, die die Märchen kennen, neben der Verweigerung des Mitleids, denn die Individuation ist das zentrale Thema der Märchen. Die Pechmarie imitiert den Weg der anderen. Das ist ihr Pech, denn nur, wenn man tut, was in Einklang mit der eigenen Natur ist, hat man Glück. Für den Märchenhelden sind Weg und Ziel dasselbe. Die Anti-Helden aber gehen immer den Weg, um ein bestimmtes Ziel zu erreichen – sie degradieren ihn zu einem Mittel zum Zweck. Der Weg aber ist das Leben selbst, und dies ist zu schade, um als Mittel zum Zweck zu dienen. Es trägt seinen Sinn bereits in sich – in jedem einzelnen bewußt gelebten Augenblick – im Hier und Jetzt. Wenn ich etwas aus Berechnung tue, dann gibt es dauernd Gelegenheit dazu, über Mißerfolge und Enttäuschungen zu klagen. Wenn ich eine Handlung aber um ihrer selbst willen tue, dann liegt die Erfüllung bereits in der Handlung – kein Tod und kein Teufel können mir die Befriedigung, die ich erlebe, mehr streitig machen. Deshalb gibt es für den Helden im Märchen niemals Reue, für den Anti-Helden aber ist sie die Regel. Jetzt wissen wir, wer die Stiefmutter, die Goldmarie und die Pechmarie sind. Wer aber ist Frau Holle?

Die Umstände zwingen die Heldin, in die tiefe Nacht der Seele hinabzusteigen. Es ist der Abstieg zu den Müttern, ins Unbewußte. Frau Holle wirkt auf das Mädchen zunächst auch unheimlich. Sie hat so große Zähne. Aber dann stellt sich heraus, daß das, was einem zunächst Angst eingejagt hatte, ja in Wirklichkeit eine Hilfe bedeutet: eine Hilfe, um das Unrecht und die Bedrängnis in der Menschenwelt, in der äußeren Wirklichkeit, zu kompensieren. Frau Holle gehört nicht zum persönlichen Unbewußten der Heldin, es ist dieselbe Frau Holle, die auch der Schwester begegnet. Außerdem hat sie dafür zu sorgen, daß die Natur der Erde im Gleichgewicht bleibt. Die Welt der Mütter ist das kollektive Unbewußte, und Frau Holle ist der Archetyp der großen Mutter. Für das weibliche Bewußtsein der Heldin ist sie ihr Selbst, die Manapersönlichkeit, die das Ich immer überragt und der es sich nur annähern kann. Sie ist unsterblich. Sie entspricht dem Eisenhans, dem männlichen Bewußtsein des Helden in jenem Märchen. Der Junge diente dem Eisenhans, die Goldmarie der Frau Holle. Der Fleiß der Heldin bedeutet die ständige Umwandlung der Energie. Das ist das Herstellen des Goldes, das ihr zu Recht verdienter Lohn ist. Die Pechmarie läßt ihre Energie verkommen – sie produziert die emotionale Pest –, das ist das Pech, das sie erntet. Aber Frau Holle repräsentiert als die große Mutter auch einen kosmischen Aspekt, die Natur, die Mutter Erde als ein lebendiges Wesen, als einen Organismus oder eine Göttin. Sie ist das Naturgesetz an der Wurzel der Existenz, das die Welt lenkt und im Gleichgewicht hält. Daß die Heldin hinuntersteigt zu dieser Kraft, heißt, daß wir Menschen im Innersten, in unserem unsterblichen Kern oder dem Selbst mit dieser Kraft in Verbindung stehen und so dafür verantwortlich sind, daß sie wirken kann und auf der Erde zum Ausdruck kommt, damit Frieden, Gerechtigkeit und Fruchtbarkeit herrschen. Das kommt in dem Märchen von der *Regentrude* noch deutlicher zum Ausdruck. Frau Holle repräsentiert nicht die kausalen mechanischen Naturgesetze, wie sie die exoterische Wissenschaft kennt, sondern die Natur an der Wurzel der Schöpfung – eine archetypische Ebene der Wirklichkeit, die sich der mechanistischen Naturwissenschaft entzieht. Sie repräsentiert das, was die Indianer oder taoistischen Weisen unter der Natur verstehen: die Kraft, die sowohl innerhalb wie außerhalb des Menschen wirkt (auf biologischer, physischer, organischer und auch auf seelischer und geistiger Ebene). Deshalb steht Frau Holle auch in Zusammenhang mit dem Gesetz der Synchronizität, den sinnvollen Zufällen. Das ist es, was der Goldmarie, die in Einklang mit der Natur handelt, das Glück bringt und der Pechmarie das Pech. Das ist die Gerechtigkeit der Märchen, die mit dem kausalen Denken der mechanistischen Wissenschaft nicht zu begründen ist – das, was man Schicksal nennt. Was Frau Holle bewirkt, geschieht akausal, unableitbar und unbegründbar, aber für das Gefühl ergibt es Sinn. Die Welt der Frau Holle entspricht dem Naturverständnis des Taoismus, das ganz auf dem Sinn basiert, im Gegensatz zum westlichen exoterischen Denken, das auf der Kausalität beruht. Dieses Gesetz, das die Individuation und die Richtung bestimmt, der die Libido folgt, ist es, was die Heldin in den Brunnen zur Frau Holle und – das darf man nicht übersehen – auch wieder zurück in die Menschenwelt führt. Denn das ist das Prinzip aller Märchen, in denen die Helden in die andere Wirklichkeit geführt werden: wenn ihre Aufgabe dort erledigt ist, dann wollen oder müssen alle wieder in die Menschenwelt. Wer dem natürlichen Fluß der Libido folgt, dem inneren Gesetz der Selbstregulierung, der wird mit derselben Dynamik, die ihn nach innen zog, auch wieder, wenn diese Entwicklungsstufe erledigt ist, herausgeführt. Von Weltflucht oder einem Steckenbleiben kann also nicht die Rede sein. Und wie Frau Holle sagt: «Es gefällt mir, daß du wieder nach Hause verlangst.»

Sie selbst ist es, die die Heldin wieder nach oben zum Ausgang aus ihrem Reich bringt: «Ich will dich selbst wieder hinaufbringen.» Und dann erhält die Heldin ihre verlorene Spule zurück, die der Anlaß ihres Abstiegs in die Unterwelt war. Jetzt hat sie beides: sie hat die Funktionsfähigkeit in der Gesellschaft, ihre Anpassung, ihre Leistungsfähigkeit, zurückerhalten, und doch hat sie wieder etwas dazu erworben, was die anderen, die zum Abstieg niemals gezwungen worden waren, gar nicht kennen – sie hat die psychische Realität, sie hat den Zugang zu ihrem Selbst und zur transzendenten Natur, dem Kern der Wirklichkeit, gefunden. Sie ist ganz geworden oder besser heil, was dasselbe bedeutet. Dies sollte ja der Sinn von Krankheit und Heilung sein. Und dies ist das Gesetz, das die Schamanen zu ihren Heilkräften kommen läßt. Über ihre eigene Krankheit und den Abstieg in die Geisterwelt werden sie schließlich zu Heilern, die auch die anderen ihrer Ganzheit und der Harmonie mit der Natur näherbringen können. Ähnlich sah Jung die Aufgabe des Dichters, der ebenfalls – wie die Goldmarie – die verborgenen, unerforschten Wege geht und damit Neuland für die ganze Kultur gewinnt.

Warum, wollen wir aber zum Schluß noch fragen, muß es immer ein Mädchen sein, das sich mit der bösen Stiefmutter im Märchen auseinandersetzt? Die Antwort führt uns zu einem weiteren Aspekt der Stiefmutter:

Die Frau, die ihre Individuation lebt, die also den Archetyp der Großen Mutter, der auch ihr Selbst ist (hier Frau Holle als Entsprechung zum Eisenhans des männlichen Bewußtseins), bewußt machen soll, hat sich auch mit dem negativen Aspekt dieses Archetyps auseinanderzusetzen. Die Gegensätze sind immer beisammen. Die Archetypen sind ambivalent. Wer einen Archetyp entwickeln will, muß zuerst an seiner Dunkelheit, dem Schatten des Archetyps leiden – der Junge am rostigen Mann, die Stieftochter an der Stiefmutter. Auch in der Alchemie ist ja die Schwärze (die *nigredo*) das Ausgangsmaterial, aus dem das Gold hergestellt wird. Daß es oft gerade die Frau mit einem sogenannten «negativen Mutterkomplex» ist, die (falls sie der Herausforderung gerecht wird) die größte Chance hat, den positiven Teil des Archetyps der Großen Mutter zu verwirklichen, zeigte Jung in seiner Studie über den Mutterkomplex der Tochter. (4) Diese Frau hat die größte Chance zur Bewußtwerdung, doch sie muß durch die Konfrontation mit der bösen Seite der Mutter hindurchgehen. Durch die Herausforderung des Leidens an ihrem negativen Mutterbild, das u. U. durch eine überbehütende, dominierende Mutter ausgelöst werden kann, bleibt ihr keine andere Wahl, als sich mit dem Problem auseinanderzusetzen, während ihre Schwester, die an dieser Abwehr der Mutter nie leiden mußte, ihren Instinkt ungehindert leben kann und nicht zur Bewußtwerdung gezwungen wird. Sie lebt unbewußt die Mutter.

In Mozarts «Zauberflöte» tritt die Königin der Nacht noch als undifferenzierter Mutterarchetyp auf. Zuerst erscheint sie als lebensrettend, schenkt dem Helden die Zauberflöte und legt ihm das Ziel seiner Suche, das Bild ihrer Tochter, ins Herz, doch dann erweist sie sich als Todesmutter, die ihrer Tochter den Dolch zum Töten reicht und sie an den Rand des Selbstmordes bringt. Pamina muß im Laufe ihrer Individuation durch ihre Herausforderung die symbiotische Beziehung und die Todesmutter überwinden. Doch durch die Überwindung der Finsternis gelangt sie zu ihrer Ganzheit und verkörpert am Ende der Oper selbst das Weibliche in seinem lichten Aspekt.

Und worin besteht der positive Aspekt der Großen Mutter? Dies wäre ein Aspekt, der über die individuelle Bedeutung hinaus und auf eine Aufgabe der Heldin für die ganze Menschheit, ja die ganze Natur, weist:

Die gute Mutter im Märchen verkörpert auch die ursprüngliche Einheit von Geist und Materie. Als der Vater sich mit der Stiefmutter verheiratete, kam es zu einer Trennung von Geist und Materie, die in unserer Zeit und Kultur noch vorherrscht. Die Aufgabe der Heldin besteht darin, die Pole wiederzuvereinigen. Dieser Weg führt über das Leiden an der Materie, und dieser Vereinigungsprozeß kann auch körperliche Leiden verursachen. Ist dieses Ziel erreicht – und Jung meinte, daß davon der Frieden und das Überleben der Menschheit abhänge –, dann kann die Natur dem Menschen Freund sein, dann geschehen die Synchronizitäten, die wir als Wunder bezeichnen, was das Ziel so vieler Märchen ist (vergl. Andersens *«Wilde Schwäne»*).

Sollte dies Werk vorrangig eine Aufgabe der Frauen sein? Ich erinnere mich an den Vortrag eines Irokesenhäuptlings (Bruce Elija), der mich damals tief beeindruckte. Er sprach von der Bedeutung der Frau bei seinem Volk, gerade gegenüber der Natur. Er sagte, die Frau hätte die Begabung, am Schreien ihres Kindes zu erkennen, was ihm fehle, ob es beispielsweise hungrig oder krank sei usw. Und so hätte sie auch die Begabung und die Aufgabe, zu spüren, wenn in der Natur etwas nicht in Ordnung sei, und könnte und müßte die Gesellschaft rechtzeitig warnen.

Was wir heute aus diesem Märchen vorrangig lernen können, ist der Zusammenhang zwischen Ökologie und Individuation oder auch zwischen Natur und Psyche. Die Handlung des Märchens entspricht dem ökologischen Kreislauf und ist gleichzeitig der Kreislauf der Selbstregulierung der Psyche. Es ist die Erkenntnis, daß die Natur den Menschen braucht, um funktionieren zu können. Die Heldin muß die Betten bei Frau Holle schütteln, damit es auf der Erde schneien kann. Das heißt ja nichts anderes, als daß der

Mensch in den Tiefen seiner Seele Verbindung mit den fundamentalen Naturgesetzen hat und sie beeinflußt. Wer an seiner eigenen Natur arbeitet – das heißt, wer in die Tiefen seiner Seele, zu Frau Holle, hinabsteigt –, tut etwas für die Natur im allgemeinen, für die wir verantwortlich sind.

Frau Holle scheint mir so gesehen auch eine notwendige Ergänzung zu unserer christlichen Kultur zu sein, die nur den Vater im Himmel kennt, die Muttergöttin, den Geist der Erde, aber ganz vergessen hat. Die Märchen aber wollen die Hochzeit von Himmel und Erde, damit der Himmel auf Erden entstehen kann. Frau Holle ist der Geist der Erde, als ein lebendiges Wesen und als eine Gottheit, als Organismus und Symbol der Einheit. Vereinigt sie in sich nicht alle vier Elemente (Feuer, Wasser, Luft und Erde), Mineralien, Pflanzen, Tiere und Menschen? Und sogar der Himmel, die Erdatmosphäre, gehört zu diesem Organismus dazu. Die Flüsse sind ihre Venen und Arterien, Erdbeben und Überschwemmungen sind ihre Krankheiten, durch die sie sich reinigt, wie der Indianerschamane Rolling Thunder sagt. Und wenn wir Giordano Bruno glauben wollen, der alle Himmelskörper als Gottheiten bezeichnete, so findet sie ihre Bahn im Universum durch die ihr innewohnende Seele und Intelligenz. So gesehen wäre Mutter Erde auch für den Menschen ein Vorbild, seinen ihm zustehenden Platz im Kosmos und in sich selbst zu finden und einzunehmen. Wie Laotse sagt:

> «Vier Große gibt es im Weltraum
> und der Menschenkönig ist einer davon.
> Der Mensch hat die Erde zum Vorbild.
> Die Erde hat den Himmel zum Vorbild.
> Der Himmel hat den Sinn zum Vorbild.
> Und der Sinn hat sich selber zum Vorbild.» (5)

Aschenputtel

Einem reichen Manne, dem wurde seine Frau krank, und als sie fühlte, daß ihr Ende herankam, rief sie ihr einziges Töchterlein zu sich ans Bett und sprach: «Liebes Kind, bleib fromm und gut, so wird dir der liebe Gott immer beistehen, und ich will vom Himmel auf dich herabblicken und will um dich sein.» Darauf tat sie die Augen zu und verschied. Das Mädchen ging jeden Tag hinaus zu dem Grabe der Mutter und weinte und blieb fromm und gut. Als der Winter kam, deckte der Schnee ein weißes Tüchlein auf das Grab, und als die Sonne im Frühjahr es wieder herabgezogen hatte, nahm sich der Mann eine andere Frau.

Die Frau hatte zwei Töchter mit ins Haus gebracht, die schön und weiß von Angesicht waren, aber garstig und schwarz von Herzen. Da ging eine schlimme Zeit für das arme Stiefkind an. «Soll die dumme Gans bei uns in der Stube sitzen!» sprachen sie, «wer Brot essen will, muß es verdienen: hinaus mit der Küchenmagd.» Sie nahmen ihm seine schönen Kleider weg, zogen ihm einen grauen alten Kittel an und gaben ihm hölzerne Schuhe. «Seht einmal die stolze Prinzessin, wie sie geputzt ist!» riefen sie, lachten und führten es in die Küche. Da mußte es von Morgen bis Abend schwere Arbeit tun, früh vor Tag aufstehn, Wasser tragen, Feuer anmachen, kochen und waschen. Obendrein taten ihm die Schwestern alles ersinnliche Herzeleid an, verspotteten es und schütteten ihm die Erbsen und Linsen in die Asche, so daß es sitzen und sie wieder auslesen mußte. Abends, wenn es sich müde gearbeitet hatte, kam es in kein Bett, sondern mußte sich neben den Herd in die

Asche legen. Und weil es darum immer staubig und schmutzig aussah, nannten sie es Aschenputtel.

Es trug sich zu, daß der Vater einmal in die Messe ziehen wollte, da fragte er die beiden Stieftöchter, was er ihnen mitbringen sollte? «Schöne Kleider», sagte die eine; «Perlen und Edelsteine», die zweite. «Aber du, Aschenputtel», sprach er, «was willst du haben?» «Vater, das erste Reis, das euch auf eurem Heimweg an den Hut stößt, das brecht für mich ab.» Er kaufte nun für die beiden Stiefschwestern schöne Kleider, Perlen und Edelsteine, und auf dem Rückweg, als er durch einen grünen Busch ritt, streifte ihn ein Haselreis und stieß ihm den Hut ab. Da brach er das Reis ab und nahm es mit. Als er nach Haus kam, gab er den Stieftöchtern, was sie sich gewünscht hatten, und dem Aschenputtel gab er das Reis von dem Haselbusch. Aschenputtel dankte ihm, ging zu seiner Mutter Grab und pflanzte das Reis darauf und weinte so sehr, daß die Tränen darauf niederfielen und es begossen. Es wuchs aber und ward ein schöner Baum. Aschenputtel ging alle Tage dreimal darunter, weinte und betete, und allemal kam ein weißes Vöglein auf den Baum, und wenn es einen Wunsch aussprach, so warf ihm das Vöglein herab, was es sich gewünscht hatte.

Es begab sich aber, daß der König ein Fest anstellte, das drei Tage dauern sollte und wozu alle schönen Jungfrauen im Lande eingeladen wurden, damit sich sein Sohn eine Braut aussuchen möchte. Die zwei Stiefschwestern, als sie hörten, daß sie auch dabei erscheinen sollten, waren guter Dinge, riefen Aschenputtel und sprachen: «Kämm uns die Haare, bürste uns die Schuhe und mache uns die Schnallen fest; wir gehen zur Hochzeit auf des Königs Schloß.» Aschenputtel gehorchte, weinte aber, weil es auch gern zum Tanz mitgegangen wäre, und bat die Stiefmutter, sie möchte es ihm erlauben. «Du, Aschenputtel», sprach sie, «bist voll Staub und Schmutz und willst zur Hochzeit? Du hast keine Kleider und Schuhe und willst tanzen!» Als es aber mit Bitten anhielt, sprach sie endlich: «Da habe ich dir eine Schüssel Linsen in die Asche geschüttet, wenn du die Linsen in zwei Stunden wieder ausgelesen hast, so sollst du mitgehen.» Das Mädchen ging durch die

Hintertüre nach dem Garten und rief: «Ihr zahmen Täubchen, ihr Turteltäubchen, all ihr Vöglein unter dem Himmel, kommt und helft mir lesen,

die guten ins Töpfchen,
die schlechten ins Kröpfchen.»

Da kamen zum Küchenfenster zwei weiße Täubchen herein und danach die Turteltäubchen, und endlich schwirrten und schwärmten alle Vöglein unter dem Himmel herein und ließen sich um die Asche nieder. Und die Täubchen nickten mit den Köpfchen und fingen an pik, pik, pik, pik, und da fingen die übrigen auch an pik, pik, pik, pik, und lasen alle guten Körnlein in die Schüssel. Kaum war eine Stunde herum, so waren sie schon fertig und flogen alle wieder hinaus. Da brachte das Mädchen die Schüssel der Stiefmutter, freute sich und glaubte, es dürfte nun mit auf die Hochzeit gehen. Aber sie sprach: «Nein, Aschenputtel, du hast keine Kleider und kannst nicht tanzen: du wirst nur ausgelacht.» Als es nun weinte, sprach sie: «Wenn du mir zwei Schüsseln voll Linsen in einer Stunde aus der Asche rein lesen kannst, so sollst du mitgehen» und dachte: «Das kann es ja nimmermehr.» Als sie die zwei Schüsseln Linsen in die Asche geschüttet hatte, ging das Mädchen durch die Hintertüre nach dem Garten und rief: «Ihr zahmen Täubchen, ihr Turteltäubchen, all ihr Vöglein unter dem Himmel, kommt und helft mir lesen,

die guten ins Töpfchen,
die schlechten ins Kröpfchen.»

Da kamen zum Küchenfenster zwei weiße Täubchen herein und danach die Turteltäubchen, und endlich schwirrten und schwärmten alle Vöglein unter dem Himmel herein und ließen sich um die Asche nieder. Und die Täubchen nickten mit ihren Köpfchen und fingen an pik, pik, pik, pik, und da fingen die übrigen auch an pik, pik, pik, pik, und lasen alle guten Körner in die Schüsseln. Und eh eine halbe Stunde herum war, waren sie schon fertig und flogen alle wieder hinaus. Da trug das Mädchen die Schüsseln zu der Stiefmutter, freute sich und glaubte, nun dürfte es mit auf die Hochzeit gehen. Aber sie sprach: «Es hilft dir alles nichts: du kommst nicht mit; denn du hast keine Kleider und kannst nicht tanzen; wir müßten uns deiner schämen.» Darauf kehrte sie ihm den Rücken zu und eilte mit ihren zwei stolzen Töchtern fort.

Als nun niemand mehr daheim war, ging Aschenputtel zu seiner Mutter Grab unter den Haselbaum und rief:

«Bäumchen, rüttel dich und schüttel dich,
wirf Gold und Silber über mich.»

Da warf ihm der Vogel ein golden und silbern Kleid herunter und mit Seide und Silber ausgestickte Pantoffeln. In aller Eile zog es das Kleid an und ging zur Hochzeit. Seine Schwestern aber und die Stiefmutter kannten es nicht und meinten, es müßte eine fremde Königstochter sein, so schön sah es in dem goldenen Kleide aus. An Aschenputtel dachten sie gar nicht und dachten, es säße daheim im Schmutz und suchte die Linsen aus der Asche. Der Königssohn kam ihm entgegen, nahm es bei der Hand und tanzte mit ihm. Er wollte auch mit sonst niemand tanzen, also daß er ihm die Hand nicht losließ, und wenn ein anderer kam, es aufzufordern, sprach er: «Das ist meine Tänzerin.»

Es tanzte, bis es Abend war; da wollte es nach Hause gehen. Der Königssohn aber sprach: «Ich gehe mit und begleite dich», denn er wollte sehen, wem das schöne Mädchen angehörte. Sie entwischte ihm aber und sprang in das Taubenhaus. Nun wartete der Königssohn, bis der Vater kam, und sagte ihm, das fremde Mädchen wär in das Taubenhaus gesprungen. Der Alte dachte: «Sollte es Aschenputtel sein?», und sie mußten ihm Axt und Hacken bringen, damit er das Taubenhaus entzweischlagen konnte: aber es war niemand darin. Und als sie ins Haus kamen, lag Aschenputtel in seinen schmutzigen Kleidern in der Asche, und ein trübes Öllämpchen brannte im Schornstein; denn Ascheputtel war geschwind aus dem Taubenhaus hinten herabgesprungen und war zu dem Haselbäumchen gelaufen: da hatte es die schönen Kleider abgezogen und aufs Grab gelegt, und der Vogel hatte sie wieder weggenommen, und dann hatte es sich in seinem grauen Kittelchen in die Küche zur Asche gesetzt.

Am andern Tag, als das Fest von neuem anhub und die Eltern und Stiefschwestern wieder fort waren, ging Aschenputtel zu dem Haselbaum und sprach:

«Bäumchen, rüttel dich und schüttel dich,
wirf Gold und Silber über mich.»

Da warf der Vogel ein noch viel stolzeres Kleid herab als am vorigen Tag. Und als es mit diesem Kleide auf der Hochzeit erschien, erstaunte jedermann über seine Schönheit. Der Königssohn aber hatte gewartet, bis es kam, nahm es gleich bei der Hand und tanzte nur allein mit ihm. Wenn die andern kamen und es aufforderten, sprach er: «Das ist meine Tänzerin.» Als es nun Abend war, wollte es fort, und der Königssohn ging ihm nach und wollte sehen, in welches Haus es ging: aber es sprang ihm fort und in den Garten hinter dem Haus. Darin stand ein schöner großer Baum, an dem die herrlichsten Birnen hingen; es kletterte so behend wie ein Eichhörnchen zwischen die Äste, und der Königssohn wußte nicht, wo es hingekommen war. Er wartete aber, bis der Vater kam, und sprach zu ihm: «Das fremde Mädchen ist mir entwischt, und ich glaube, es ist auf den Birnbaum gesprungen.» Der Vater dachte: «Sollte es Aschenputtel sein?» ließ sich die Axt holen und hieb den Baum um, aber es war niemand darauf. Und als sie in die Küche kamen, lag Aschenputtel da in der Asche wie sonst auch; denn es war auf der andern Seite vom Baum herabgesprungen, hatte dem Vogel auf dem Haselbäumchen die schönen Kleider wiedergebracht und sein graues Kittelchen angezogen.

Am dritten Tag, als die Eltern und Schwestern fort waren, ging Aschenputtel wieder zu seiner Mutter Grab und sprach zu dem Bäumchen:

«Bäumchen, rüttel dich und schüttel dich,
wirf Gold und Silber über mich.»

Nun warf ihm der Vogel ein Kleid herab, das war so prächtig und glänzend, wie es noch keins gehabt hatte, und die Pantoffeln waren ganz golden. Als es in dem Kleid zu der Hochzeit kam, wußten sie alle nicht, was sie vor Verwunderung sagen sollten. Der Königssohn tanzte ganz allein mit ihm, und wenn es einer aufforderte, sprach er: «Das ist meine Tänzerin.»

Als es nun Abend war, wollte Aschenputtel fort, und der Königssohn wollte es begleiten, aber es entsprang ihm so geschwind, daß er nicht folgen konnte. Der Königssohn hatte aber eine List gebraucht und hatte die ganze Treppe mit Pech bestreichen lassen: da war, als es hinabsprang, der linke Pantoffel des Mädchens hängengeblieben. Der Königssohn hob ihn auf, und er war klein und zierlich und ganz golden. Am nächsten Morgen ging er damit zu dem Mann und sagte zu ihm: «Keine andere soll meine Gemahlin werden als die, an deren Fuß dieser goldene Schuh paßt.» Da freuten sich die beiden Schwestern; denn sie hatten schöne Füße. Die älteste ging mit dem Schuh in die Kammer und wollte ihn anprobieren, und die Mutter stand dabei. Aber sie konnte mit der großen Zehe nicht hineinkommen, und der Schuh war ihr zu klein; da reichte ihr die Mutter ein Messer und sprach: «Hau die Zehe ab: wenn du Königin bist, so brauchst du nicht mehr zu Fuß zu gehen.» Das Mädchen hieb die Zehe ab, zwängte den Fuß in den Schuh, verbiß den Schmerz und ging heraus zum Königssohn. Da nahm er sie als seine Braut aufs Pferd und ritt mit ihr fort. Sie mußten aber an dem Grabe vorbei; da saßen die zwei Täubchen auf dem Haselbäumchen und riefen:

«Rucke di guck, rucke di guck,
Blut ist im Schuck:
Der Schuck ist zu klein,
die rechte Braut sitzt noch daheim.»

Da blickte er auf ihren Fuß und sah, wie das Blut herausquoll. Er wendete sein Pferd um, brachte die falsche Braut wieder nach Hause und sagte, das wäre nicht die rechte; die andere Schwester sollte den Schuh anziehen. Da ging diese in die Kammer und kam mit den Zehen glücklich in den Schuh, aber die Ferse war zu groß. Da reichte ihr die Mutter ein Messer und sprach: «Hau ein Stück von der Ferse ab: wenn du Königin bist, brauchst du nicht mehr zu Fuß zu gehen.» Das Mädchen hieb ein Stück von der Ferse ab, zwängte den Fuß in den Schuh, verbiß den Schmerz und ging heraus zum Königsohn. Da nahm er sie als seine Braut aufs Pferd und ritt mit ihr fort. Als sie an dem Haselbäumchen vorbeikamen, saßen die zwei Täubchen darauf und riefen:

«Rucke di guck, rucke di guck,
Blut ist im Schuck:
Der Schuck ist zu klein,
die rechte Braut sitzt noch daheim.»

Er blickte nieder auf ihren Fuß und sah, wie das Blut aus dem Schuh quoll und an den weißen Strümpfen ganz rot heraufgestiegen war. Da wendete er sein Pferd und brachte die falsche Braut wieder nach Hause. «Das ist auch nicht die rechte», sprach er, «habt ihr keine andere Tochter?» «Nein», sagte der Mann, «nur von meiner verstorbenen Frau ist noch ein kleines verbuttetes Aschenputtel da: das kann unmöglich die Braut sein.» Der Königssohn sprach, er sollte es heraufschicken, die Mutter aber antwortete: «Ach nein, das ist viel zu schmutzig, das darf sich nicht sehen lassen.» Er wollte es aber durchaus haben, und Aschenputtel mußte gerufen werden. Da wusch es sich erst Hände und Angesicht rein, ging dann hin und neigte sich vor dem Königssohn, der ihm den goldenen Schuh reichte. Dann setzte es sich auf einen Schemel, zog den Fuß aus dem schweren Holzschuh und steckte ihn in den Pantoffel: der war wie angegossen. Und als es sich in die Höhe richtete und der König ihm ins Gesicht sah, so erkannte er das schöne Mädchen, das mit ihm getanzt hatte, und rief: «Das ist die rechte Braut!» Die Stiefmutter und die beiden Schwestern erschraken und wurden bleich vor Ärger: er aber nahm Aschenputtel aufs Pferd und ritt mit ihm fort. Als sie an dem Haselbäumchen vorbeikamen, riefen die zwei weißen Täubchen:

«Rucke di guck, rucke di guck,
kein Blut ist im Schuck:
Der Schuck ist nicht zu klein,
die rechte Braut, die führt er heim.»

Und als sie das gerufen hatten, kamen sie beide herabgeflogen und setzten sich dem Ascheputtel auf die Schultern, eine rechts, die andere links, und blieben da sitzen.

Als die Hochzeit mit dem Königssohn sollte gehalten werden, kamen die falschen Schwestern, wollten sich einschmeicheln und teil an seinem Glück nehmen. Als die Brautleute nun zur Kirche gingen, war die älteste zur rechten, die jüngste zur linken Seite: da pickten die Tauben einer jeden das eine Auge aus. Hernach, als sie herausgingen, war die älteste zur linken und die jüngste zur rechten: da pickten die Tauben einer jeden das andere Auge aus. Und waren sie also für ihre Bosheit und Falschheit mit Blindheit auf ihr Lebtag gestraft.

Aschenputtel
(Interpretation)

Aschenputtel hat die Verbindung zur Natur nicht verloren, denn es wünscht sich vom Vater «das erste Reis, das euch auf eurem Heimwege an den Hut stößt», statt schöne Kleider, Perlen und Edelsteine (also tote Dinge) wie die Stiefschwestern. Das ist seine Wertschätzung des Lebendigen und Natürlichen. Das Reis ist junges Leben, aber es kostet nichts. Vom materialistischen Standpunkt aus gesehen ist es wertlos.

Beim Aschenputtel kommt die ununterbrochene Verbindung zur guten Mutter in der anderen Welt schon von Anfang an deutlich zum Ausdruck: «Liebes Kind, bleib fromm und gut, so wird dir der liebe Gott immer beistehen, und ich will vom Himmel auf dich herabblicken und will um dich sein», sagte die gute Mutter vor ihrem Tod. Was die Heldin von der ursprünglichen unverdorbenen Natur behalten hat, sind Weisheit, Gottvertrauen und die Fähigkeit zu transzendieren. Sie bewahrt die dauernde Verbindung zu dem, was nicht mehr sichtbar ist. Das zeigt sich, indem sie täglich dreimal zum Grab der verstorbenen Mutter geht, weint und betet und das Reis, das sie darauf gepflanzt hat, mit ihren Tränen begießt. Dies deutet auf einen Zustand der Transzendenz und ist die wahre Religio, die Rückbindung zum Ursprung. Sie nimmt die Verbindung auf mit der verstorbenen Mutter in der anderen Welt, stellt die Beziehung her zu ihrer eigenen inneren und unsichtbaren Natur. Es ist das Gegenteil der Nekrophilie, der Liebe zum Toten, wie es im materiellen Reichtum der Stiefschwestern zum Ausdruck kommt.

Aschenputtel bringt auf dem Grab, dem Ort der Wandlung und der Wiedergeburt, etwas zum Wachsen und Gedeihen. Dies kommt in diesem Märchen besonders durch den wunscherfüllenden Baum zum Ausdruck, der die verschiedenen Kleider gibt und wieder zurücknimmt. Das Bäumchen, das sie hier gepflanzt hat und zum Wachsen bringt, ist ihr eigener Lebensbaum, ein Symbol der Ganzheit des Selbst und der Dynamik des Individuationsprozesses. Der Lebensbaum ist in der Kabbala der Träger der Sephiroth oder Bewußtseinszentren – im Indischen der Chakren –, die im Laufe dieses Prozesses zur Entfaltung gebracht werden sollen. Warum begießt sie ihn mit ihren Tränen? Auch hier – wie bei der Heldin in Frau Holle – wird das Leiden an der äußeren Wirklichkeit zum fruchtbaren Dünger des Wachstums der Seele. Die Seele aber ist Magie. Sie beinhaltet eine wunscherfüllende Macht, wenn man sie zu nutzen versteht. Das zeigt das Märchen, wenn es sagt: «Und alle Mal kam ein weißes Vöglein auf den Baum, und wenn es einen Wunsch aussprach, so warf ihm das Vöglein herab, was es sich gewünscht hatte.» Was aber wünscht sich das Aschenputtel? Ist es nicht seltsam, daß es sich plötzlich schöne Kleider wünscht, wo es doch vorher den Haselzweig vorgezogen hatte?

Hier dürfen wir nicht vergessen, daß die schönen Kleider symbolisch gemeint sind. Aschenputtel braucht sie in einer ganz bestimmten Situation, nämlich als der Königssohn ein Fest feiert und alle Jungfrauen dazu einlädt. Was ihr das Täubchen vom Bäumchen herunterwirft, ist das veredelte Gewand ihrer Seele, in dem sie dem König ihrer Seele begegnen wird. Die Situation im Schloß erinnert an das biblische Gleichnis von den törichten und den klugen Jungfrauen. Dort lädt der Bräutigam zur Hochzeit ein, und als er erscheint, haben die törichten Jungfrauen kein Öl für ihre Lampen mitgenommen, müssen welches holen, während die klugen Jungfrauen Einlaß finden. Die Klugen haben ihre Seele genährt und gepflegt und können ihr Licht leuchten lassen, die Törichten werden erst jetzt, als es zu spät ist, auf ihre Vernachlässigung aufmerksam. Aschenputtel erwirbt durch ihre Schönheit und das kostbare Gewand ihrer Seele die Liebe des Prinzen.

Warum aber darf sie sich erst beim dritten Mal zu erkennen geben? Die Begegnung mit dem Prinzen ist ein Entwicklungsprozeß. Diese Entwicklung braucht Zeit. Erst als die große Wende schicksalsmäßig auf sie zukommt, so daß es gar keinen Ausweg mehr gibt, darf sie sich zu erkennen geben. Nicht durch Eingreifen des Ego, sondern durch den natürlichen Lauf der Dinge kommt das Glück. Sie kann ihm gar nicht entgehen. «Was einem schicksalsmäßig gehört, kann einem nicht genommen werden», sagt der I Ging. Habe man dieses verloren, so brauche man ihm nicht nachzulaufen, es komme schon von selber wieder.

Doch betrachten wir jetzt die Situation mit dem goldenen Schuh, die dasselbe Prinzip beschreibt, wie es die Pechmarie darstellt. Das Prinzip der Stiefmutter, die die verdorbene Natur ist, heißt erzwungene Anpassung, Imitation, Schlauheit, sich in die Form hineinzwängen, die nicht die eigene ist, um zu Glück und Reichtum zu gelangen. Aber nach der Ethik des Märchens, die dem Gesetz der Individuation entspricht, ist dies der schlimmste Fehler. Jeder muß seinen eigenen Weg gehen. «Wenn du Königin bist, brauchst du nicht mehr zu laufen», sagt die Stiefmutter zu ihren Lieblingstöchtern. Dies ist typisch für die Haben-Haltung, die etwas ergattern und festhalten möchte und dann zur Erstarrung kommt, sich festsetzt in ihrer Position. Ihre Handlung ist Mittel zum Zweck – wie auch das Beispiel der Pechmarie –, statt die natürliche Folge der Ereignisse oder der Entwicklung. Das Leiden ihrer Töchter ist selbstverursacht aus Berechnung, sie erwarten etwas für ihre Mühe. Das Leiden der Heldin und die Tränen, mit denen sie das Bäumchen nährte, dagegen entsprachen einer natürlichen Stufe ihrer Entwicklung, genau wie bei der Heldin im Märchen von Frau Holle. Die Strafe, die die Stieftöchter ereilt, ist die Blindheit, d. h. die Unbewußtheit. Die Märchen werden nie müde, immer wieder vor diesem Fehler zu warnen.

Ähnlich wie hier geht es in dem Märchen eines russischen Dichters zu: Ein armer Mann bittet in einer kalten Winternacht in seiner Verzweiflung einen Toten um glühende Kohlen aus dem Ofen seiner Hütte. Da erwacht der Tote für einen Moment und sagt dem armen Mann, er solle, wenn er nach Hause komme, die Kohlen auf den Fußboden seiner Hütte legen. Der Mann tut, wie ihn der Tote geheißen hat, und am nächsten Morgen haben sich die glühenden Kohlen in Gold verwandelt. Doch die neidischen Nachbarn wollen wissen, wie er zu dem Reichtum gekommen sei. Der Mann verrät sein Geheimnis, und die wohlhabenden Nachbarn imitieren sein Beispiel. Auch zu ihnen spricht der Tote. Doch als sie die glühenden Kohlen auf ihren Fußboden legen, fangen die Dielen Feuer und ihre Holzhäuser verbrennen. (1)

Die Märchen wollen alle sagen: erst in der größten Not, wenn kein anderes Mittel mehr zur Verfügung steht, greifen die übernatürlichen Mächte ein, nicht vorher. Sollte einer berechnend, ohne diese Notwendigkeit – d. h. bevor er an die Grenzen seiner Eigenkräfte gekommen ist –, diese Mächte herausfordern, dann gereicht ihm seine Vermessenheit nur zum Schaden.

Wilhelm Hauff lieferte in seinem Märchen vom falschen Prinzen noch eine andere Variante des Motivs vom Helden und dem Antihelden, der ihn imitieren will. Er zeigt darin, daß auch jener, falls er sich letzten Endes doch noch für den eigenen Weg entscheidet, ebenfalls eine Chance hat, sein Glück zu finden. In diesem Märchen verkleidet sich der Schneider als Prinz, wird vom Sultan als sein wahrer Sohn anerkannt, während der echte Prinz vom Vater als Betrüger verjagt wird. Durch den Rat und Zauber einer Fee aber erhält der Sultan die Möglichkeit, seine beiden «Söhne» zu prüfen, und der Schwindel wird aufgedeckt: beide werden nacheinander hereingerufen und dürfen zwischen zwei Kästchen wählen, von denen das eine die Aufschrift trägt «Glück und Reichtum» und das andere «Ruhm und Ehre». Der falsche Prinz und Schneider entscheidet sich für «Glück und Reichtum», und als er das Kästchen öffnet, findet er darin Nadel und Faden und wird vom Sultan als Betrüger verjagt. Der echte Prinz dagegen wählt «Ruhm und Ehre», und als er das Kästchen öffnet, findet er darin eine kleine goldene Krone, die wächst und wächst und ihm vom Vater als Anerkennung seiner Königswürde auf den Kopf gesetzt wird. Aber, so endet Hauffs Märchen, nach großer Schmach und Enttäuschung findet auch der falsche Prinz, der sich ja noch rechtzeitig – wenn auch ohne zu wollen – zu seinem Stand bekannt hat, sein Glück. Er entdeckt nämlich, daß die Nadel, die die Fee in das Kästchen gelegt hatte, von selber näht und daß der Faden nie alle wird. Er wird zu einem reichen Schneider, und das Versprechen von Glück und Reichtum wird ihm doch noch erfüllt.

Eine Frage, die ich im Zusammenhang mit Aschenputtel oder der Goldmarie schon öfter gehört habe, heißt: Warum setzt sich die Heldin gegenüber ihren Stiefschwestern nie zur Wehr? Es ist ein Prinzip aller esoterischen Lehren, im Umgang mit dem Bösen sich nicht direkt mit ihm auseinanderzusetzen, weil dies vorzeitig die Kräfte erschöpfen würde, sondern sich zunächst zurückzuziehen und an der eigenen Entwicklung zu arbeiten. Damit wachsen die Eigenkräfte, und das Böse wird allmählich ganz natürlich überwunden oder von selber vergehen, oft indem es sich selber vernichtet. Dies ist auch ein Grundsatz, den Erich Fromm im Umgang mit der eigenen unvollkommenen Natur empfiehlt. Er meinte, jeder von uns trage einen Anteil an Biophilie, der Liebe zum Leben, und einen Anteil an Nekrophilie, der Liebe zum Toten, in sich. Mit anderen Worten: jeder hat in sich eine Goldmarie und eine Pechmarie, ein Aschenputtel und die Stiefschwestern. Statt uns mit dem nekrophilen Anteil herumzuschlagen, sollten wir den biophilen Anteil aufgreifen und fördern, um mehr daraus zu machen. Die schöpferischen Eigenkräfte werden uns dann unterstützen in dieser Auseinandersetzung und mit uns zusammenarbeiten. Das ist das Prinzip der Märchenhelden.

Psyche und Natur oder Die Entdeckung des Weiblichen

Die Regentrude

(Zusammenfassung des Märchens von Theodor Storm)

«Einen so heißen Sommer, wie nun vor hundert Jahren, hat es seitdem nicht wieder gegeben. Kein Grün fast war zu sehen; zahmes und wildes Getier lag verschmachtet auf den Feldern.» So beginnt Theodor Storms Märchen von der Regentrude. Der einzige, dem es in dieser schweren Zeit gut geht, ist der Wiesenbauer, denn er hat vor ein paar Jahren sumpfiges Wiesenland zu niedrigem Preis erworben, und während die Hitze der letzten Jahre die Felder seiner Nachbarn versengte, hat sie ihm die Scheunen mit duftendem Heu und den Kasten mit blanken Talern gefüllt.

Er steht breitbeinig in der Toreinfahrt seines stattlichen Hauses, raucht seine Meerschaumpfeife, schaut schmunzelnd dem einrollenden Heuwagen entgegen und rechnet,was ihm bei den steigenden Preisen der Überschuß seiner Ernte wohl einbringen würde. «Sie kriegen alle nichts», murmelt er, «es gibt gar keinen Regen mehr in der Welt.»

Da tritt ihm eine etwa fünfzigjährige Witwe entgegen, blaß und leidend aussehend, ein schwarzes Tuch um den Kopf geschlungen. Es ist Mutter Stine, deren verstorbenem Gatten er vor Jahren die sumpfigen Wiesen abgekauft hatte, von denen er jetzt profitiert. Sie gesteht ihm, daß sie die fünfzig Taler, die sie ihm schuldet, nicht fristgemäß zurückzahlen kann. Aber der Wiesenbauer nimmt ihr die Sorge ab. Er tröstet sie, daß sie ihm ihre Grundstücke dafür als Pfand überlassen könne. Am Sonnabend wollen sie zum Gerichtshalter fahren. Doch da sie gerade beisammen sind, hat der Wiesenbauer mit der Witwe noch ein anderes Anliegen zu besprechen: «Euer Junge geht nach meiner

Tochter!» «Was habt ihr an meinem Andrees auszusetzen», will sie wissen. Nichts hat er an ihm auszusetzen, doch mit seiner Tochter hat er eine bessere Partie vor. Ehe die heißen Jahre kamen, war es zwar umgekehrt mit dem Wohlstand der beiden Familien, «doch sie sind gekommen», sagt der Bauer triumphierend, «und auch für dieses Jahr ist keine Aussicht, daß ihr eine Ernte in die Scheuer bekommt. So geht's mit eurer Wirtschaft immer mehr rückwärts.»

Die Frau ist in tiefes Nachdenken versunken. «Ihr mögt recht haben», sagt sie, «die Regentrude muß eingeschlafen sein – aber sie kann geweckt werden.» Der Bauer macht sich lustig über das «Gefasel», doch die Stine bleibt dabei. Ihre Urahne hat sie in ihrer Jugend selbst aufgeweckt, wußte auch das Sprüchlein noch, das dazu notwendig ist, doch sie selbst hat es leider vergessen. Die Stine solle sich auf ihr Sprüchlein besinnen, er verlasse sich auf sein Wetterglas, sagt der Wiesenbauer. «Das Wetterglas ist ein totes Ding, es kann kein Wetter machen», meint die Witwe, die den Bauern einen «Neugläubigen» nennt. «Und eure Regentrude ist ein Spukeding, ein Hirngespinst», meint der Wiesenbauer in dem Streitgespräch, das immer eifriger wird und mit dem Versprechen endet: «Wenn ihr binnen heut und vierundzwanzig Stunden Regen schafft, dann zum Teufel soll euer Andrees meine Maren freien!» In diesem Augenblick tritt seine Tochter, ein schönes schlankes Mädchen mit braunen Augen, hinzu und sagt: «Topp, Vater, das soll gelten.» Und auch ein Zeuge ist schon dabei, denn Vetter Schulze tritt gerade ins Haus.

Maren besucht darauf Mutter Stine in ihrem Stübchen und will mehr über die Regentrude und den Spruch wissen, doch Stine muß passen. Sie weiß nur noch, daß die Urahne, die ihr früh gestorben ist, immer, wenn der Saat oder dem Vieh Unheil zustieß, sagte: «Das tut der Feuermann uns zum Schabernack, weil ich einmal die Regentrude geweckt habe.» Was es mit diesem Feuermann auf sich hat, erfährt Maren bald darauf, denn Andrees stürzt erschöpft und verzweifelt ins Haus und trägt ein totes, verdurstetes Schaf auf dem Rücken. Während er erzählt, herrscht eine unheimliche Stimmung im Raum:

Als er auf die Weide gekommen war, war der Wasserzuber

nicht mehr dort, wo er ihn hingestellt hatte, und auch von den Schafen war keines mehr zu sehen. Auf der anderen Seite der Weide sah er seine Schafe keuchend liegen, daneben den Zuber umgestürzt und ausgetrocknet. Er stieg auf den Hügel und sah über die Gegend hin, da entdeckte er neben sich auf einem der großen Steine, zwischen denen das Zwergenloch in den Hügel hinabgeht, einen dicken Molch, der seinen häßlichen Leib sonnte. Hinter sich hörte er ein Gemurmel, und als er sich umdrehte, stand ein knorpsiges Männlein mit rotem Rock und roter Zipfelmütze auf dem Kürbiskopf da und stampfte mit seinen Spindelbeinen zwischen dem Heidekraut auf und ab. Die großen braunroten Hände hatte es auf dem Rücken gefaltet, und dabei spielten die krummen Finger wie Spinnenbeine in der Luft. Das Unding riß Bündel versengten Grases aus der Erde, die es zwischen den großen Fäusten zu Pulver rieb, und lachte so entsetzlich dabei, daß die halbtoten Schafe erschrokken aufsprangen. Da sang es mit seiner schrecklichen, schnarrenden, quäkenden Stimme:

«Wenn sie wüßten, die Flegel, die Bauerntölpel», und sang:

«Dunst ist die Welle, Staub ist die Quelle!»

Da läßt Andrees Mutter das Spinnrad los und fährt fort:

«Stumm sind die Wälder, Feuermann tanzt über die Felder!»

Und ihr Sohn setzt hinzu:

«Nimm dich in acht! Eh du erwacht, holt dich die Mutter heim in die Nacht!»

Jetzt wissen sie das Sprüchlein der Regentrude. Morgen will Maren sie aufwecken gehen und erzählt dem Andrees, welches Versprechen sie dem Vater abgerungen habe. Doch wer verrät ihr den Weg? «Hat der Feuermann das Sprüchlein verraten, muß er auch den Weg verraten, denn sein dicker Kopf scheint überzulaufen von diesen Dingen», meint Andrees. Noch einmal will er ihn, hinter dem Dornbusch versteckt, belauschen.

Auf dem Hügel angekommen, sieht er den Zwerg schon von weitem auf einem der Steine am Zwergenloch sitzen. Statt zu reden streicht sich der Kobold aber durch den roten Bart, daß die Feuerfunken nur so fliegen. Andrees will schon gehen, da wird er von dem Männlein zurückgerufen: «Ich dachte, du hättest mit mir zu reden», quäkt es. Es weiß auch, daß Andrees etwas über die Regentrude erfahren will. «Wer hat euch das gesagt?» will Andrees wissen. «Mein kleiner Finger ist klüger als mancher kluger Kerl.» «Euer kleiner Finger mag klug sein», meint Andrees, «aber den Weg zur Regenfrau mag er doch nicht wissen, denn den wissen auch die allerklügsten Menschen nicht.» Der Kobold bläht sich wie eine Kröte auf und verrät durch seinen verletzten Hochmut nacheinander alle Geheimnisse, die Andrees wissen will und ihm wie die Würmer aus der Nase zieht.

«Du bist zu einfältig, Andrees; wenn ich dir auch sagte, daß die Regentrude hinter dem großen Walde wohnt, so würdest du doch nicht wissen, daß hinter dem Walde eine hohle Weide steht!» Und weiter: «Wenn ich dir auch sagte, daß hinterm Walde die hohle Weide steht, so würdest du doch nicht wissen, daß in dem Baum eine Treppe hinab zur Regentrude führt.» Weiter erfährt Andrees, daß die Regentrude nur von einer reinen Jungfrau geweckt werden kann, und macht sich voller Hoffnung auf den Heimweg, während der Kobold sich darüber amüsiert, daß der Bauerntölpel ja den Spruch nicht kenne, den nur er selbst, Eckeneckepen, kenne. Er weiß nicht mehr, daß er, Eckeneckepen, ihn am Vormittag selbst verraten hat.

Im Morgengrauen treffen sich Andrees im Sonntagsstaat und Maren, die sich mit einer kleinen Lüge vom Vater geschlichen hat. Sie weiß noch den Spruch, und er weiß den Weg. Mutter Stine steckt ihrem Sohn ein Fläschchen mit Met in die Tasche. Es stammt noch von der Urahne. Der Weg führt die beiden hinter der Dorfmark über eine weite Heide, danach in einen großen Wald. Die Blätter sind schon alle verdorrt, und die Sonne blendet sie durch die Zweige. Als Maren die Dorfuhr schlagen hört, bekommt sie ein schlechtes Gewissen, weil sie ihrem Vater nun nicht, wie versprochen, das Warmbier kochen kann. Aber das hilft nun nichts.

Endlich kommen sie aus dem Wald, und da steht auch der alte Weidenbaum mit dem hohlen Stamm. Das Dunkel darin scheint in den Abgrund der Erde zu führen. Andrees steigt als erster in die Tiefe, bleibt verschwunden, ruft aber nach einiger Zeit Maren zu, sie solle ihm folgen, eine steile Treppe mit abgebröckelten Stufen führe nach unten. «Fürchte dich nicht», sagt er, «ich trage dich; ich habe einen sicheren Fuß.» Maren wird behutsam Stufe für Stufe wie in einem gewundenen Schneckengang hinabgetragen. Im Innern der Erde ist es kühl, kein Laut dringt von oben herab, nur aus der Ferne hören sie die unterirdischen Wasser rauschen, die vergeblich zum Lichte emporarbeiten. Die Treppe nimmt kein Ende, und sie steigen immer tiefer und tiefer. Endlich spüren sie wieder den Schimmer des Sonnenlichts unter sich, das mit jedem Tritt deutlicher wird, aber auch eine erstickende Hitze.

«Die Sonne scheint aber noch diesselbe zu sein», sagt Maren, als sie ins Freie treten, in eine völlig unbekannte Gegend. Sie gehen eine Allee entlang, vorbei an einem ausgedörrten Tiefland, das durch allerlei Rinnen zerrissen ist, ein endloses Gewirr verlassener See- und Strombetten. Andrees denkt an den Feuermann und die Funken aus seinem Feuerbart, als sie durch die sengende Hitze gehen. Die Luft ist wie Feuer. Als Maren vor Erschöpfung nicht mehr weiter kann, denkt Andrees an das Metfläschchen. Sobald der Stöpsel abgezogen wird, verbreitet sich ein Duft, «als seien Tausende von Blüten noch einmal zur Blüte auferstanden, aus deren Kelchen vor vielleicht mehr als hundert Jahren die Bienen den Honig zu diesem Tranke zusammengetragen hatten». Durch den Met gestärkt, gehen beide weiter, als Maren plötzlich innehält und bedenkt:

«Mein Vater hat noch das halbe Heu draußen auf den Wiesen. Und ich gehe aus und will Regen machen.» Doch schließlich sieht sie ein:

«Man muß auch an die anderen denken.» Und dann: «Mach dir keine Flausen vor, du tust ja doch alles nur wegen deinem Schatz!»

Nach einiger Zeit kommen sie an einen ungeheur großen Garten. Die Weidenallee hat sie in einen Park geführt. Überall stehen Gruppen hoher prächtiger Bäume, deren Laub zwar welk ist, wie die wunderschönen Blumen, die ihren Duft verloren haben, doch der kühne Bau der Äste strebt noch in den Himmel, und die Wurzeln reichen noch weit über die Erde hinaus. Maren muß jetzt allein weitergehen – zur Regentrude. Maren schreitet durch die einsame Landschaft und erkennt, daß sie in einem ausgetrockneten Strombette geht, weißer

Sand, Kiesel und tote Fische bedecken den Boden. Das einzige Lebewesen ist ein riesiger grauer unheimlicher Reiher, der seinen langen Hals unter die Flügel gesteckt hat und zu schlafen scheint. Ohne nach rechts oder links zu blicken, geht sie geradeaus. Plötzlich erschrickt Maren vor einer ruhenden, grauen, starren Gestalt, die sie fast für Steine der Klippen, die sie gerade hinabsteigen will, gehalten hat. Es ist eine schöne mächtige Frauengestalt: der Kopf tief aufs Gestein zurückgesunken, die blonden Haare, die bis zur Hüfte reichen, voller Staub und dürren Laubes. «Sie muß sehr schön gewesen sein», denkt Maren, «ehe diese Wangen so schlaff und diese Augen so eingesunken waren. Wie bleich ihre Lippen sind.»

Maren glaubt, sie habe eine Tote vor sich. Aber bald legt sie ihre Lippen an ihr Ohr und sagt laut und deutlich ihren Spruch. Da rauscht es sanft durch die Wipfel der Bäume, es donnert leicht in der Ferne, und ein greller Ton durchschneidet die Luft – wie der Wutschrei eines bösen Tieres. Und da steht die Gestalt der Trude plötzlich hochaufgerichtet vor Maren und fragt: «Was willst du?» Maren, die vor ihr kniet, sagt: «Ach Frau Trude, ihr habt so grausam lang geschlafen, daß alles Laub und alle Kreatur verschmachten will.» Entsetzt fragt die Trude darauf, ob denn der Quell nicht mehr stürze und ihr Vogel nicht mehr über dem See fliege. Maren verneint, und «wehe», wimmert die Regenfrau, «so ist es hohe Zeit.»

Maren darf den Krug nicht vergessen, der zu ihren Füßen liegt, und folgt der Regentrude, um den Brunnen aufzuschließen, den sie ihr zeigt. Als Maren den glühendheißen Schlamm im ausgetrockneten Flußbett durchschreiten muß, zerreißt eine große rotbraune Faust plötzlich die Schlammdecke und will sie packen. «Über dich hat er keine Gewalt», hat ihr die Regentrude schon gesagt. «Nur Mut», ruft sie ihr zu. Maren gelangt ins Schloß, entdeckt den Brunnen und den goldnen Schlüssel, der auf der Falltür liegt. Der Fußboden ist mit Schilf und Wiesenpflanzen bedeckt. Rechtzeitig zieht sie noch die Hand vor dem glühendheißen Schlüssel zurück, den sie zuerst mit dem Wasser aus dem Kruge übergießen muß. Dann schließt sie rasch den Brunnen auf, aus dem ihr ein frischer Duft und ein feuchter Staub aus der Tiefe entgegensteigt.

Während Maren gerade noch über das Wunder staunt, daß ringsumher plötzlich frisches Grün und eine Blumenwiese die verwelkte Pflanzendecke ersetzt haben, hört sie hinter sich das behagliche Stöhnen einer süßen Frauenstimme – die Regentrude. Die schöne übermütige Frau klatscht in die Hände, und jedesmal sinkt ein Duftgewebe von der Decke herab und findet als eine Wolke seinen Weg ins Freie. Das nennt sie Regenmachen. In dem Gespräch mit der Regentrude erfährt Maren: «Wenn du mich nicht geweckt hättest, wäre der Feuermann Meister geworden, und ich hätte wieder hinab müssen zu der Mutter unter die Erde.» Als Maren von dem mühseligen Gang über den Weidendamm erzählt, erklärt ihr die Regentrude: «Der Damm ist einst von euch Menschen selbst gebaut worden; aber es ist schon lang, lang her! Sie kamen damals öfters zu mir, ich gab ihnen Keime und Körner zu neuen Pflanzen und Getreiden, und sie brachten mir zum Dank von ihren Früchten. Wie sie meiner nicht vergaßen, so vergaß ich ihrer nicht, sie waren niemals ohne Regen. Seit langem aber sind die Menschen mir entfremdet, es kommt niemand mehr zu mir. Da bin ich denn vor Hitze und lauter Langeweile eingeschlafen, und der tückische Feuermann hätte fast den Sieg erhalten.» Dann fragt die Regentrude Maren auch nach der Urahne, an die sie sich noch erinnern kann, denn die Trude weiß nicht, was alt werden und sterben heißt.

Doch sie haben beide das Regenmachen vergessen. Sie sind in dicke Nebelgebilde eingehüllt, und indem sie in die Hände klatschen, strömen diese jetzt ins Freie hinaus. Da hört es Maren schon wie einen Schauer durch die Blätter der Bäume und Gebüsche wehen, und dann rauscht der Regen mächtig und unablässig hernieder. Als ein plötzliches Prasseln und Heulen aufkommt, sagt die Regentrude, indem sie sich zitternd an das Menschenkind schmiegt: «Nun gießen sie den Feuermann aus, horch nur, wie er sich wehrt! Aber es hilft ihm doch nichts mehr.» Maren will Abschied nehmen, da ihr Schatz auf sie wartet, und bedankt sich bei der Regentrude für alle Leute im Dorf. Die Regentrude geleitet sie nach draußen und bittet sie, wenn sie nach Hause komme, solle sie den anderen Menschen von ihr erzählen, «daß sie meiner fürder nicht vergessen».

Draußen stürzt wieder der Wasserfall. Das Wasser hat das

ganze Flußbett wieder ausgefüllt, und schaukelnd wartet an dem üppigen Grase des Uferrandes ein Kahn, den die beiden besteigen. Als sie das andere Ufer betreten, schlägt eine Nachtigall, und die Regentrude ruft erfreut: «Oh, es ist noch Nachtigallenzeit, es ist noch nicht zu spät.» Auch der große Vogel schwebt wieder in großen Kreisen über dem Fluß. Tausende von Blumen, auch solche, deren Zeit längst vorüber ist, die aber wegen der Glut nicht hatten zur Entfaltung kommen können, blühen überall. Alles blüht jetzt durcheinander hin. Maren blickt auf den See und bedenkt mit Schaudern, daß sie am Morgen noch trockenen Fußes durch die Tiefe gegangen waren. Bald haben sie die Stelle erreicht, wo Andrees auf Maren wartet. «So merkt denn auf», sagt die Regentrude zu Maren, «weil nun doch alle Quellen wieder springen, so könnt ihr einen kürzeren Weg haben.» Gleich unten links am Weidendamm liegt ein Nachen, der die beiden schnell in ihre Heimat bringen soll. Mit süßem Gesang verschwindet die Regentrude zwischen den Bäumen, bis Maren nicht mehr weiß, ob es der Regen ist oder ihr Gesang, den sie hört. Hochaufgerichtet entdeckt sie Andrees, der dem «sauberen Weibsbild» gerade noch bewundernd nachsieht und dafür von der eifersüchtigen Maren erfährt: «Das ist keine für dich, das war die Regentrude!» Die beiden steigen in den wartenden Nachen. Das ganze weite Tiefland ist bereits überflutet. Bald verengt sich das Wasser, ist nur noch ein schmaler Bach, und Maren erkennt: «Siehst du denn nicht, daß es der Dorfbach ist, auf dem wir fahren?» Andrees sieht, wie prächtig grün seine Roggenkoppel geworden ist, doch auf den Wiesen von Marens Vater schwimmt das Heu. Aber auch der Wiesenbauer ist zufrieden und verzeiht seiner Tochter ihre wackere Lüge: «Der Andrees ist aller Weg ein guter Bursche», meint er, «seine Ernte wird heuer auch noch gut, und wenn es etwa wieder drei Jahre Regen geben sollte, so ist es am Ende doch so übel nicht, wenn Höhen und Tiefen beieinander kommen.»

Die Ernte ist eingefahren, und ein Brautzug geht zur Kirche, aber als das Paar fast an der Kirchentür angelangt ist, zieht ein weißes Wölkchen über den Himmel, und ein paar Regentropfen fallen der Braut in ihren Kranz. «Das bedeutet Glück», sagen die Leute. «Das war die Regentrude», flüstern Braut und Bräutigam.

Die Regentrude
(Interpretation)

Esther Harding beginnt ihre Studie über Frauenmysterien mit einer Aussage, die auch auf das Märchen von der Regentrude und auf unsere heutige Zeit zutrifft:

> «Wir leben in einem Zeitalter von Wirtschaftlern, Wissenschaftlern und Generälen, aus deren Reihen unsere Führer stammen. Der Erlangung einer inneren Entwicklung im Reiche des Gefühls wird wenig oder gar keine Aufmerksamkeit geschenkt. Wir halten die Gefühle eines Menschen gewöhnlich für gegeben, wir sehen sie gar nicht als entwicklungsfähig, geschweige denn als erziehbar an ...
>
> ... Nur der Träumer und der Unpraktische sprechen von einem Utopien, wo jeder ehrlich sein und seinen Nächsten wie sich selbst lieben wird. Sicher ist, daß die Menschennatur sich nicht über Nacht und auf einmal bei allen wandeln kann. Wir müssen die Welt nehmen, wie sie ist, aber das will nicht besagen, daß sich an der emotionalen Unreife, die so vielen unserer Schwierigkeiten zugrunde liegt, nichts ändern ließe.
>
> Eine Entwicklung auf diesem Gebiete kann nicht durch Nachdenken über die Gefühle oder durch ein rational angewandtes Erziehungssystem erreicht werden. Die antiken Religionen der Mondgöttin stellten eine Entwicklung dar, die sich durch eine Initiation vollzieht. Die Deutung der Mondmysterien ... verbindet unsere modernen Lebensprobleme mit denen antiker Menschen, die ebenso wie wir erkannten, daß die Welt zuzeiten steril und öde wurde. Nicht durch Krieg und Pestilenz, sondern weil ein wesentlicher befruchtender Einfluß fehlte. Dann wurde alles trocken, staubig, unfruchtbar, weil, um die symbolische Sprache der Alten zu gebrau-

chen, die Mondgöttin – Göttin der Liebe und Fruchtbarkeit – fern von der Welt im Lande ohne Wiederkehr weilte – eine Vorstellung die auch unsere modernen Dichter dunkel verkünden.

... die Weisheit der Jahrhunderte, die in Mythen und religiösen Symbolen niedergelegt ist, hat ohne Zweifel eine weitere Schau als die irgendeines einzelnen. Könnten wir nur ihre Lehren richtig verstehen, so könnten wir sie mit einer gewissen Berechtigung im Sinne eines Wegweisers annehmen, der uns vielleicht einen Ausweg zeigen wird.» (1)

Es wird dem Leser nicht schwerfallen, sich in die Welt der Menschen des Märchens von der Regentrude zu versetzen, denn seine aktuelle Bedeutung ist auffallend. Sie hat sich seit Storms Zeit nicht vermindert. Im Gegenteil: auch heute ist die Natur auf der ganzen Erde aus dem Gleichgewicht geraten. Die Wälder sterben. Auch heute wird das Leben von einem unintegrierten männlichen Element bedroht: auf dem Höhepunkt werden die todbringenden Raketen aufgestellt, und die Technik droht das Leben, das sie erleichtern sollte, zu vernichten. Deshalb erscheinen mir vier Aussagen des Märchens von hervorragender Bedeutung:

- Eine Kommunikation mit der Natur und der ihr innewohnenden transzendenten Weisheit ist notwendig und möglich.
- Wir gelangen zu ihrem Kern, indem wir in unsere eigene Natur hinuntersteigen.
- Das Symbol der Göttin «die Weiblichkeit Gottes» (2) oder die weiblichen Werte sind uns verlorengegangen und müssen neu entdeckt und verwirklicht werden.
- Männliche und weibliche Kräfte müssen bei diesem Werk, bei dem es darum geht, das Gleichgewicht herzustellen, zusammenarbeiten.

Das Märchen beginnt mit der Schilderung eines Zustandes der Not und des Ungleichgewichts. Scheinbar gibt es gar keinen Regen mehr in der Welt. Eine Dürre herrscht schon allzulange. Wie Esther Harding zeigt, wissen viele Mythen davon zu erzählen, daß, wenn die Göttin, die große Mutter, abwesend war, die Natur verödete und die Menschen Not litten. Hier ist die Regentrude, dieser

Archetyp der großen Mutter, eingeschlafen durch die Vergeßlichkeit und die Vernachlässigung der Menschen. Wie Frau Holle wohnt sie unter der Erde, und während Frau Holle es schneien läßt, ist sie für den Regen verantwortlich.

Regen, Wasser und Tränen stehen für das Gefühl und das schöpferische Unbewußte, die Natur, das Feuchte, das Yin, für das in dieser Kultur zu dieser Zeit anscheinend kein Platz mehr vorhanden ist. Deshalb, weil der Verstand, Leute wie der Wiesenbauer, die Macht haben, die nur zu ihrem Vorteil rechnen, die sich lieber auf ihr Wetterglas verlassen und für die die Regentrude wie alle Mythen ein «Spukeding» ist.

«Das Wetterglas aber zeigt nur an, es macht das Wetter nicht», betont Mutter Stine, und damit trifft sie den wesentlichen Unterschied zwischen dem Weltbild des Wiesenbauers, das unserer empirisch arbeitenden Wissenschaft von den Wirkungen entspricht, und dem der Mythen, die sich auf die für die mechanistische Wissenschaft unerreichbaren und nicht nachweisbaren Ursachen berufen, die intuitiv erahnt werden. Im Wiesenbauer und Mutter Stine stehen sich Patriarchat und das von ihm verdrängte Matriarchat gegenüber, oder genauer, was uns hier mehr interessieren soll, ein Denken oder ein Weltbild, das Erich Neumann das «patriarchale Sonnenbewußtsein» und das «matriarchale Mondbewußtsein» nannte. (3) Die Vorherrschaft und Einseitigkeit des ersteren scheint der Mehrheit der Menschen und der Natur aber schlecht bekommen zu sein. Der großkopfige Feuermann, der Repräsentant des männlichen feurigen Elements (Kopf), hat die Herrschaft an sich gerissen. Er repräsentiert das einseitige, unintegrierte Patriarchale, das aus dem Gleichgewicht geraten ist (deshalb der große Kopf) und den anderen matriarchalen Pol (Herz), der ebenfalls notwendig ist, verdrängt hat.

Der Zustand der Hitze, Dürre und Verödung ist der seelische Zustand, der in einer Kultur vorherrscht, deren kollektives Bewußtsein ausgetrocknet ist, weil das befruchtende Wasser aus dem Unbewußten nicht mehr hereingelassen wird. Es ist der Bewußtseinszustand des Rationalismus. Wasser ist die Essenz des Lebens und deshalb auch Laotses Lieblingssymbol für das Tao. Der Lauf des Wassers steht im Taoismus für ein Leben in Einklang mit dem Strom des Tao oder der Natur. Doch dieser Strom fließt in diesem Märchen zu dieser Zeit nicht mehr. Die Verbindung zum Tao besteht nicht mehr. «Stumm sind die Wälder, Feuermann tanzt über die Felder», heißt es in der Aufforderung an die Regentrude, zu erwachen. Was bedeutet dies? Der Wald steht für das Unbewußte, die Natur im Menschen, die die inneren Bilder und Weisungen und Ahnungen aus der Seele vermittelt. Aber diese ist stumm geworden. Das Bewußtsein der Menschen ist verflacht. Es kennt nur noch das Denken in der Horizontalen. Es reicht nicht mehr in die Tiefen der menschlichen Natur, wo die Archetypen zu Hause sind und die Urweisheit, wie sie die Märchen vermitteln. Das kommt daher, weil der Feuermann die Macht an sich gerissen hat, weil die Menschen nur noch auf ihren Verstand hören. Feuer kann vom Menschen erzeugt werden, das Wasser dagegen nicht. Der Feuermann repräsentiert auch die vom Menschen erzeugte Energie und Technik, die Regentrude dagegen das Organische, das von der Natur Vorgegebene, das Leben und das Wachstum, den Kreislauf der Natur, deutlich im Kreislauf des Regens ausgedrückt.

C. G. Jungs ganzes Anliegen galt diesem Wachrütteln des kollektiven Bewußtseins, dem Erkennen der Gefahr, die das Stummsein der Wälder (der inneren Stimme und der inneren Bilder) mit sich bringt. Heute sind wir ja soweit, daß das Stummsein der Wälder sich auch äußerlich zeigt, indem sie sterben. Doch diesem Sterben der äußeren Natur geht ein Abgeschnittensein des Menschen von seiner inneren menschlichen Natur, seiner schöpferischen Kraft, die dem Leben Sinn gibt, seinem Selbst, dem humanistischen Gewissen und der natürlichen archetypischen Weisheit voraus. Nur wenn der Zugang zu dieser inneren Quelle hergestellt wird, dann kann auch die äußere Natur wieder erblühen. Das kollektive Unbewußte mit den Archetypen entspricht einer so tiefen Schicht der Wirklichkeit, daß es jenseits der Spaltung von Mensch und Natur beheimatet ist und so die gemeinsame Basis für beide bildet. So gesehen erreichen wir über die archetypische Tiefe in unserer Seele die Natur und bekommen Verbindung zu ihr. So kann der Mensch, indem er den Weg zu seiner eigenen Tiefenschicht wieder findet, auch die vergewaltigte und aus dem Gleichgewicht geratene Natur außerhalb von sich selbst wieder heilen. Genau diese Weisheit ist es, die die Indianer uns heute predigen. Weil die menschliche Psyche ein Mikrokosmos ist, ein Abbild des ganzen Universums also, behaupten die Medizinmänner, könnten sie durch ihre Zeremonien, die die psychischen Kräfte aller Stammesmitglieder koordinieren, die Natur beeinflussen. Und genau davon erzählt Storms Märchen von der Regentrude. Im Matriarchat wurde dieses Anliegen in den Mondmysterien gepflegt, und wenn wir die Indianer hören, dann ist dies in erster Linie eine Aufgabe der Frauen in der Gemeinschaft. Unter der Vorherrschaft des Feuermanns (er erinnert an Rumpelstilzchen, das wir ja schon als die Ambivalenz des Intellekts kennenlernten), fand dieses weibliche Prinzip aber kaum genug Eingang in Politik, Wissenschaft und Gesellschaft. «Wach auf!» so heißt es auch heute.

Unter dem Ungleichgewicht haben aber auch integrierte, ganzheitliche Männer wie Andrees zu leiden. Den beiden Helden – Maren, der Tochter des Patriarchats (Wiesenbauer), die sich aus seiner Herrschaft befreit und zur Selbstfindung gelangt, und Andrees, dem Sohn des Matriarchats (Mutter Stine), also dem integrierten Mann – kommt es zu, das Gleichgewicht herbeizuführen, die Regentrude, und das ist die vergessene, verdrängte Weiblichkeit, repräsentiert durch die Göttin, neu zu wecken: zum eigenen Wohle und dem aller Dorfbewohner, also der ganzen Gesellschaft und der Natur.

Begleiten wir die beiden Helden nun bei ihrem Werk. Der Weg, den die beiden beschreiten, ist ihr Individuationsprozeß; indem sie ihre eigene Wandlung herbeiführen, verursachen sie eine Wandlung des Ganzen. Woher kommt die Anregung, wo die Lösung zu suchen sei? Sie kommt von Mutter Stine, also der Weisheit der Mutter. Sie ist es, die sich noch an die Regentrude erinnert und davon erzählt. Es ist die Weisheit der Mütter, der Ahnen, des kollektiven Unbewußten und der Mythen, die sie weitergibt. Doch sie hat den Spruch vergessen. Sie weiß auch, daß sie nicht mehr imstande ist, das zu vollbringen, wozu ihre weiblichen Vorfahren wohl im Matriarchat noch fähig waren. Sie steht hier für die Situation vieler Frauen von heute, die einerseits unter der Vorherrschaft des Patriarchats leiden, sich im Nachteil wissen, andererseits aber auch nicht mehr fähig sind, von der eigenen weiblichen Stärke ihrer Natur und Seele Gebrauch zu machen. Deshalb kann sie die Regentrude nicht aufwecken, und der Wiesenbauer lacht sie unbesorgt aus: «Nun Mutter Stine, so setzt euch hin und besinnt euch auf euer Sprüchlein! Ich verlasse mich auf mein Wetterglas, und das steht seit acht Wochen auf beständig schön!» Er weiß, daß er von ihr nichts zu befürchten hat.

Diese Aufgabe, die Wende herbeizuführen, kommt jetzt der Tochter zu, die die Frau vertritt, die sich entschlossen hat, der Herrschaft des Patriarchats – hier ist es Marens Vater, der Wiesenbauer – zu entkommen. Und Maren weiß, wie sie seine Herrschaft bricht: sie glaubt an die Existenz der Regentrude, der großen Mutter und ihre Potenz, und daran, daß sie wieder geweckt werden kann. Sie will die schlafende, sprich unbewußte Göttin in ihrem Innern aufwecken gehen. Dies ist ein Bereich, über den ihr Vater keine Macht hat, von dem er gar keine Ahnung hat. Hier ist sie ihm überlegen. Doch warum will sie dies tun? Ist es nur deshalb, weil sie ihren Andrees dafür bekommt? Die Konkurrenz zwischen Andrees und dem Wiesenbauer ist auch die zwischen dem Animus der Tochter und der Autorität des Vaters. Solange sich die Tochter nicht von der Autorität des Vaters freigemacht hat, kann sie nur die äußere Schicht ihres Animus entwickeln, der die Werte und Eigenschaften der patriarchalen Gesellschaft repräsentiert, in der sie lebt. In der tieferen, schöpferischen Schicht erweist sich der Animus aber als ein Seelenführer, der sie zu ihrem Selbst, zu ihrer Ganzheit, führt und wegführt vom Vater, dessen Vorschriften ihrer Individuation im Wege stehen. Er wird sie so zu dem notwendigen Schritt des Ungehorsams «verführen», der sie zu sich selber führt. Er vermittelt ihr dafür nicht nur «männliche» Fähigkeiten, mit denen sie sich in der patriarchalen Welt behaupten kann, wie der Animus der äußeren Schicht, sondern Kreativität, die Vorausschau auf die Zukunft durch seine Verbindung mit dem Unbewußten, das unabhängig ist von Raum und Zeit, und die Verantwortung für die Allgemeinheit – er führt sie ins kollektive Unbewußte.

Andrees stellt in diesem Sinne nicht nur den matriarchalen Mann dar, den Sohn der Mutter, so wie sie, die Tochter des Vaters, die Tochter aus dem Patriarchat darstellt, sondern er wie sie repräsentieren beide jeweils für den anderen auch Animus bzw. Anima. Das wird sehr anschaulich bei Storm dargestellt, als Andrees Maren sorgsam in dem hohlen Weidenbaum die steile Wendeltreppe hinunterträgt, und als sie von der Regentrude und mit der Regentrude zu ihm zurückkommt und er hinter ihr die Regentrude schaut, gleichsam wie durch sie durch und mit ihrer Vermittlung das ewig Weibliche erblickt.

Doch wie finden die beiden den notwendigen Spruch? Und woher erfahren sie den Weg, der zur Trude führt? Es gehört zur Eigenart des Mondbewußtseins, und nur dieses kann zur Regentrude führen, daß es von einer Zeitqualität abhängig ist. Es heißt im Märchen, daß ein Schatz «blühe». Nur alle hundert Jahre und dann nur in einer bestimmten Nacht kann man ihn heben. Gerade diese Zeitqualität scheint aber jetzt vorhanden zu sein, als Andrees den Feuermann trifft. Auf dem Höhepunkt des Ungleichgewichts schlägt das Extrem in sein Gegenteil um. Der Feuermann verrät sein Geheimnis, das auch das der Regentrude ist. Der Böse liefert wie so oft im Märchen den Schlüssel zu seiner Überwindung. Allerdings erst, nachdem Andrees so mutig war, in die Höhle des Löwen zu gehen und ihm von Angesicht zu Angesicht gegenüberzutreten. Er sieht den Dingen ins Auge, wie sie sind: die verbrannten Felder und die toten Tiere. «Wenn man die Dinge sehen kann, wie sie sind, dann ergibt sich daraus ein Licht, das den Weg zeigt», heißt es auch im I Ging. Hier zeigt das Böse den Weg zur Bewußtheit und führt so zur Ganzheit.

Dieses Belauschen des Feuermanns – zuerst zufällig, dann gewollt – ist aber auch das Hinhören auf die Stimmen, die aus dem Inneren oder der Natur, also aus dem Unbewußten kommen. Der Quäkstimme des Kobolds zu lauschen erfordert ja schon ein gewisses Maß an Vorurteilslosigkeit – ein rationalistisches Bewußtsein würde es gewiß gleich als Unsinn abtun –, aber auch Mut. Und eine tüchtige Portion Bauernschlauheit, heißt es, hätte Andrees mitbekommen. Diese ist aber ebenfalls ein Zug des matriarchalen Bewußtseins, von dem Erich Neumann schreibt, ihm entspräche die Weisheit der Erde, des Bauern und natürlich die der Frau. Diese Art Bewußtsein ist abhängig vom Einfall, der aus dem Unbewußten kommt; und nur von dort kann die Lösung kommen, wenn der Verstand nicht mehr weiter weiß.

Jetzt gehen beide zusammen die Regentrude aufwecken, das heißt, weibliche und männliche Qualitäten müssen zusammenwirken: die intuitive Weisheit der Frau und die Zielstrebigkeit und Tatkraft des Mannes. Maren gerät öfters in Konflikt mit dem autoritären Gewissen, das an den Gehorsam gegenüber dem Vater mahnt, und mehr noch mit der Zuneigung zum Vater, dem sie weh tun muß. Doch dies sind die Konflikte, die die Individuation mit sich bringt. Das humanistische Gewissen, hier als die Stimme des Andrees als ihrem Animus, dagegen erinnert sie an die Verantwortung für das Ganze.

Was bedeutet der Met von der Urahnin, den die Mutter Andrees mitgibt? Dieser Met kommt von der Regentrude, begleitet die beiden und stärkt sie auf ihrem Weg zur Regentrude. Eine Kraft, die wie die Libido aus dem Unbewußten kommt und wieder dahin zurückführt; und von dort kommt auch die Kraft – vermittelt durch Andrees oder ihren Animus –, die es Maren ermöglicht, über ihre Grenzen zu gehen und weiterzuschreiten, als sie erschöpft ist. Der Met ist paradoxerweise eine Kraft, die aus einer weiblichen Quelle kommt, aber Maren durch den Animus vermittelt wird. Es ist die Kraft des Archetyps des ewig Weiblichen, den sie in sich trägt, doch erst ihr Animus bringt sie damit in Verbindung. Er führt sie zu ihrem Selbst und der Quelle ihrer Eigenkraft.

Den letzten Teil des Weges zur Regentrude aber muß Maren allein gehen, und die Einsamkeit macht ihr Angst. Es ist ein weißer Weg (weiß ist die weibliche Farbe in der Alchemie), der sie da durch das ausgetrocknete Flußbett führt. Auf dieser Stufe der Individuation angekommen, verläßt sie auch der Animus. Um den letzten Teil des Weges zu gehen, muß sie auch ihn loslassen und Andrees, ihren Schatz. Nur in der Einsamkeit kann sie zu ihrer Mitte finden. Ihr kommt der Hauptteil der Aufgabe zu, die Trude zu wecken, denn die eingeschlafene Göttin ist ja gleichzeitig ihr Selbst. Das Strombett ist ausgetrocknet, also fließt die Lebensenergie nicht mehr in ihrer Bahn. Das Leben und die Entwicklung drohen zum Stillstand zu kommen. Aber auch als Maren die Trude geweckt hat, ist ihr Werk noch nicht vollbracht. Nicht die Trude ist es, die den Brunnen aufschließt (sie gibt nur das Wissen weiter), sondern das Menschenkind selbst muß die Quelle aufschließen, um der Natur zu ihrem Fluß zu verhelfen. So wichtig wird die Stellung des Menschen, mehr noch die der Frau, in diesem Märchen und übrigens auch von vielen naturnahen Kulturen, wie den Indianern, eingeschätzt.

Das Sprüchlein, mit dem Maren die Regentrude aufweckt, erinnert mich stark an ein Mantra, mit Hilfe dessen man in der

Meditation ja auch zum eigenen Kern vorzudringen versucht, um mit der Eigenkraft in Verbindung zu kommen, den Ordnungsfaktor in der Psyche (das Selbst, vergleichbar mit Reichs «biologischem Kern») aktiviert und damit die Selbstregulierung der Psyche und des Körpers in Gang setzen kann. Es wird zwar im Kopf gedacht, doch dann mit in die Tiefe genommen und verbindet so das Bewußtsein mit dem Unbewußten – die Menschen mit der Regentrude.

«Wenn du mich nicht geweckt hättest», sagt die Regentrude zu Maren «wäre der Feuermann Meister geworden, und ich hätte wieder hinab müssen zu der Mutter unter die Erde.» Daß es sich bei der Regentrude, als dem weiblichen Prinzip, nicht um eine triebhafte, unbewußte Tendenz handelt (diese entspräche eher einem unterentwickelten, vernachläßigten weiblichen Anteil des patriarchalen Bewußtseins, der aber gerne auf das Weibliche projiziert wird), sondern um eine Art des Bewußtseins, zeigt diese Aussage. Von der Mutter heim in die Nacht geholt zu werden, heißt unbewußt werden. Unbewußt kann aber nur etwas werden, was schon einmal dem Unbewußten entrungen und bewußt gemacht worden ist. Die Regentrude steht so für einen Geist (den Eros), der von der Menschheit entwickelt wurde und ihr dienen sollte, aber durch die Überbetonung des Gegenpols (des Logos) nun vom Unbewußtwerden bedroht ist. Da der Eros aber jede Gefühlsbeziehung zwischen den Menschen und auch zwischen Mensch und Natur, die Sympathie innerhalb der ganzen Schöpfung, den Drang zur Einheit, Harmonie und Schönheit ausmacht, kann man sich vorstellen, was es bedeutet, wenn die schon eingeschlafene Göttin von der Unbewußtheit völlig verschlungen wird. Gefühle verschwinden nicht, sie degenerieren. Der Mond in der Nacht ist das große Licht in der Dunkelheit, und so gesehen steht er symbolisch auch für die Hoffnung, von der die Märchen erzählen. Dieses geistige weibliche Prinzip ist auch Sophia, die eine Weisheit verkörpert, die über die Vernunft hinausgeht. Sie bringt den Frieden, der nur möglich ist, wenn das Entweder-Oder überwunden wurde.

Noch eine Aussage der Regentrude verdient unsere Aufmerksamkeit. Es heißt bei Storm: «Als Maren von dem mühseligen Gange auf dem Weidendamme berichtete, seufzte die Regentrude und sagte: ‹Der Damm ist einst von euch Menschen selbst gebaut worden, aber es ist schon lange, lange her!›» Die Menschen wußten also auch Dämme zu errichten, um sich vor einem Überschwemmtwerden aus dem kollektiven Unbewußten zu schützen. Auch diese regulierende Weisheit gehört zum Vermächtnis der Regentrude. Aber an einer Stelle des Gesprächs fühlt sich Maren der Göttin doch überlegen. Die Trude weiß nichts vom Altwerden und Sterben, und so meint sie, die Urahne würde immer noch leben. Mit anderen Worten: die Götter befinden sich außerhalb von Raum und Zeit. Dem Menschen, der innerhalb von Raum und Zeit handeln muß, kommt es zu, die zeitlose Weisheit der Göttin am rechten Platz und zur rechten Zeit zu verwirklichen.

Erst nachdem Maren die Regentrude geweckt, ihr Selbst gefunden hat, kann sie Andrees als gleichwertige Partnerin gegenübertreten. Es ist kein Entweder-Oder, keine Entscheidung gegen den Partner, daß sie ihn auf dem Weg ihrer Selbstverwirklichung zurücklassen mußte, sondern eher ein Nacheinander. Andrees findet in der Begegnung mit der Regentrude seine Anima, Maren ihr Selbst. Sie mußte ihren weiblichen Kern aufwecken, er seine weibliche Hälfte kennenlernen, um ganz zu werden; beide helfen sich gegenseitig. Maren und Andrees stehen für die integrierte Frau und den integrierten Mann, die anders als ihre Eltern, die Eheleute des Patriarchats, auch ihre gegengeschlechtliche Hälfte entwickelt haben. Ein Hochzeitsquaternio, wie es Jung nannte, steht sich, wenn auch zur Hälfte unsichtbar, am Schluß gegenüber: Maren und ihr Animus und Andrees und seine Anima. Auch der Wiesenbauer ist zufrieden. Es galt ja nicht den Teufel mit dem Beelzebub auszutreiben und das andere Extrem ans Ruder zu bringen, sondern das Gleichgewicht herzustellen, und dieses kommt allen zugute.

Indem Maren und Andrees sich selbst verwirklicht haben, haben sie gleichzeitig dem ganzen Dorf geholfen, indem die Natur wieder ins Gleichgewicht kommt. Denn Individuation bedeutet ja die Überschreitung des Ego und damit auch die Öffnung für das Wohl des Ganzen. Die Regentrude hatte Maren gebeten, auch den anderen Menschen von ihr zu erzählen, «damit sie meiner fürder nicht vergessen». Wenn einer in die Tiefen seiner Seele hinabgestiegen ist, dann lernt er eine Weisheit kennen, die für die ganze Menschheit bestimmt ist. An dieser Wurzel sind alle eins, und deshalb geschehen auch Kettenreaktionen, wie Jung von der Wirkung des Archetyps sagte:

> «Wenn an einer einzigen Stelle dem Archetypus, der universal, das heißt immer und überall mit sich selbst identisch ist, richtig begegnet wird, so ist er als Ganzes betroffen, d. h. immer und überall.» (4)

Hat Theodor Storm uns mit diesem Märchen einen Schlüssel geliefert, um auch die Probleme der heutigen Zeit zu lösen? Auffallend ist, daß in der Friedensbewegung und auch der Ökologie die eigentliche Hoffnung immer mehr von der spirituellen Seite kommt. Und diese wird auffallend von Frauen vertreten. Storm schrieb über die Entstehung dieses «Mitsommermärchens» für die Jugend und für Erwachsene im Dezember 1863 in einem Brief an seine Eltern: «Vermöge eines seltsamen Widerspruchs in der menschlichen Natur werde ich jetzt, wo ich wie niemals durch unsere schleswig-holsteinischen Verhältnisse aufgeregt bin, durch unabweisbaren Drang zur Märchendichtung getrieben.»*(5)

Ihm hatte die Natur den Schlüssel gegeben, um ein Koan zu lösen, ein mit dem Verstand nicht lösbares Rätsel. Aus dem kollektiven Unbewußten des Dichters kam die Antwort, wo in einer ausweglosen Situation, wenn der Weg in der Horizontalen nicht mehr weitergeht, die Hilfe zu suchen ist: in der Vertikalen, in der eigenen Seele.

> «Du wirst außerhalb von dir nicht das Eine machen, bevor nicht aus dir selber zuvor das Eine geworden ist»,

sagte der Alchemist Dorneus.

Es sind die Märchenhelden, die in den Brunnen der seelischen Erneuerung steigen, um in der Tiefendimension etwas zu beleben, das dann allen zugute kommt. Im Märchen eines russischen Dichters muß der Held den eingeschlafenen König des Meeres aufwekken gehen, weil die Fischer keine Fische mehr fangen. (6) Hat der

---

*Die schleswig-holsteinischen Verhältnisse bestanden darin, daß die Vereinigung Schleswig-Holsteins mit Dänemark im Jahre 1851 für Storm eine weitere Tätigkeit als Anwalt in seiner Vaterstadt Husum ausschloß.

einzelne aber in der Tiefe sein Werk vollbracht, dann fließt die Kraft, die in allem ist, und diese Kraft bringt auch, wie im Märchen von der Regentrude, die beiden Helden wieder nach oben. Sie verbindet Mensch und Mensch, Mensch und Natur, Mensch und Kosmos, Mensch und Gott. Es ist die schöpferische Intelligenz, die Selbstregulierung in der Natur, die in allem wirkt, damit alles auf seinen Platz kommt. Mit ihr in Einklang zu leben heißt, in Einklang mit der Natur zu leben, und das ist es, was die Märchen uns lehren wollen.

Quellenverzeichnis

Vorwort:

(1) bis in die nacht, Märchen von Ludwig Schmidt u. a.

Die beiden Wanderer:

(1) Carlos Castaneda, Der Ring der Kraft, S. 120
(2) Wilhelm Reich, S. 290
(3) Erich Fromm, Psychoan. u. Ethik, S. 103
(4) Geistesschulung im Mahayana-Buddhismus, S. 77
(5) Alan Watts, S. 58
(6) Erich Fromm, Zen-Buddhismus und Psychoanalyse, S. 102
(7) Enomya-Lassalle, S. 109
(8) Marie Luise v. Franz, «Der Individuationsprozeß», S. 211
(9) vergl. C. G. Jung u. a. in: Aion, Werke Bd 9/1, S. 238 ff.
(10) ders.: Persönlichkeitstypen in: Werke Bd 6
(11) ders.: «Zur Psychologie des Kind-Archetypus» in: Werke Bd 9/1, S. 184

Der Eisenhans:

(1) C. G. Jung, «Über Wiedergeburt» in: Werke Bd 9/1, S. 145
(2) ders.: a. a. O., S. 135
(3) ders.: a. a. O., S. 148
(4) ders.: a. a. O., S. 155
(5) ders.: a. a. O., S. 151
(6) ders.: a. a. O., S. 152
(7) ders.: a. a. O., S. 136
(8) ders.: Psychologie und Alchemie, S. 188 f.
(9) Marie Luise v. Franz, «Der Individuationsprozeß», S. 173
(10) vergl. C. G. Jung, Psychologie und Alchemie, darin: «Einführung in die religionspsychologische Problematik»

Aladin und die Wunderlampe:

(1) Enomya-Lassalle, S. 98
(2) C. G. Jung, «Über Wiedergeburt» in: Werke Bd 9/1, S. 149
(3) ders.: «Über die Archetypen des kollektiven Unbewußten» in: Werke Bd 9/1, S. 43
(4) ders.: «Die Manapersönlichkeit» in: Werke Bd 7, S. 252
(5) D. T. Suzuki, Zen und die Kultur Japans, S. 47 f. u. 57 f.

Jorinde und Joringel:

(1) Erich Fromm, Haben oder Sein, S. 102

Die Erlösung der Tierbrüder:

(1) Joseph Epes Brown, S. 115 (eigene Übers.)
(2) Dom Helder Camara, S. 8
(3) C. G. Jung, «Über das Unbewußte» in: Werke Bd 10, S. 34 ff.

Die sechs Schwäne:

(1) vergl. C. G. Jung u. a., «Anima und Animus» in: Werke Bd 7, S. 227 f. u. S. 230
(2) C. G. Jung, «Das Typenproblem in der Dichtkunst» in: Werke Bd 6, S. 207
(3) ders., a. a. O., S. 197
(4) ders., a. a. O., S. 288

Die wilden Schwäne:

(1) vergl. Christa Mulack
(2) Rede des Häuptling Seattle an den Präsidenten der Vereinigten Staaten von Amerika 1854
(3) Giordano Bruno, Vom Unendlichen ..., S. 20
(4) Erich Fromm, «Der revolutionäre Charakter» in: Das Christusdogma, S. 139
(5) vergl.: Alice Miller, Am Anfang war Erziehung.
(6) vergl.: Alexander u. Margarete Mitscherlich.

(7) Laotse, Tao Te King, S. 22
(8) C. G. Jung, «Das Typenproblem in der Dichtkunst» in: Werke Bd 6, S. 283

Die Alte im Wald:

(1) C. G. Jung, Aion, in: Werke Bd 9/2, S. 19
(2) Esther Harding, Der Weg der Frau
(3) Elisabeth Hämmerling, Orpheus' Wiederkehr.

König Drosselbart:

(1) C. G. Jung, Aion, in: Werke Bd 9/2, S. 30
(2) vergl. C. G. Jung, Psychologie und Alchemie, S. 88 f. u. S. 112 f.

Rumpelstilzchen:

(1) vergl. Erich Neumann, Zur Psychologie des Weiblichen.

Die kleine Seejungfrau:

(1) Esther Harding, S. 355 f.

Die Überwindung der bösen Stiefmutter:

(1) Carlos Castaneda u. a., in: Reise nach Xtlan, S. 201

Frau Holle:

(1) Pawel Baschow, «Die steinerne Blume», in: Die steinerne Blume. Märchen russischer Dichter und Erzähler, S. 9–62.
(2) Bertold Brecht, Gleichnis des Buddha vom brennenden Haus, S. 24
(3) C. G. Jung, Zur Psychologie westlicher u. östlicher Religion, in: Werke Bd 11, S. 3
(4) ders., «Die psych. Aspekte des Mutterarchetyps» in: Werke Bd 8, S. 104 ff.
(5) Laotse, Tao Te King, S. 27

Aschenputtel:

(1) Alexej Remisow, «Das Osterfeuer» in: Die steinerne Blume, S. 157–166.

Die Regentrude:

(1) Esther Harding, Frauenmysterien, S. XIII ff.
(2) vergl. Christa Mulack, Die Weiblichkeit Gottes
(3) vergl. Erich Neumann, Zur Psychologie des Weiblichen
(4) Miguel Serrano, S. 113 f.
(5) Theodor Storm, Die Regentrude (14. Hamburger Leseheft)
(6) D. Nagischkin, «Der tapfere Asmun» in: Die steinerne Blume, S. 77–94.

Literaturverzeichnis

Aladin und die Wunderlampe. Aus dem Arabischen von Enno Littmann. (Insel-Taschenbuch), Insel-Verlag Frankfurt/M. 1976

Andersen, Hans Christian: Gesammelte Märchen. (Bd 5 von Andersens gesammelten Werken). Lorck, Leipzig 1847

bis in die nacht. Märchen von Ludwig Schmidt, Michael Schlottner, Klaus R. Meichsner, Robert Louis Stevenson und den Brüder Grimm. Hrsg. v. Ludwig Schmidt, bvb-ed. meichsner u. schmidt, Heidelberg 1980

Brecht, Bertold: Kalendergeschichten. rororo-Taschenbuch, Hamburg 1972

Brown, Joseph Epes (Ed.): The Sacred Pipe. Black Elk's Account of the Seven Rites of the Oglalla Sioux. Penguin Books 1971

Bruno, Giordano: Heroische Leidenschaften und Individuelles Leben. Eine Auswahl und Interpretation von Ernesto Grassi. A. Franke, Bern 1947

ders.: Vom Unendlichen, dem All und den Welten. Verdeutscht u. erl. v. Ludwig Kuhlenbeck. Verlag v. Albert Warnecke, Leipzig 1896

Camara, Dom Helder: Meditation für dies Jahrhundert. Gebet für die Reichen. Gebet für die Linke. Jugenddienst-Verlag, Wuppertal 1979

Castaneda, Carlos: Reise nach Xtlan. Fischer-Taschenbuch, Frankfurt/M. 1976

ders.: Der Ring der Kraft. Don Juan in den Städten. Fischer-Taschenbuch, Frankfurt/M. 1978

Die steinerne Blume. Märchen russischer Dichter und Erzähler. Zusammenstellung und Übersetzung von Erich Müller-Kamp. (Manesse Bibliothek der Weltliteratur). Manesse Verlag, 1968

Enomya-Lassalle, Hugo Makipi: Zen-Buddhismus, Bachem, Köln 1974

von Franz, Marie-Luise: «Der Individuationsprozeß» in: C. G. Jung u. a., Der Mensch und seine Symbole. Walter, Olten und Freiburg i. Br. 1968

Fromm, Erich: Das Christusdogma und andere Essays. DVA, Stuttgart 1981. Darin: «Der revolutionäre Charakter»

ders.: Haben oder Sein. Die seelischen Grundlagen einer neuen Gesellschaft. dtv-Sachbuch, München 1979

ders. u. a.: Zen-Buddhismus und Psychoanalyse. Suhrkamp-Taschenbuch, Frankfurt/M. 1979

ders.: Psychoanalyse und Ethik. Ullstein Materialien, Frankfurt/M. u. a. 1978

Geistesschulung im Mahayana-Buddhismus. Hrsg. von Lama Sherab Gyaltsen Amipa. Tibet Institut, Rikon (Schweiz) 1981

Hämmerling, Elisabeth: Orpheus' Wiederkehr. Der Weg der heilenden Ekstase. Ansata-Verlag, Interlaken 1984

Harding, Esther: Der Weg der Frau. Rhein-Verlag, Zürich 1935

dies.: Frauenmysterien einst und jetzt. Rascher Verlag, Zürich 1949

I Ging. Text und Materialien. (Diederichs Gelbe Reihe). Eugen Diederichs Verlag, Düsseldorf, Köln 1978

Jung, C(arl) G(ustav): Psychologie und Alchemie. Studienausgabe, Walter, Olten 1975

ders.: Gesammelte Werke. 19 Bde. Walter-Verlag, Olten und Freiburg i. Br.

Kinder- und Hausmärchen gesammelt durch die **Brüder Grimm.** Bd 1 u. 2. Verlag der Dieterichschen Buchhandlung, Göttingen 1857

Laotse: Tao Te King. Das Buch des Alten vom Sinn des Lebens, aus dem Chin. verdeutscht u. erl. v. Richard Wilhelm. Jena 1923

Miller, Alice: Am Anfang war Erziehung. Suhrkamp, Frankfurt/M. 1981.

Mitscherlich, Alexander u. Margarete: Die Unfähigkeit zu trauern. Grundlagen kollektiven Verhaltens, Piper u. Co. Verlag, München 1967.

Mulack, Christa: Die Weiblichkeit Gottes. Matriarchale Voraussetzungen des Gottesbildes. Kreuz-Verlag, Stuttgart 1983

Neumann, Erich: Zur Psychologie des Weiblichen, Rascher, Zürich 1953.

Reich, Wilhelm: Christusmord. Walter, Olten u. Freiburg i. Br. 1978

Serrano, Miguel: Meine Begegnungen mit C. G. Jung und Hermann Hesse. Rascher, Zürich und Stuttgart 1968

Storm, Theodor: Die Regentrude. Hamburger Lesehefte Verlag (14. Hamburger Leseheft) Hamburg.

Suzuki, Daisetz Teitaro: Zen und die Kultur Japans. Rowohlt-Taschenbuch, Reinbek bei Hamburg 1958

Watts, Alan: Der Lauf des Wassers. Eine Einführung in den Taoismus. Suhrkamp-Taschenbuch, 1983

Der indianische Meister Don Juan und seine Regeln des Kriegers: das Urbild des alten Weisen

Ein Buch zu diesem Thema war schon längst fällig und wurde sehnlichst erwartet! Ein Buch, das aufzeigt, daß sich hinter der Faszination des indianischen Meisters Don Juan das ewige *Urbild des alten Weisen* verbirgt, der eine Lehre verkündet, welche die immer wiederkehrende Essenz *aller* Religionen und spiritueller Systeme enthält.

Der Leser findet hier zum ersten Mal in konzentrierter Form die Ur-lehre des Don Juan, eine Überlieferung, welche seit der Morgendämmerung unseres Menschengeschlechts die ganze Welt umspannt und alle Völker mit einschließt. Ulla Wittmann, die Ethnologie und Indoamerikanistik studiert hat, findet aufsehenerregende Parallelen in der Mystik des Taoismus und des Zen-Buddhismus, und besonders auffallend in der Archetypenlehre C.G. Jungs und in der humanistischen Ethik Erich Fromms, sowie in den neuesten Erkenntnissen der modernen Wissenschaften, vorab der Physik.

Don Juan ist der Archetyp des Weisen: ein Führer, der jeden einzelnen zu *seinen* Eigenkräften zurückführt, zur unbewußten Weisheit, die in jedem schlummert, und zur Ganzheit seines Selbst. So gesehen, sind Don Juans Regeln für das Leben des Kriegers geradezu Vorbild für den Menschen in unserer heutigen Kultur, der nach neuen Werten und Lebensformen sucht. Ein jeder muß wieder seinen eigenen Ort finden, *seinen* Weg mit Herz. Das Leben wird wieder menschlich, weil jeder, der diesen Weg geht, ein Stück Neuland kultiviert, das allen zugute kommen wird.

Lernen bei Don Juan heißt spontan werden für eine neue Wirklichkeit. Daraus lassen sich die entsprechenden Übungen entwikkeln: Wie man z.B. alle täglichen Ereignisse und auch ungünstigen Lebensumstände als Herausforderung nutzen und in eine Hilfe für die persönliche Entwicklung umwandeln kann, wie man sowohl die erdrückenden Fremdbestimmungen als auch die eigene ‚Wichtigkeit' überwindet, und wie man mit der Angst umgeht und sogar den Gedanken an den Tod als einen Ratgeber nutzt.

„Frei werden für die Wirklichkeit" und „Wie die Zauberer das Nagual nutzen" sind die zentralen Themen des zweiten Teils des Buches. Sie führen den Leser mittels verschiedener Methoden und Techniken zur Selbsterfahrung der *einen* Wirklichkeit, wie sie der Erleuchtete schaut.

Ulla Wittmann
LEBEN WIE EIN KRIEGER
Die verborgene Botschaft in den Lehren des Yaqui-Zauberers Don Juan
272 Seiten, gebunden 36.–
ISBN 3-7157-0068-8 Best.Nr. 5568

Auf der Suche nach der verdrängten Weisheit der Göttin – die Segnungen der Tiefe erfahren

In diesem aufsehenerregenden Buch der Jungschen Analytikerin und Therapeutin Sylvia Brinton Perera (New York) meldet sich die durch das Patriarchat verdrängte Weisheit der Göttin unüberhörbar und führt die Frau *und* das Weibliche im Mann auf einen Einweihungsweg in die Schrecken und Segnungen der Tiefe, der „psychischen Unterwelt".

Die Autorin zeigt an sich und in vielen beeindruckenden Beispielen aus ihrer psychotherapeutischen Praxis, welche elementaren Gefühle in jedem schlummern und – die wir meistens niemals kennenlernen. Der antike sumerische Mythos von Inanna-Isthar dient ihr dabei als Spiegel dieser energiegeladenen Welt. Die Leserin und der Leser erlebt dort den eigenen, tiefsten Bereich, wo es um das nackte Überleben, aber auch um elementare Heilung geht. Die dunkle Göttin der Tiefe fordert von jedem nicht Unterwerfung, sondern Respekt und Ehrfurcht. Ein Ignorieren rächt sich oft in physischen und psychischen Störungen, während eine willentliche Hingabe an die dunkle Seite der Göttin neues Leben aus den eigenen Wurzeln erwachsen läßt. Wir begegnen dabei allen verdrängten Schattenseiten unserer Emotionen, die die Autorin in archetypischen Gestalten zum Leben erweckt.

Das Ziel dieses nicht alltäglichen Initiationsweges ist die Heilung aus der eigenen Tiefe eines jeden, aus seinen schlummernden Energien. Einmal erweckt, ist die Kraft der dunklen Göttin ein großer Segen. Ein neues Bewußtsein entsteht, das sensibel, vertrauensvoll, kreativ und weise wird, weil es über den patriarchalischen Intellekt hinaus die weibliche Weisheit der Tiefe umarmt. Depressionen können durch die fließende, mitreißende Energie der Libido überwunden werden. Die Autorin zeigt an Beispielen, wie auch die Partnerschaft zwischen Mann und Frau eine seelenverwandte, leidenschaftliche Dimension erhält, wenn jeder Partner in Verbindung zu seiner eigenen ‚weiblichen' Tiefe steht.

Sylvia Brinton Perera braucht neben der Bildsprache der Mythen auch den Reichtum archetypischer Gestalten und Symbole aus der Alchemie, der Astrologie, dem Tantrismus, um der ‚modernen' verarmten Seele auf dem Initiationsweg neue Schätze nutzbar zu machen.

Sylvia Brinton Perera
DER WEG ZUR GÖTTIN DER TIEFE
Die Erlösung der dunklen Schwester:
eine Initiation für Frauen
176 Seiten, broschiert 26.–
ISBN 3-7157-0074-2 Best.Nr. 5574

Sallie Nichols vereinigt in diesem Buch erstmals C.G. Jungs Psychologie der Archetypen und die überlieferte Symbolwelt des Tarot. Im Gegensatz zu den meisten anderen Tarotbüchern werden keine kabbalistischen, hermetischen oder astrologischen Parallelen gezogen, sondern der Ausgangspunkt bei der Besprechung der einzelnen Tarotkarten ist vor allem das Bildhafte. Jedes dieser überlieferten Bilder ist ein Mysterium, ein Tor, das zu einer symbolischen Welt führt, die jeder für sich erlebt und erleben muß.

Bereits C.G. Jung erkannte den archetypischen Ursprung des Tarot. Die darin geoffenbarte äußerst präzise Innenschau erkannte er als nicht-rationale Brücke zu jenem faszinierenden Bereich, in dem die menschliche Psyche letztlich gründet, wo sie ihre Erkenntnisse erfährt, bewußtbar machen und in ein echtes Wissen um das wahre Selbst einmünden lassen kann.

Das zur Zeit meistgerühmte Tarotbuch – anders als alle anderen

Sallie Nichols zeigt, wie mit Hilfe des Tarot Prozesse und Schwerpunkte der Individuation (Selbstwerdung) sichtbar, aber auch nachvollziehbar gemacht werden können. Sie beschreibt die Bilder, stellt sich Szenen vor und bringt eine Fülle von Material aus Literatur und Kunst, Mythologie und täglichem Leben, teilweise durch eigene Assoziationen verknüpft. Hinzu werden des Lesers eigene Phantasien, Träume und Gedanken kommen, sodaß er des öfteren das Gefühl haben wird, tatsächlich durch das jeweilige Arkanum zu wandern. Jede Tarotkarte stellt ein für jeden von uns verständliches Bild dar, das unsere eigene, tief verwurzelte, ursprüngliche Symbolik anspricht.

In diesem Sinne ist dies ein einzigartiges Buch, weil hier die Bilder lebendig werden, auch bei den schwierigeren Aspekten (z.B. Der Tod, Der Teufel etc). Hier wird das unmittelbare Erleben in der Vordergrund gerückt, und nicht irgendwelche Formalismen. Die eindrückliche Bilderwelt des Tarot läßt die großen Grundsituation und Wegmarken eines Menschenlebens mit aller Deutlichkeit heraustreten.

Durch ihre überzeugenden Interpretationen hebt Sallie Nichols den Tarot über eine bloß modische Wahrsagespielerei hinaus, vermittelt aber verschiedene Legetechniken zu bildhaften und weg-weisenden Landkarten für persönliche Selbsterkenntnisreisen in unbekannte Innenwelten.

Sallie Nichols
DIE PSYCHOLOGIE DES TAROT
Tarot als Weg zur Selbsterkenntnis
nach der Archetypenlehre C.G. Jungs
496 Seiten, mit 87 schwarz-weißen Abbildungen und 1 farb. Falttafel, geb. 48.–
ISBN 3-7157-0059-9 Best.Nr. 5559